하나님 없이도 인간이 선한 삶을 살 수 있을까?

진리, 도덕성, 그리고 문화 현상에 관한 논의

폴 챔벌레인 지음
김희진 옮김

Originally published by InterVarsity Press as
Can We Be Good Without God by Paul Chamberlain.
©1996 by Paul Chamberlain
Translated and printed by permission of InterVarsity Press,
P.O. Box 1400, Downers Grove, IL 60515, USA.
www.ivpress.com.

하나님 없이도 인간이 선한 삶을 살 수 있을까?

초판 1쇄 발행 2019. 01. 18.

- ■지은이   폴 챔벌레인
- ■옮긴이   김희진
- ■펴낸이   방주석
- ■펴낸곳   도서출판 소망
- ■주 소   10252 경기도 고양시 일산동구 고봉로 776-92
- ■전 화   031-977-4232
- ■팩 스   031-977-4231
- ■이메일   somangsa77@daum.net
- ■등 록   (제48호) 2015년 9월 16일

ISBN 979-11-963017-4-3 03230

책값은 뒤표지에 있습니다.

풍요할 때나 궁핍할 때나

늘 한결같이

책에서 추구하는 도덕 원칙의

본보기가 되어 주신 부모님께

이 책을 바칩니다

차 례

감사의 글 • 6

서문 • 8

옮긴이의 글 • 11

1부. 진정한 옳고 그름은 존재할 수 있는가

1. 가장 기본적인 문제: 도덕성의 의미 • 17

2. 도덕성이 주관적인 것일 경우의 문제: 주관적 도덕성의 결과 • 40

3. 주관적 도덕성의 문제: 주관적 도덕성을 반증하는 사례 • 56

4. 도덕성이 객관적이어야 하는 이유: 객관적 도덕 기준을 위한 변론 • 76

5. 이의 제기: 객관적 도덕성을 믿는 일의 장애물 • 93

6. 다른 문화 간의 상이한 도덕적 풍습: 객관적 도덕성에 관한 주요 쟁점 • 110

2부. 객관적 도덕 기준의 근거

7. 하나님 없는 도덕성: 무신론자의 근거 • 141
8. 인간이 도덕성의 근본이 될 수 있는가: 인본주의자의 근거 1 • 164
9. 인간의 필요가 도덕성의 근본이 될 수 있는가: 인본주의자의 근거 2 • 191
10. 도덕—생존의 관건: 진화론자의 근거 • 216
11. 하나님 소개하기: 기독교 신학자의 근거 • 241
12. 하나님에 대한 거부: 하나님 가설을 믿는 일의 난점 • 262

주 • 291

감사의 글

이 책의 출발은 인근 대학의 철학 교수와 함께 참여했던 한 토론회에서 시작되었다. 토론의 주제가 바로 책의 제목과 같은 것이었고, 논의를 위한 준비 과정 중의 연구가 이 책의 기초가 되어 주었다.

한편 이 책의 집필은 많은 분들의 도움과 격려가 있었기에 가능했다. 무엇보다 먼저, 앞서 언급한 토론회의 기획자이자 당시에 다루어진 관련 개념들을 책으로 엮어 보도록 제일 처음 격려해 주었던 고든 카크너에게 감사드리고 싶다. 다음으로는, 책이 저술되는 과정에서 원고를 읽고 논점과 문체에 관해 중요한 조언을 해 주신 윌리엄 레인 크레그 박사와 브라이언 스틸러 박사, 아트 챔벌레인 교수, 빌 배드케 교수, 존 서덜랜드 교수, 강연자인 마이클 호너, 작가인 조엘 프리맨과 필 캘러웨이 등 여러 분들에 대한 감사를 전한다.

덧붙여 나의 조언자로서 이 책 전체를 관통하는 이야기 흐름의 구성을 도와준 존 패너에게도 감사하지 않을 수 없다. 확신컨대 그의 창의성은 책을 읽는 즐거움을 배가시키고 내용에 등장하는 논의들을 작금의 사회적 문제들과 보다 밀접하게 연관시키는 데 기여한 바 크다.

하지만 나의 진심에서 우러나오는 가장 큰 감사는 역시 가족들에게 바쳐야 마땅할 듯 하다. 내가 이 책의 집필에 몰두해 있는 동안 나와 또 나의 작업에 보내 준 그들의 변함없는 지지는 그 어떤 감사의 표현으로도 부족할 것이다.

서 문

현대 사회의 극심한 도덕적 혼란에 대해 우리는 쉽고 가볍게 이야기하곤 한다. 타임지의 표지 제목으로 등장했던 "청소년, 성, 그리고 가치관: 그냥 저질러 버려라, 싫다고 거절해라, 피임기구만 사용하면 괜찮다, 이런 갖가지의 구호 가운데 대체 청소년들이 어떤 것을 믿어야 한단 말인가?"(1993년 5월 24일자)라는 문구는 우리의 현실 상황을 가장 정확히 묘사하는 내용으로 보인다.

그러나 지금 우리는 성적 도덕성, 인종차별, 빈곤, 사형, 전쟁과 같이 '역사가 유구한' 문제들과만 마주하고 있는 것이 아니다. 새로운 과학기술과 급변하는 가치들이 또 다른 새롭고 복잡한 사안들 — 안락사 합법화 논쟁부터 태아 이식이나 인간 복제 등 첨단 유전 과학의 윤리성 논란까지 — 을 끊임없이 쏟아 내고 있다. 이러한 문제들은 세심하고도 끈기 있는 우리의 윤리적 고찰을 요구한다.

문제는 여기에 있다. 윤리적 작업을 한다는 것은, 일반적인 도덕 원칙을 근거로 인간이 반드시 해야 할 바에 대한 구체적 결론을 도출해 내는 일을 의미한다. 하지만 그런 도덕 원칙이 대체 어디에 존재하는가? 우리가 처해 있는 도덕의 미로에서 빠져나올 수 있도록 도움을 주는 지침을 어디에서 찾아야 한단 말인가? 막상 이런 기준들이 가장 필요시되는 지금, 우리가 사용할 수 있도록 존재하는 기준은 도리어 찾기가 가장 힘들어 보인다. 하지만 윤리적 임무를 수행하는 일에 있어 명백한 출발점을 찾아내지 못한다면 결국 아무런 결론도 도출할 수 없을 것이다. 이렇듯 우리에게는 분명한 도덕적 근거라는 지침이 반드시 필요하다.

이 책은 인간의 삶과 그 존재에 관한 두 가지 근본적 질문을 다루고 있다: 첫째, 진정한 옳고 그름의 기준, 즉 개개인의 견해나 판단과 전혀 무관한 객관적 도덕 기준이 과연 존재할 것인가? 둘째, 실제로 그러한 기준이 존재한다면 그것의 존재 이유와 존재 방식에 대해 어떠한 설명이 가능한가? 그리고 그 기준의 합리성을 입증하는 근거는 무엇인가?

위의 두 질문은 이 책에서 각기 다른 주요 견해, 즉 무신론, 도덕적 상대주의, 진화론, 비종교적 인본주의, 기독교 신학 등 상이한 입장을 견지하는 다섯 인물 간의 대화라는 극의 형식을 빌어 제기되고 있다. 각 관점을 대표하는 발언자들이 자신의 주장을 구체적으로 피력하는 과정에서 상대방의 견해를 이해하고 수용하는 상호작용 또한 이루어진다.

하지만 이 책의 구체적인 초점이 객관적 도덕 기준의 존재와 그것의 근거라는 두 가지 기본적 문제에 국한되기 때문에 이 다섯 가지 세계관의 차이를 종합적으로 비교하는 작업은 시도하지 않았음을 미리 밝혀 둔다.

이 자리에 초대된 모든 분들을 진심으로 환영하면서 독자들도 함께 그들의 대화에 참여할 수 있기를 기대해 본다.

옮긴이의 글

    하나님은 참으로 놀라운 분이시다. 하나님을 묘사하는 수식어는 수없이 많을 수 있지만 그분에 대한 모든 찬양과 경외의 표현을 한마디로 압축한다면 영어 형용사인 "amazing"이라는 단어가 가장 적합하지 않을까 가끔 생각하게 된다. 신실하시고, 선하시고, 관대하시고, 자상하시고, 유머 감각까지 있으시면서, 그와 동시에 때로는 지극히 엄하고 두려운 존재이신, 경이롭기 그지없는 하나님에 대해 우리와 같은 인간이 그저 "놀라워하는" 이외에 달리 이해할 수 있는 방법이 있을 것인가.

    대부분의 기독교인들에 비해 상대적으로 늦은 나이에 하나님을 만난 이후 그분의 무한하신 사랑과 은혜에 감사와 감격에 벅찬 시간을 보내다 마침내 이 책을 번역하기까지의 개인적 여정 역시 놀라운 하나님의 역사하심이라 일컬을 만하다. 지금과 같은 미래를 전혀 의도치 않고 왔던 이국땅에서 하나님과의 인격적 만남을 체험하면서 그분의 부르심에 순종코자 신학대학원에 입학하게 되었고, 그곳에서 인연을 맺은 교수님이 저술하신 본서를 다시 의도치 않게 번역하여 출간하게 되었으니, 이 모든 과정 또한 스스로도 그저 놀랍다는 말로 밖에 표현할 길이 없다.

하지만 하나님은 우리가 단지 감정적으로 놀라워하는 일에만 그칠 대상이 아니며 자신에 대한 보다 깊이 있는 탐구와 사색의 길로 우리를 초청하는 분이시다. 신학의 여러 분야를 공부하면서 특히 기독교 철학의 심오함과 뿌리 깊음에 큰 매력을 느끼게 되었고 그 기초를 재미있게 설명해 줄 수 있는 이 책을 여러 사람에게 소개하고 싶은 소망이 생겼다. 기독교적 믿음이 맹목적이고 불합리한 것으로 매도되는 현시대에 살고 있는 신앙인의 한 사람으로서 어쩌면 그것은 자연스러운 소망일지 모르겠다. 지금 우리가 마주하는 세상은, 궁극적이고 절대적인 진리를 구태의연한 관념쯤으로 폄하하면서, 사실이나 진실이라는 객관적 가치조차 개개인의 의견과 판단에 따라 각자가 결정하는 주관적 개념으로 인식하는 경향이 날로 확산되고 있는 곳이다. 이 같은 상황에서는 예수님만이 진정한 진리로 인도되는 유일한 길임을 외치고 있는 기독교의 주장이 시대착오적 이념 정도가 아니라 지극히 편협하고 배타적인 아집으로 쉽게 비하되곤 하는 것도 결코 놀라운 일이 아니다. 따라서 그분의 제자임을 자처하는 사람이라면 이러한 가치관의 혼돈 속을 살아가는 사람들, 특히 주님을 전혀 알지 못하는 젊은이들에게 어떻게 그분만이 유일한 길이자 삶의 지침이라는 사실을 명쾌히 설명할 수 있을까에 대해 깊이 고민하지 않을 수 없다.

모든 판단 기준은 상대적이고 주관적이어야 한다는 확신하에 그같이 "열린" 사고방식이 개인의 자유를 보장한다고 단정하는 사람들이 점차 늘고 있는 오늘의 세태를 향해 이 책은, 동서고금을 막론하는 진리와 가치라는 것이 분명히 존재하며 그 근거는 바로 하나님 자신이심을 논리적으로 입증해 보이고 있다. 본서가 제시하는 이 같은 객관적 가치의 당위성과 근거를 정확히 이해함으로써, 그리고 각자의 판단대로 결정하는 진실이 아니라 이 땅에 말씀이자 빛으로 임하신 예수 그리스도, 즉 절대적이고 궁극적 진리이신 그분이 우리를 진정으로 자유케 한다는 사실이 명확화됨으로써, 놀라운 하나님의 그 무한하신 사랑과 은혜가 보다 많은 사람들에게 감사와 감격으로 다가가는 계기가 될 수 있기를 간절히 기도한다.

2018년 8월
캐나다에서
김희진

[대화장면]

시기: 현재

장소: 한적한 저택의 호화로운 방

등장인물:

테드(기독교인)

그래함(무신론자)

프랜신(도덕적 상대주의자)

윌리엄(진화론자)

이안(비종교적 인본주의자)

경비원(판사)

대화 주제: 진정한 옳음과 그름의 문제

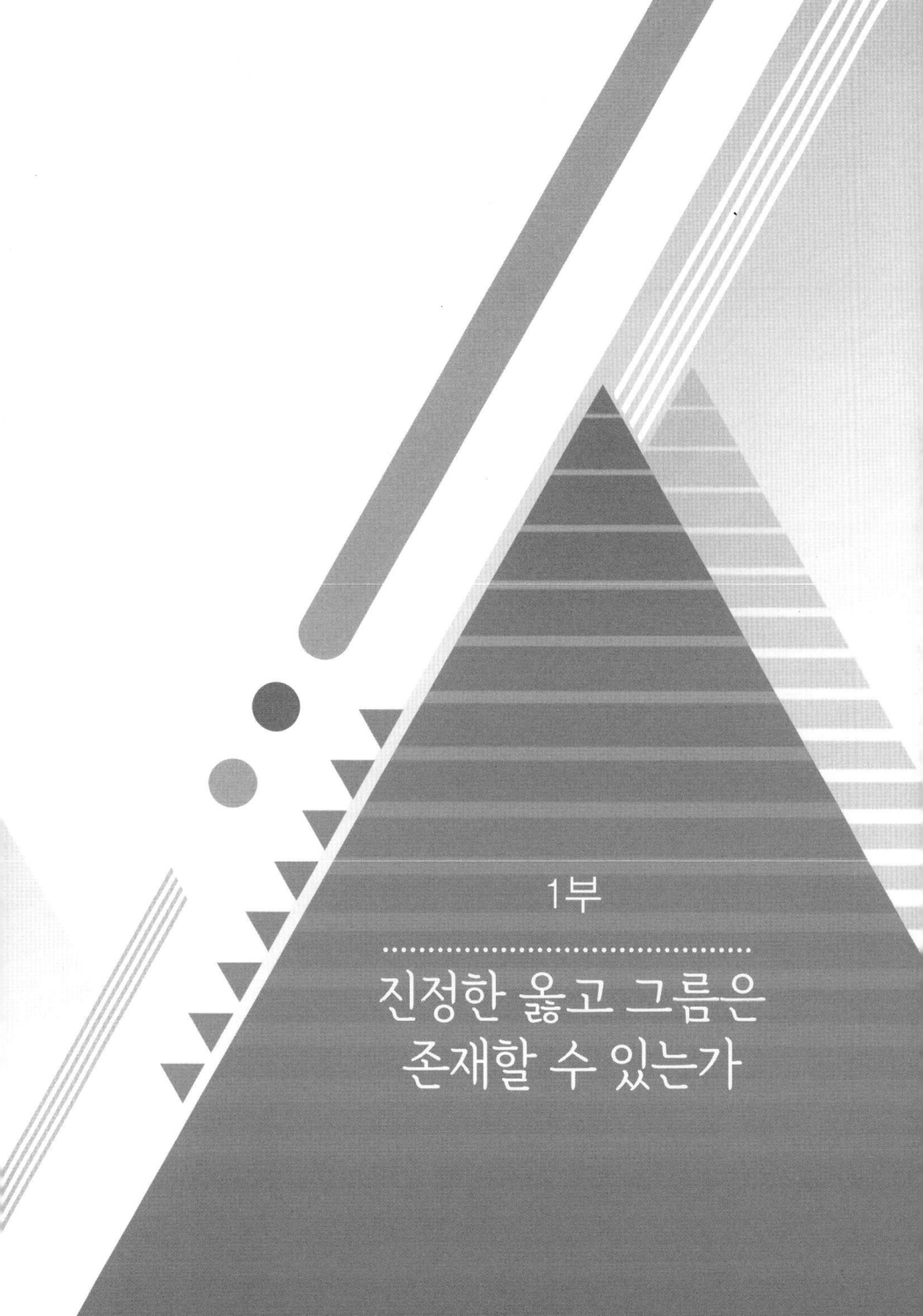

1부

진정한 옳고 그름은
존재할 수 있는가

1. 가장 기본적인 문제:
도덕성의 의미

테드는 도무지 알 수가 없었다. 이것이 대체 무슨 모임일까. 자신이 받은 초대장을 반복해서 읽어 보았지만 이 모임의 주최자가 누구인지 실마리조차 찾을 수 없었다. 도대체 누가 이런 모임을 익명으로 주최한다는 것인가.

초대장 맨 아랫줄에는 "귀하의 교통 편의를 위해 차와 운전기사를 9일 오전 11시 30분에 보내 드리겠습니다"라는 문구가 적혀 있었다. 손목시계의 시간을 확인해 보려는 순간 때맞춰 검은색 리무진이 집 앞에 도착했다.

차가 시내를 가로질러 달리는 동안에도 테드는 여전히 궁금하기만 했다. 누가 이런 고급 승용차를 보냈을까? 지금 어디로 가고 있으며 거기에서 누구를 만나게 될까? 모임에 참석할 인물들 중 혹시 아는 사람이 있을까? 그가 이런저런 생각에 잠겨 있는 동안 차는 정문 앞 도로로 들어섰고, 곧이어 대문이 열리면서 잘 관리된 대지와 웅장하고 품위 있는 저택이 나타났다.

입구에서 그를 맞은 안경 낀 중년 남자가 현관을 통해 응접실까지 길을 안내했다. 그는 테드에게 음료수를 건네며 "즐거운 점심 식사 시간이 되시기 바랍니다. 오후 2시에 다시 차로 댁까지 모셔다 드리겠습니다"라고 말하고는 곧 어디론가 사라져 버렸다. 얼핏 둘러본 실내의 분위기는 커다란 책장과 다양한 그림들, 이국적인 예술품, 고급스런 가죽 의자, 정원이 내다보이는 넓은 창문, 그리고 음식이 가득한 테이블 등으로 인해 호화롭기 그지 없었다. 자신처럼 초대를 받고 온 것으로 보이는 다른 네 사람이 멀찍이에 서 있었는데, 그들 역시 궁금증에 가득 찬 표정이긴 마찬가지였다. 자, 그러면 이제 다 모인 것인가?

테드는 조심스럽게 한 젊은이에게 다가가 먼저 악수를 청하면서 "저는 테오입니다"라고 자신을 소개했다. "테오 더글러스지요. 하지만 그냥 테드라고 불러 주십시오." 이렇게 인사를 건네는 동안 테드는, 얼굴에 있는 피어싱 장식은 물론 날카롭게 자신을 바라보고 있는 상대방의 푸른 눈 역시 의식되어 그의 반응이 어떨지 조금은 걱정스러웠다.

"저는 그래함입니다." 젊은이가 테드의 손을 맞잡으며 생각 외로 활기찬 태도를 보였다.

"아, 네, 그래함 씨, 이곳에 어떻게 오게 되셨는지 좀 여쭈어 봐도 될까요?" 테드도 상대방의 경계심을 풀어 주려 미소 띤 얼굴로 질문을 건넸다.

"저도 모르겠습니다. 그냥 이 초대장을 받았는데 주최자의 이름이 적혀 있지 않더군요. 제가 여기에 초대된 이유를 전혀 모르겠습니다만…. 테드 씨는 여기에 어떻게 오시게 된 건가요?"

'역시 그랬구나' 하는 생각으로 그도 자신의 초대장을 꺼내 보이면서 "당신도 이렇게 생긴 초대장을 받으셨나요?"라고 상대방에게 질문을 건넸다.

"네, 맞아요. 바로 그겁니다!" 그래함이 신기하다는 듯 말했다. "그럼 당신 역시 이곳에 온 이유를 모르시나 보군요?"

"그렇답니다. 하지만 분명 누군가 모임을 계획한 사람이 있긴 할 텐데요." 테드의 궁금증 섞인 대답이었다.

그때 그래함이 흘긋 테드의 옷깃에 달린 십자가를 보더니, "혹시 당신은 종교적인 분이신가요?"라며 호기심을 나타냈다.

"그렇게 표현할 수도 있겠군요." 테드가 그 말에 답했다. "당신은 아니신 것 같은데요."

"네, 금방 알아보시는군요," 그래함이 웃으며 대답했다. "맞습니다. 저는 무신론자라서 종교 같은 문제는 거의 생각하지 않는 편이죠. 하지만 그것 때문에 당신이 불편하시지 않았으면 좋겠네요."

"전혀 그렇지 않습니다. 그렇지만 이것 한 가지만은 좀 분명하게 하고 싶다는 생각이 드는군요. 초면에 이런 질문을 드려 실례인 줄 압니다만, 제 생각에 당신은 신이나 다른 초월적인 존재가 없다는 것을 실제로 증명할 수 있다고 믿으실 것 같은데, 혹시 제 말이 맞습니까? 그러니까 다시 말하면 당신은, 그런 것들을 결코 밝혀낼 수 없는 사실이라고 보는 불가지론자(不可知論者)는 아니신 거지요?"

"네, 잘 보셨습니다," 그래함이 대꾸했다. "만약 제가 철저한 무신론자가 아니었다면 '무신론 연구 진흥 학회(SPAR)'에서 저를 회장으로 뽑지는 않았을 테니까요. 그 학회는 지도자의 무신론적 가치관에 대해 상당히 엄격한 기준을 적용하고 있거든요."

테드는 가볍게 휘파람을 불며 "아, SPAR 말씀이시군요. 그 학회에 대해서는 저도 들은 바가 있습니다. 당신이 거기 회장이란 말이지요?"라고 물었다.

"그렇습니다. 작년 정기 연례 회의에서 회장으로 선출되었지요. 그것 때문에 혹 신경이 쓰이는 건 아니신가요?"

"그럴 리가 있습니까. 우리는 자유주의 국가에 살고 있는 걸요. 그런 문제에 관해서라면 누구나 나름의 가치관을 소유할 도덕적 권리가 있는 거지요."

"무척 진보적이시군요! 그렇다면 저도 아까의 질문으로 돌아가 여쭤 보고 싶은데요, 저 역시 초면에 이런 질문을 드려 죄송합니다만, 당신은 종교적인 분이 맞으시지요?"

"네, 물론 저를 그런 식으로 부를 수도 있겠지만," 테드가 잠시 사이를 두고 대답했다. "저는 저 자신에 대해 좀 다르게 표현해 주기를 바랍니다."

"예를 들면 어떤 식으로 말입니까?"

"저는 크리스천으로 불리기를 더 좋아하거든요."

"아, 그러시군요. 잘 알겠습니다. 하지만 제 생각에는 어떤 면으로 봤을 때 대부분의 세상 사람들을 그냥 크리스천이라고 불러도 괜찮지 않을까 싶은데요. 만약 그렇지 않다 하더라도 최소한 기독교의 핵심 사상에는 많은 이들이 동의할 거라 보고 말입니다. 사실 저 자신도 착실하고 도덕적인 삶을 살기 위해 많이 노력하는 편이거든요. 거짓말을 하지 않고, 남들에게 예의 바르게 대하고, 또 세금이나 청구서 요금도 제때에 납부하는 등의 생활 태도 말입니다. 이런 것들이 크리스천에게는 상당히 중요한 부분 아닌가요?"

"그 점에 대해서는 칭찬해 드리고 싶군요," 테드가 말했다. "하지만 말씀하신 조건 중 어느 것도 그로 인해 우리를 크리스천으로 만들지는 않습니다. 적어도 오래전 초대교회 당시의 크리스천들이 사용하던 개념으로 봐서는 말이지요."

"그 단어가 그럼 그때는 어떻게 사용되었다는 겁니까?"

"무척 신중하게 사용되었지요," 테드가 대답했다. "당시에는 예수 그리스도를 따르던 사람들을 그렇게 불렀는데, 보다 정확히 표현하면 예수님의 가르침을 믿고 그분이 말씀하신 그대로 행동하는 이들을 일컫는 호칭이었습니다. 바로 그 사실 때문에 제가 스스로를 크리스천이라고 부르고 있는 것이고 말입니다. 그건 그렇고, 대체 저의 어떤 점 때문에 저를 '종교적'이라고 생각하시게 된 겁니까?"

"우선은, 그 십자가 때문이지요." 그래함이 테드의 옷깃에 있는 십자가를 가리키며 대답했다.

"네? 그게 전부인가요?" 테드는 좀 의문스러웠다. "이 작은 십자가 하나가 그런 단정을 내리게 할 만한 결정적 단서는 아닐 것 같은데요."

"사실은," 잠시 머뭇거리던 그래함은 자신의 다음 말에 상대가 어떤 반응을 보일지 염려스러운 표정으로 테드를 옆눈으로 슬쩍 보더니 "한 가지가 더 있긴 합니다"라고 말했다.

"그게 과연 뭘지 무척 궁금한데요."

"아까 도덕적이라고 했던가 아니면 뭐, 올바름인가… 그런 말을 하셨었지요? 제가 정확히 이해했는지는 모르겠지만 말입니다."

"네, 좀 전에 저는 신의 존재 여부를 믿는 문제에서 누구나 자신이 선택한 가치관을 소유할 도덕적 권리가 있다고 말씀드렸지요. 물론 그런 문제는 결국 진정한 의미에서의 옳고 그름이라는 것이 과연 존재할 수 있는가라고 하는 질문을 불러일으키게 되기는 합니다만…. 다시 말해 사람들의 느낌이나 생각 등과 전혀 관계없이 존재하는, 그런 옳고 그름이 말입니다."

"아, 역시 제 생각이 옳았군요. 그렇지만 말입니다, 당신 같이 극히 종교적인 타입의 사람, 그러니까 당신이 크리스천이라고 부른다는 그런 사람들 말고는 도대체 누가 그와 같은 문제에 관심이 있겠습니까?"

"하지만 사실은," 테드가 그래함의 말에 이렇게 답했다. "아주 많은 사람들이 관심을 갖고 있지요. 예를 들면, 바로 당신과 같은 분들 말입니다."

"네? 저에 대해 뭔가 오해하신 것 같은데, 제가 무신론자라는 사실을 잊지 말아 주셨으면 좋겠군요."

"아, 네, 계속 그렇게 말씀하시긴 했지요. 그런데도 아까 착실하고 도덕적인 사람이 어떤 사람인가에 대해서는 언급하시지 않았나요, 청구서 요금을 제때에 납부하는 것 등을 예로 드시면서? 그런 일들을 아주 좋은 행동이라고 확신하시는 것 같이 들리던데요. 게다가 저뿐 아니라 다른 모든 사람들이 당신의 그런 생각에 당연히 동의할 걸로 기대하시는 것 같고 말입니다."

"세상에, 정말로 재미있군요!" 그래함이 고개를 저었다. "당신은 도대체 뭐하시는 분입니까, 혹시 변호사이신가요?"

"아니요, 저는 교수입니다. 여러 가지 개념이나 사상 등을 다루는 것이 제 직업이지요. 그리고 사실 저는 제가 하는 일을 무척 좋아합니다."

"하 참, 앞으로는 당신과 이야기할 때 각별히 조심해야겠네요. 그렇다면 좋습니다, 제가 도덕이라는 문제에 어느 정도 관심이 있는 것으로 치겠습니다. 그러는 당신은 어떠신가요?"

"저 역시 그 문제에 관심이 많습니다. 하지만 잠깐만요, 뒤를 좀 보십시오. 아까부터 저 맞은편에서 우리를 지켜보던 분이 지금 이쪽으로 오시고 있거든요."

그래함이 돌아서자 키가 큰 은발의 남성이 다가오고 있는 것이 보였다. 그의 잘 다림질된 양복이 호화로운 이곳 분위기와 썩 어울린다고 그래함은 생각했다.

"저는 테드입니다." 이번에도 테드가 먼저 악수를 청하며 말했다.

"윌리엄입니다." 상대방이 영국식 억양의 낮고 깊이 있는 목소리로 대답했다. 옥스퍼드 출신이리라 짐작은 하면서도 테드는 굳이 물어보지 않았다.

"반갑습니다, 윌리엄 씨. 그런데 여기에는 어떻게 오시게 되었습니까?" 여전히 궁금증이 풀리지 않은 테드가 윌리엄에게도 같은 질문을 건네 보았다.

"저도 모르겠습니다." 금테 안경을 벗으면서 윌리엄이 답했다. "그저 이것을 받게 되었는데…."

"주최자 서명이 없는 초대장 말씀이군요?" 더 이상 들어 볼 것 없다는 듯 자신의 초대장을 다시 꺼내면서 테드가 물었다. "아마 이렇게 생긴 것일 테지요?"

윌리엄이 웃음을 터뜨리며 "바로 그겁니다. 그렇다면 당신들 두 분도 여기에 오게 된 이유를 모르시는가 보군요"라고 말했다.

"전혀 감도 안 잡힙니다." 두 사람이 동시에 대답했다.

"아까 말씀드렸듯 누구든 계획한 사람이 있는 것만은 분명하겠지요." 테드가 그에 덧붙였다.

세 사람은 훌륭하게 꾸며진 실내를 둘러보면서 잠시 말이 없었다.

조용하던 그래함이 침묵을 깨며 말했다. "이제 막 알게 된 새로운 친구들을 생각하니 정말 신기하군요. 갑자기 이 거창한 곳까지 '모셔져' 온 후, 여러 가지 개념과 이념을 다루는 일을 하신다는 교수님을 만나고, 곧이어 영국에서 오신 신사분과도 인사를 나누게 되었으니 말입니다." 그리고 나선 윌리엄 쪽으로 돌아서더니 "방금 이곳에서 테드 씨를 알게 되었는데 정말이지 불가사의한 분이시더군요"라고 말했다.

"왜 그렇게 말씀하시지요?" 윌리엄이 의아해하며 물었다.

그래함은 웃으면서 대답했다. "이념과 논의를 좋아하는 교수이면서 동시에 크리스천이라고 말씀하시니까요. 그 두 입장이 어떻게 공존할 수 있는 건지 저는 전혀 모르겠습니다."

"하지만 저에겐 아직 그런 말씀을 안 하셨는데…." 윌리엄이 말끝을 흐렸다.

"제가 크리스천이라는 것 말입니까?" 또다시 테드가 기다릴 것 없다는 듯 단도직입적으로 물었다.

"네, 뭐… 그렇지만 어차피 지금 각자의 세계관에 대해 이야기를 나누고 있는 모양이니, 제가 진화론자라는 사실도 미리 말씀드리는 게 좋겠군요. 그런 만큼 저에게는 세상의 기원이라는 문제가 무엇보다 흥미로운 관심 영역이니까요. 사실 저는 영국 정부의 왕실 후원 연구 기금을 받고 6개월 체류 예정으로 이곳에 왔습니다. 앞으로 여러분과 훌륭한 토론의 기회를 가질 수 있을 것 같아 몹시 기대가 되는군요."

그래함과 테드는 서로를 바라보며 뭐가 뭔지 모르겠다는 듯 고개를 내저었다. 잠시 이야기를 멈추고 있던 사이 멀리에서부터 손짓을 하며 오고 있는 또 한 사람이 보였다. "혹시 저분을 아시나요?" 테드가 다른 두 사람에게 물었다.

윌리엄이 웃으며 그 사람에게 손을 마주 흔들었다. "조금 전에 지나치며 잠시 이야기를 나눌 기회가 있었지요. 그의 주머니에 들어 있는 걸 좀 보세요. 자, 이안 씨, 이분들에게도 그걸 보여 주시지요."

윌리엄의 말에 이 새로운 손님은 자신의 초대장을 꺼내 보여 주었다.

"거기에 주최자의 이름이 적혀 있지 않다는 건 굳이 말씀 안 하셔도 됩니다." 테드가 답답하다는 듯 한숨을 쉬며 말했다.

"당신들 모두 그에 대해 모르신다면 저 역시 알 방법은 없겠군요." 흡연가 특유의, 불편하게 들리는 거친 기침 소리를 섞어 가며 그가 대꾸했다. 작은 키에 굵은 눈썹과 검은 피부를 가진, 예민해 보이는 인상의 사람이었다.

"여기에 초대된 이유를 역시 모르신다는 말씀이군요." 실망감에 약간 높아진 목소리로 테드가 말했다.

"모르겠습니다. 신사분들도 왜 이렇게 모이게 된 건지 다들 모르십니까?"

"저희도 모른답니다." 그들 세 사람이 함께 대답했다.

"어쨌거나," 그 새로운 손님이 손을 내밀며 말했다. "제 이름은 이안입니다. 도대체 누가 우리를 이곳에 오게 한 걸까요?"

이안과 먼저 일면식이 있던 윌리엄이 소개자의 역할을 자청했다. "우선 제 이름은 윌리엄이고 진화론자인데요, 여기 있는 그래함 씨가 무신론자인 반면 테드 씨는 크리스천이라는군요. 이런 조합이 어디에 또 있겠습니까? 게다가 이 테드 씨는 개념이나 이념 같은 것들을 다루는 교수이기도 하다니 이분 앞에서는 말씀을 조심하셔야 할 겁니다."

이 말에 이안은 어이없는 듯한 웃음과 함께 "저는 방금 우리 지역 인본주의자 협회의 월례 모임을 끝내고 여기에 온 참인데요"라고 말했다.

"인본주의자시라고요?" 테드가 물었다.

"그렇습니다. 이곳에는 저와 비슷한 의견을 가지신 분이 별로 없을 것 같군요."

"그러니까, 당신의 의견이란…?" 테드가 확실히 하고 싶은 듯 질문을 던졌다.

"기본적으로 인간이 모든 것의 척도라는 견해지요."

"그 말씀은, 인간이 모든 것에 군림하는 왕이라도 된다는 뜻인가요?"

"제 이야기는 세상에 존재하는 어떤 것보다 인간에게 월등한 존엄성과 가치가 있다는 말입니다. 도덕이라는 문제와 관련해서도, 인간은 모든 도덕성의 기본이자 근간이 된다는 것이고요."[1]

"도덕이라고요!" 그래함이 외쳤다. "테드 씨가 방금 언급했던 주제로군요. 모든 사람이 그 문제에 관심을 가지고 있다고 말씀하시더니…."

"저도 그 점에는 동의합니다," 이안이 말했다. "적어도 우리 인본주의자들은 그 문제에 관심이 많으니까요."

"보셨죠, 그래함 씨." 테드가 그래함을 보며 장난기를 섞어 말했다.

"하지만 그 이상으로 테드 씨와 제가 동의할 부분이 있을 것 같지는 않군요. 아시겠지만 우리 인본주의자들은 도덕성의 근거를 논할 때 인간 자신을 넘어서는 영역은 이야기하지 않거든요. 그게 바로 우리가 스스로를 '인본주의자'라고 부르는 이유입니다. 우리는 초자연적인 문제들은, 혹시 그런 것이 존재한다면 말이지요, 다른 사람들이 다루도록 그대로 남겨 두고 있습니다." 이안의 말이었다.

"아까 제가 이야기한 것처럼, 앞으로 정말 재미있겠는데요." 그래함이 말을 받았다.

테드는 이안에게로 돌아서며 "아마 당신이 생각하시는 것보다 우리가 서로 동의하는 부분이 실제로는 더 많을 겁니다. 그러나 도덕성의 근거를 인간 자신에 두고 있는 인본주의자라고 하셨으니, 지금으로서는 당신이 진정한 옳고 그름을 판단할 기준이 인간의 본성인 것으로 믿고 계신다고 봐도 무방하겠지요?"

"그렇습니다. 물론 당신들 크리스천은 저와 생각이 다르다는 걸 잘 알지요. 하지만 그 문제에 대해서는 보다 합리적이 될 필요가 있습니다. 도대체 인간을 넘어서서 어떤 이성이란 것이 있을 수 있단 말입니까?"

"그야 이제부터 우리가 찾아봐야겠지요."

바로 그때, 다섯 번째 인물이자 방 저쪽 편에 혼자 서 있던 잘 차려입은 젊은 여성이, 보고 있던 책을 다시 책장에 꽂고 그들 편을 향해 돌아섰다. 짙은 갈색의 짧은 현대식 머리를 하고 있는 그녀의 귀에서는, 걸어 다닐 때마다 찰랑거리는 귀걸이가 유난히 반짝이고 있었다.

"신사분들, 실례합니다," 세련된 모양의 안경을 벗어 들며 그녀가 말했다. "나누시는 말씀들을 의도치 않게 엿듣게 되었네요. 도덕이라는 문제에 관해 이야기를 나누셨죠?" 그녀가 미소를 띠자 윤기 있는 치아가 드러났다.

"네, 맞습니다," 그래함이 대답했다. "여기 계신 테드 씨에서 우리 모두가 — 이렇게 표현해도 될까요, 테드 씨? — 도덕성, 즉 진정한 옳고 그름이라는 문제에 관심을 가지고 있다고 말씀하셔서 말입니다."

테드가 고개를 끄덕였다. "객관적 옳고 그름이라는 것에 대해 제가 문제 제기를 했습니다. 그것에 대해 누가 어떻게 생각하고 느끼든 전혀 관계가 없는 종류의 개념으로서 말입니다."

"이것 참 행운이군요!" 그녀가 외쳤다. "저는 대학원생입니다. 이름은 프랜신이고요. 지금 말씀하신 내용은 저에게 무척 관심 있는 주제랍니다. 물론 도덕적 상대주의자로서 도덕성에 관한 질문에 다른 사람들과 다른 방식으로 접근하기는 합니다만."

"도덕적 상대주의자시라고요?" 테드가 물었다.

"네, 지금 졸업 논문을 쓰고 있는 중인데, 도덕적 상대주의를 주제로 한 내용이지요."

"그러니까 당신은, 진정으로 객관적인 옳고 그름이란 것은 세상에 존재하지 않는다고 믿는단 말씀이군요."

"그렇습니다, 옳고 그름이란 모두 개개인과 각각의 상황에 따라 달라지는 거니까요. 사실상 옳다 그르다라고 하는 말 자체가 일정한 행동에 대한 각자의 생각과 느낌의 표현일 뿐이라고 보거든요."[2]

"그러면 어떤 사람에게는 옳지 않은 것이 다른 사람에게는 옳은 것이 될 수도 있다는 뜻인가요?" 테드가 재차 물었다.

"맞습니다. 당연히 그렇지 않을까요? 어떤 행동에 대한 한 사람의 생각이나 느낌이 또 다른 사람의 생각이나 느낌과는 반드시 같지 않을 수 있는 거니까요. 더구나 왜 우리가 도덕 규칙에 대한 낡은 개념들에 스스로 얽매여야 한단 말입니까? 상황은 늘 변하기 때문에 우리의 도덕 개념도 그에 따라 변화해야 하는 건데요."

"그렇다면 당신은 어떤 이념들을 평가할 때 시계를 보면서 해 나가야 한다는 이야기입니까?"

"뭐라고요! 누가 시계라는 말을 언급했단 거지요?"

"당신이 한 것 같습니다만," 테드가 답했다. "방금 오래되고 시대에 뒤진 이념은 거부되어야 마땅하다고 말씀하셨으니까요."

"아니, 제 말을 그렇게까지 단순화시켜 표현할 수는 없을 것 같은데요."

"그렇지 않지요. 어떤 이념을 논박하려면 그것이 그르다는 것을 반드시 증명해야 합니다. 그런데 객관적인 도덕 기준에 대해 반박하는 근거로 당신은 그것이 시대에 뒤쳐졌다는 점을 들었습니다. 그거야말로 시계나 달력을 판단 기준으로 삼는 논리 아닌가요? 달력이란 결국 시계의 연장 형태이니 말입니다. 그런 논리라면 당신은 플라톤이나 아리스토텔레스, 죠지 워싱턴, 소주너 트루스, 윈스턴 처칠 등이 남긴 말들도 오래되었다는 이유만으로 다 잘못된 거라고 하시겠습니까?"[3]

"무슨 말씀이신지는 잘 알겠습니다," 프랜신이 인정했다. "하지만 우리 중 누구도 자신의 도덕적 취향을 타인에게 강요할 수는 없지 않겠습니까?"[4]

"물론 그렇습니다," 테드가 대답했다. "그러나 도덕성에 대한 자신의 이해 방식이 옳은 것인가 아닌가는 여전히 중요한 문제지요. 한번 생각해 보십시오. 아무리 타인의 관점에 포용력을 보이는 관대한 사람이 가진 견해라도 그것이 잘못된 것일 경우 우리가 믿어서는 안 되지 않겠습니까?"

"옳은 지적이십니다," 그래함이 끼어들며 말했다. "이 주제에 대해서는 나중에 더 이야기 나누기로 하지요." 그러더니 프랜신 쪽으로 돌아서서는 "아까 제가 다른 분들께 경고했듯이 여기 계신 교수님은 우리들 자신의 이야기 안에서 논쟁 거리를 찾아내는 분이거든요. 그러니 조심하시는 게 좋을 겁니다"라며 상황 정리에 나섰다.

"그나저나, 어떻게 여기에 오시게 된 건지 여쭤 봐도 될까요?" 테드가 프랜신에게 이렇게 묻다 말고는, "아닙니다, 제가 한번 맞춰 보지요. 주최자 서명이 없는 초대장을 받고 오신 것이 분명할 겁니다"라고 자문자답했다.

"아니, 그걸 어떻게 아셨죠?"

"우리도 모두 그런 초대장을 받았으니까요. 당신처럼 말입니다."

"그럼 우리가 이렇게 모이게 된 이유를 다들 모르시는 건가요?"

"아무도 모른답니다," 그래함이 대답했다. "어쨌거나 꽤 흥미 있는 조합인 건 분명하군요."

그때 테드가 테이블 쪽을 가리키며 "자, 그럼 이제 저리로 한번 가 보실까요?"라고 다른 이들에게 제의했다. 정체 모를 주최인이 정성껏 준비해 둔 다양한 과일과 패스트리, 롤빵, 치즈, 샌드위치용 고기 등의 먹음직스러운 음식을 발견한 그들은 각자의 접시에 가득히 채워 담고 저마다 편한 자리를 찾아가 앉았다.

프랜신은 안락의자에 기대앉아 패스트리를 한입 베어 물더니 "아, 이 방도 무척이나 호화롭지만 음식 역시 너무 고급스러워서 미안하다 못해 죄스럽게까지 느껴질 정도군요"라고 말했다.

"자, 이제 드디어," 이 틈을 놓치지 않고 테드가 그 말을 받았다. "죄라는 것이 존재한다는 가정이 시작되는군요. 그 말이 거슬리신다면 옳고 그름이 존재한다고 표현해도 되겠고요. 그런 것은 세상에 존재하지 않는다고 당신은 얘기하셨지만 말입니다."

프랜신은 고개를 가로저으면서 가볍게 휘파람을 불었다. "이곳에서는 정말 말조심을 해야 한다는 걸 이제 확실히 알겠네요."

"제가 뭐랬습니까?" 그래함이 껄껄거렸다.

"그러면 이제 우리가 나름의 토론 주제를 정한 셈이니," 테드가 교수다운 어조로 말을 이었다. "어떻게들 생각하십니까, 객관적인 옳고 그름이라는 것이 정말 세상에 존재할까요?"

이 갑작스런 질문에 당황해 각자 대답할 말을 찾고 있는 동안 테드가 표현을 바꿔 다시 이렇게 물었다. "도덕적으로 옳거나 그르다고 우리 모두가 객관적으로 말할 수 있는 어떤 행동이나 태도, 특성과 같은 것들이 있을까요? 제 말씀은 그러니까, 그것들에 관해 누가 어떤 생각 혹은 느낌을 가지고 있는지와 무관한, 일정한 행동이나 태도가 있을까 하는 겁니다."

"여러분 모두가 제 대답을 짐작하실 것 같은데요." 제일 먼저 프랜신이 자신감 있는 태도로 답변에 나섰다. "진정으로 옳고 그르다는 것은 그저 환상에 불과하다고 저는 믿고 있습니다. 그런 것은 실제로 존재하지 않으니까요. 자신이 도덕적 진리로 생각하는 것만을 옳다고 확신하면서 다른 사람에게까지 그것을 강요한다면 그건 정말 편협한 짓일 겁니다. 무엇보다도, 도덕적 진리라는 것이 존재한다고 여길 만한 적절한 이유 자체가 없다고 봅니다."

"요즘 널리 유행하는 사고방식이군요. 게다가 철학적인 면에서 봐도 아주 재미있는 접근이고요," 윌리엄이 미소를 띠며 말했다. "그렇지만 우리 모두가 정말로 옳다 혹은 그르다고 말해야 할 것들이 분명히 존재하기는 하지요."

"하지만 저는 그런 구분을 무척 교만한 자세라고 보는데요. 자신이 마치 신이라도 되는 양 말이지요!" 프랜신이 반박했다.

"잠깐만요!" 그래함이 이야기를 끊었다. "이 문제에 대한 제 입장을 결정하기 전에 우선 명확히 해 두고 싶은 게 있습니다. 진정한 도덕적 옳고 그름이란 존재하지 않는다는 말이 정확하게 무슨 의미인가요?"

"좋습니다." 테드가 말했다. "우선 출발이 좋군요. 그렇다면 먼저 도덕적 옳고 그름의 존재 여부와 관련된 질문부터 명확히 답변되어야겠는데, 그 질문에는 당연히 두 가지의 대답이 주어질 수 있을 겁니다. 진정한 옳고 그름은 세상에 존재한다라는 것과 존재하지 않는다라는 것 말입니다. 짐작하시겠지만 각각의 관점마다에는 그것을 지지하는 사람들이 있는데요, 옳고 그름이란 것이 실제로 존재한다고 생각하는 사람들은 모든 도덕성을 객관적인 것으로 보는 반면, 그와 반대되는 입장의 사람들은 도덕성이 주관적 성격을 띠는 것이라고 믿고 있다는 의미가 됩니다."

"그게 무슨 뜻인가요?"

그래함의 질문에 뜻을 알겠다는 듯 고개를 끄덕이던 테드가 다시 한번 이렇게 확인차 물었다. "'객관적' 혹은 '주관적'이라는 개념 말씀이지요?"

"그 부분은 제가 설명해 드리는 게 좋겠네요," 프랜신이 얼른 말을 받았다. "어쨌든 도덕적 상대주의자는 저니까 말입니다."

"그러시지요." 테드가 선선히 수긍했다.

"도덕적 판단이 주관적인 것이라고 믿는다는 말의 뜻을 정확히 알고 싶다면 우리가 음식을 맛보면서 표현하는 것과 같은 방식으로 그 개념을 이해하고 있는 경우라고 생각하면 됩니다. 제 말이 맞지요?" 프랜신이 테드의 동의를 구했다.

"맞습니다," 테드가 대답했다. "계속하시지요."

"말하자면 제가 맛있는 랍스터를 즐기고 있는 상황을 예로 들 수 있겠는데, 거기에 잘 요리된 티본 스테이크까지 곁들여 있다면 금상첨화가 될 겁니다. 이때 제가 '랍스터 맛이 정말 훌륭하군'이라고 말하면 저의 이야기는 진실인 거지요."

모두들 그 말에는 별 이의가 없어 보였다.

"그러나 이 때의 제 이야기는 주관적인 서술로서, 그 말의 진실성은 순전히 이야기하는 주체의 생각이나 믿음에 좌우되는 것입니다. 물론 이 경우에는 주체가 저, 프랜신이지요. 저는 랍스터를 무척 좋아하기 때문에 제가 랍스터를 맛있다고 말하는 것은 당연히 진실한 표현이 됩니다."

"음." 그래함은 그 말의 내용을 음미라도 하는 듯 했다.

"하지만 반면에," 프랜신이 그래함을 쳐다보며 말했다. "어쩌면 당신은 '랍스터 같은 것을 대체 어떻게 먹을 수가 있단 말인가'라고 생각하는 분일지도 모르겠군요."

"네, 잘 보셨습니다."

"그런 생각을 가진 분들은 같은 랍스터를 먹고도 '이건 도무지 사람이 먹을 음식이 아니야'라고까지 말할 수도 있겠지요. 혹 그 정도는 아니더라도 최소한 '랍스터의 맛은 정말 형편없어'라고는 표현할 거고 말입니다."

"그러니까 지금 하시는 말씀의 요점이…?" 이해가 안 된다는 듯 그래함이 물었다.

"랍스터를 좋아하지 않는 사람에게는 후자의 경우가 진실한 이야기가 된다는 뜻이지요."

"그렇습니다," 테드가 말을 받았다. "방금 요점을 잘 설명해 주셨다시피, 언급된 두 개의 주관적인 표현은 서로 간에는 상충하지만 두 문장 모두가 진실입니다. 그들의 진실성은 순전히 말하는 사람의 생각이나 의견, 믿음 등에 달려 있기 때문이지요."

그래함은 의자에 기대앉아 프랜신이 예를 든 경우에 대해 곰곰이 생각해 보더니 말했다. "그렇다면 주관적인 표현 중엔 진실이 아닌 문장이란 있을 수 없다는 말이 되는군요."

"예리하시네요," 프랜신이 말했다. "당신은 지금 '거의' 완벽하게 개념 정리를 하신 겁니다."

"'거의'라니요?" 그래함은 그 말뜻이 궁금한 모양이었다.

"네, 사실 주관적 표현은 한 가지 조건이 만족될 경우 모두 다 진실이 되는 것이거든요."

"그 한 가지 조건이란 게 뭡니까?"

"우리가 방금 이야기했던 건데요," 프랜신이 활기를 띠며 대답했다. "조금 전, 랍스터를 좋아하지 않는 사람이 그 맛을 싫어한다고 말하면 진실이 된다고 이야기했었지요?"

그래함이 고개를 끄덕였다.

"그러니까 말입니다," 프랜신이 의자 깊숙이로 앉으며 말했다. "어떤 문장이 그 말을 하는 사람의 생각이나 믿음을 그대로 나타내는 한 주관적 진실을 담고 있다는 말은 결국, 말하는 이의 생각과 믿음을 정확히 반영해야 한다는 한 가지 조건만 충족시키면 모든 주관적 표현은 다 진실이 된다는 이야기지요."

"다시 말해서, 저와 같이 랍스터를 좋아하지 않는 사람이 그걸 좋아한다고 말하는 경우에만 거짓된 표현이 된다는 거군요." 그래함은 이제야 이해가 된 듯 했다.

"맞습니다," 테드가 중간에서 이야기를 정리했다. "따라서 결론적으로 말하면 주관적 서술문은 다루고자 하는 대상에 대해 진정한 의미에서 사실을 설명하는 문장은 아닌 겁니다. 랍스터에 대한 당신의 표현이나 프랜신 씨의 표현은 그 대상에 대해 실제로는 아무 것도 설명해 주지 못하거든요. 만약 당신이 '랍스터는 겹눈과 긴 더듬이 그리고 다섯 쌍의 다리를 가진 식용 갑각류로서 그 맛을 좋아하는 사람도, 싫어하는 사람도 있다'라고 말한다면 그 문장은 랍스터에 대한 객관적 사실을 말해줄 수 있겠지요. 그러나 앞에서 예를 들었던 맛과 관련된 문장들은 랍스터 자체가 아니라 말을 하고 있는 당사자에 대한 설명으로서, 그저 자신이 그 맛을 좋아하는지 싫어하는지 만을 알려 줄 뿐인 겁니다."

프랜신도 테드의 말에 고개를 끄덕이긴 했지만, 자신이 확신하던 도덕적 상대주의가 이런 의미까지 내포하는 줄은 지금까지 생각 못했다는 사실도 동시에 깨닫고 있었다.

"하지만," 테드가 손목시계의 시간을 확인한 후 그래함을 향해 말했다. "이제 당신의 질문으로 넘어갑시다. 진정한 도덕적 옳고 그름이란 존재하지 않는다는 주장, 그러니까 모든 도덕적 판단은 주관적인 것이라고 하는 말의 의미가 뭐냐고 물으셨지요?"

"네, 그런데 지금 이야기를 듣다 보니 아마도 그 말은, 모든 도덕적 판단을 개인적 취향에서의 호불호(好不好)와 똑같은 것으로 여긴다는 의미인 것 같군요. 따라서 그런 식의 관점을 도덕적 판단의 문제에 적용할 경우에는, 말하는 이가 듣는 이에게 자신의 느낌을 그대로 전달하는 한 어떠한 견해도 틀린 것일 수가 없다는 뜻이 될 거고요." 그래함이 대답했다.

"정확합니다! 그리고 바로 여기에서부터 이야기가 재미있어지지요. 만약 지금 우리 중의 두 사람이 같은 행동을 두고 각기 다른 도덕적 판단을 내리는 상황이 생긴다면 직접 적용해 볼 수 있을 테니까요."

테드의 말에 그래함은 깊은 생각에라도 잠긴 듯 하더니 곧 작은 목소리로 혼잣말을 했다. "음… 그러니까 랍스터의 경우와 같단 말이지."

"그렇습니다, 랍스터의 경우와 마찬가지로 말입니다. 하지만 그러한 상황은 도덕성을 확실하게 주관적인 문제로 믿을 때만 해당되는 이야기이지요.[5]

"그리고 우리가 처음 논의를 시작할 때 도덕적 판단의 성격에 대한 질문에는 두 가지의 답변이 가능하다고 말씀드렸는데요." 테드가 그들의 주의를 다시 환기시켰다.

"그러셨지요," 그래함이 기억난 듯 맞받았다. "도덕성을 객관적인 것으로 믿는 사람들도 있다고 하셨지요. 그런 사람들이라면 아마도 도덕적 판단을 개인의 취향에 따른 것으로 여기지는 않을 것 같습니다만."

"맞는 말씀입니다," 테드가 인정했다. "그렇다면 객관적인 도덕 판단이란 무엇을 의미하는 것일까요?"

그래함은 잠시 생각을 정리했다. "글쎄요, 짐작컨대 객관적 도덕 판단이란 무언가에 대한 옳고 그름의 도덕적 판단이 어느 누구의 믿음이나 느낌과 전혀 관계없이 항상 일관되게 유지되는 것 아닐까요?"

"요점을 지적하셨군요," 테드가 다른 동료들 쪽을 향하며 부드러운 말투로 설명을 시작했다. "이 '객관적'이라는 개념의 의미를 정확히 이해하는 것이 무척 중요한 만큼 지금부터 제가 드리는 말씀을 주의 깊게 들어 주셨으면 하는데요, 어떤 문장에 대해 '객관적이다'라고 정의한다면 이는 그 문장이 '서술 주체'의 생각이나 의견과 관계없이 그것 자체로서 진실한 기술(記述)임을 뜻하게 됩니다."

"지금 그 '서술 주체'란, 해당 문장을 말하는 당사자겠지요?" 그래함이 정확히 확인하고 싶다는 듯 물었다.

"그렇습니다. 이제는 이렇게 한번 생각해 보십시오. 우리가 어떤 객관적 진실을 말하고 있다면 그때는 우리와 따로 떨어져 있는, 즉 우리의 외부에 있는 진실을 다루는 것이라고 말입니다. 객관적 진실이란 우리와 아무런 관계없이 존재하는 것이기 때문에, 어느 누구에 의해서도 결정되거나 지배받지 않으니까요. 우리가 그러한 진실과 관련해서 할 수 있는 일이란, 단지 인식하고 인정하는 것뿐이거든요."

이안이 커피와 설탕을 가지고 오는 동안 잠시 대화가 끊겼다. 각자 설탕과 크림을 나누어 받고 커피를 마시기 시작하자 그래함이 다시 입을 열었다. "그러니까 '지금 이 방에 다섯 명이 있다'라고 제가 말한다면 그 문장은 진실이 된다는 말씀이지요?"

"무척 심오하군요." 프랜신이 피식 웃으며 말했다.

"또한 그 문장은, 이 방에 있는 사람의 숫자에 대해서는 저나 혹은 다른 누가 어떻게 생각하는가가 전혀 문제되지 않는다는 점에서 *객관적*으로 진실인 거고요." 그래함이 자신의 이야기를 다시 정리했다.

"아주 명쾌합니다!" 테드가 의자에서 일어서며 답했다. "설령 우리 중 아무도 그 말을 믿지 않는다 해도, 심지어 그런 사실에 대해 알지조차 못한다 하더라도 그것은 진실된 기술입니다. 그 사실에 대해 혹 누군가가 우리와 다른 의견을 내놓는다고 생각해 보십시오. 어떤 사람이 와서 이곳에 있는 사람 수가 아홉 명 혹은 열 명이라고 우긴다고 말입니다. 그 사람의 말에 우리가 어떻게 대응할 것 같습니까?"

"글쎄요," 그래함이 얼굴을 찡그리며 답했다. "아마도 '여기는 자유국가니까 생각하고 싶은 대로 생각하세요'라고 말하게 될 것 같은데요."

"현명한 대응이군요." 프랜신이 대꾸했다.

"우리와 이견을 가진 사람의, 반대할 권리도 지켜는 줘야 할 테니까요." 그래함의 해명이었다.

"여러분들 모두가 무척 관대해 보이십니다만," 테드가 그 말에 다음과 같이 덧붙였다. "우리가 그분에게 결코 하지 않을 말은…."

"그 주장이 옳다는 말만은 결코 하지 않겠지요." 그래함이 얼른 말을 받았다.

"맞습니다," 테드가 수긍했다. "그분은 두 가지 이유에서 옳지 않은 이야기를 한 겁니다. 즉, 객관적 진실이라는 측면에서 봤을 때 이 방에는 자신을 포함해 여섯 사람이 있다는 사실과, 또한 우리가 그 점에 대해 변화시킬 수 있는 부분은 거의 없다는 사실 때문입니다. 이렇게 *객관적* 진실이란 아주 엄격한 것이라고 말할 수 있는데요, 자, 그러면 이제 처음의 질문으로 다시 돌아가 봅시다. 도덕적 판단을 두고 객관적이라고 말할 경우 어떤 의미가 내포되어 있는 걸까요?"

"이제 분명히 알겠습니다," 그래함이 대답했다. "어떤 도덕적 판단에 대해 객관적 진실이라고 말하는 것은, 그 판단이 어느 누구의 생각이나 느낌에 영향을 받지 않는 부동의 진실이라는 의미가 되겠지요. 혹 어떤 사람이 그 사실에 대해 동의하지 않을 경우, 최대한 친절하게 대응은 할 수 있겠지만 결코 그 말이 맞았다고는 할 수 없을 테니까요."

"잘 표현하셨습니다," 테드가 그래함의 대답을 칭찬했다. "도덕성을 객관적인 것으로 볼 경우 우리는 우리의 외부에 있는 무언가, 즉 우리 각 개인을 넘어서는 어떤 개념 — 이것을 '도덕적 진리' 또는 '도덕적 가치'라고 부르기로 하지요 — 에 대해 다루게 됩니다. 이러한 도덕적 가치는 우리 자신에 의해 결정되는 것이 아니며, 우리가 어떻게 느끼는가도 그것에 아무런 영향을 주지 못하지요. 다시 말해 그 가치란 우리가 단지 그 존재를 인식할 수 있을 뿐인, 그저 그 자체로서 존재하는 실체인 것입니다."[6]

테드가 이어서 말했다. "그렇다면 이제부터 '객관적 도덕성 대 주관적 도덕성'이라는 문제가 대두되겠군요. 정말로 중요한 주제입니다. 하지만 그

전에 한 가지 정리할 사실은, 처음의 질문에 대한 두 가지 답변 중 어떤 것이 옳은지의 문제는 우리가 아직 다루지 않았다는 점입니다. 그 부분에 관해서는 앞으로 차차 생각해 보겠지만, 이제 적어도 각각의 답변이 의미하는 바 만큼은 우리 모두 이해하게 되었군요."

모두들 토론에 몰두해 있느라 그들을 처음 입구에서 맞이했던 안내인이 문 앞에서 기다리고 있다는 사실을 미처 깨닫지 못했다. 그는 사람들의 주목을 집중시키려 애쓰면서도 처음에는 주저가 되는 듯 "저, 실례합니다"라고 낮은 소리로 말했는데, 결국 이런 어조가 주의를 끌지 못하자 "실례하겠습니다!"라며 어투를 바꿔 큰 목소리로 반복했다.

모두들 깜짝 놀라 그에게로 돌아섰다.

"방해해서 죄송합니다만 오후 2시가 되어서요. 모셔다 드릴 차편이 기다리고 있습니다."

"어머나!" 프랜신이 놀라 외쳤다. "벌써 갈 시간이 되었다니 믿을 수가 없군요. 그럼 아쉽지만 다음에 뵈어야겠네요."

"다음 주 같은 시간 점심 식사에 여러분들 모두 초대되었습니다." 안내인이 이어질 모임에 대해 이렇게 공고했다.

토론에 최적인 장소와 훌륭한 음식, 그리고 지적 충족감을 제공하는 대화 등이 다른 여러 의구심을 상쇄시키기에 충분했던지, 서로의 명함을 주고받은 그들 모두는 이미 다음 모임의 초대 역시 기꺼운 마음으로 받아들이고 있었다.

2. 도덕성이 주관적인 것일 경우의 문제:
주관적 도덕성의 결과

테드는 다시 달력을 보았다. 오늘이 벌써 약속된 16일이었다. 지난 한 주의 기간이 그에게는 새로운 모임에서 나눴던 토론 내용을 종종 생각해 보게 만드는 시간이었다. 정확히 11시 30분이 되고 문 앞에 차가 멈추는 소리가 들렸을 때, 테드는 그것이 자신을 데리러 온 차라는 걸 쉽게 알아챌 수 있었다. 이 모임을 주최하는 미지의 인물이 적어도 빈틈없고 꼼꼼한 사람이라는 것만은 분명할 듯 싶었다.

리무진이 시내를 내달리는 동안 문득 테드에게는 지난주의 토론은 단지 시작에 불과한 것이 아닐까 하는 예감이 들었다. 질문에 주어지는 답변보다는 오히려 질문 자체가 더 많이 제기되는 시간이었으니 말이다. 그럼에도 그가 확신할 수 있던 한 가지 사실은, 이런 지적 성격의 토론이 그저 우연히 시작된 일은 분명 아니리라는 것이었다. 단순한 우연의 일치로 이런 일이 생길 수는 없을 테니 말이다. 누군가 혹은 무언가가 반드시 배후에 있을 것이라고 확신하면서, 자신이 그 대상을 곧 만날 수 있게 되기를 테드는 속으로 바랐다.

지난주와 같은 안내인이 문 앞에 나와 있는 것을 보고 테드가 악수를 청했다. "제 이름은 테드입니다만, 성함이 어떻게 되시는지요?"

"저는… 저… 그냥 경비원 정도로 생각해 주시지요."

짧고 어색한 대화를 마치고 난 후 여전히 변함없는 호화로움을 자랑하고 있는 응접실로 다시 안내되었다. 처음보다는 많이 분위기에 익숙해졌지만 놀랍고 신기한 느낌만은 크게 다를 바 없었다.

네 명의 동료들은 이미 활기찬 대화를 시작한 후였는데, 테이블에 있는 음료를 들고 그들에게 다가간 테드를 보자 그래함이 "안녕하십니까, 테드 씨. 저희들은 벌써 가벼운 잡담을 끝내고 또 다른 흥미로운 주제를 가지고 이야기를 나누던 중입니다"라며 반갑게 인사를 건넸다. 그리곤 이어서 "지난주에 우리가 했던 일은, 도덕성이 객관적인 것이라고 말할 때와 주관적인 것이라고 할 때 그 정확한 의미의 차이를 알아보는 작업이었지요"라는 말로 이 토론에 대한 자신의 적극적 관심을 표명했다.

"그랬지요," 프랜신도 맞장구를 쳤다. "그리고 많은 것을 배우기도 했고요."

"아, 네, 그렇지만 그건 시작에 불과합니다." 테드가 말했다.

그 말에 프랜신이 "저도 그러리라 생각했습니다"라고 답했다.

"사실상," 테드가 말을 이었다. "우리가 그 작업을 마치고 난 다음 순간 훨씬 더 중요한 또 하나의 질문이 곧바로 대두되거든요."

모두들 궁금증에 찬 얼굴로 테드를 바라보았다. 도대체 이 교수라는 사람이 무얼 염두에 두고 하는 말인지 모르겠다는 표정들이었다. 테드는 자신이 즐겨 사용하는 소크라테스식 문답법으로 논조를 바꾸면서 본격적인 질문을 시작했다. "자, 이 같은 출발점에서라면 다음에 어떤 이야기가 전개되어야 할 것 같습니까? 일단 그런 질문이 던져진 후 이어질 단계는 무엇일까요?"

"다음 번 질문은 아마도 도덕성에 관해 우리가 다룬 두 가지 관점 중 어느 쪽이 옳은가 아니겠습니까?" 윌리엄이 반문했다. "지난주에 간단히 언급되었던 내용이니까요. 진리를 제대로 알기 위해서는 어느 쪽을 믿어야 하는가라는 문제 말입니다."

"그렇지요," 이안도 동의를 표했다. "지금과 같이 질문이 분명해졌을 때는 답변이 주어져야 할 차례 아닌가요?"

"두 분 다 맞는 말씀입니다." 테드가 수긍했다.

안경을 벗으면서 몸을 앞으로 기울인 테드는, 지금부터 자기가 할 이야기가 무척 중요하다는 듯 낮고 차분한 목소리로 설명을 시작했다. "그에 대한 답변이 주어질 적절한 때가 곧 올 테니 지금 당장 대답을 구하려고 애쓸 필요는 없을 것입니다. 만약 지금 즉시 손쉬운 대답만을 얻으려 한다면 결론에 도달하는 과정에서 만나게 될 여러 유익한 개념들을 놓칠 뿐 아니라 중요한 논의의 단계 역시 생략될 수 있으니까요. 다시 말하면, 처음 제기되었던 질문의 성격을 명확히 하기 위해 지난주 우리가 들였던 노력과, 또 그 질문에 대한 두 가지 답변 중 옳은 것을 결정 — 지금 두 분이 말씀하셨듯 — 하기 위한 앞으로의 탐구, 이 두 단계 모두와 관련된 중요 개념들을 놓칠 수도 있다는 뜻입니다."

테드의 이 말을 듣고 나자, 그러한 단계가 있다면 결코 놓쳐선 안 될 일이라며 강한 호기심을 보이던 이안은, 그렇지만 그 '단계'가 무엇일지는 도무지 짐작이 안 된다고 덧붙여 말했다.

창문 옆에 가지런히 놓인 화분들을 바라보다 말고 참석자들의 적극적 반응에 흡족한 미소로 답하던 테드의 표정에는, 마치 정원사가 잘 관리된 나무들을 대할 때와 같은 흐뭇함이 배어 있었다. 그의 다음 말이 궁금하던 다른 사람들은 서로 조용히 눈길을 주고 받으며 아무 말없이 기다리고 있었다.

결국 그래함이 참지 못하고 먼저 질문을 던졌다. "그러니까, 그 단계란 것이 무엇인가요?"

여전히 미소를 띤 채 그들을 향해 돌아선 테드는, "개념이 낳는 귀결(歸結)이 중요하다고 생각하는가"라는, 난데없는 반문으로 그 질문에 답했다.

"무슨 말씀인지 모르겠군요." 프랜신이 더듬거리며 말했다.

테드가 부연 설명을 위해 또 하나의 질문을 제기했다. "어떤 개념이든 그것 혼자만 섬처럼 떨어져서는 존재할 수 없다는 말을 옳다고 생각하지 않으십니까? 각각의 개념들은 서로 연계되어 형성되고 또 계속해서 서로 간의 관계를 이어 나가는 것이라는 점에서 말입니다."

"앞으로 우리가 나눌 논의의 핵심이 거기에 달려 있나요?" 프랜신의 막연한 질문이었다.

"음, 음, 개념들이 서로 관계를 갖고 있단 말이지요," 반면에 그래함은 이해가 된다는 듯한 표정을 지으며 아주 작은 목소리로 중얼거렸다. "그런 생각은 미처 못했었군."

"하지만 사실입니다," 테드가 그의 말에 이렇게 답했다. "어떤 개념은 다른 개념들의 뒷자리에 앉아 가정 혹은 전제라는 형태로 관련을 맺고 있습니다. 예를 들어 인간의 자유의지라는 것은 인간의 책임감이라는 개념과 관련되어 있지요. 어떤 사람에게 그 자신의 행동에 대해 ― 옳은 행동이든 잘못된 행동이든 — 책임을 져야 한다고 말할 경우 우리는 그가 스스로의 자유의지로 그 행동을 했다고 이미 전제하고 있는 거니까요. 그렇기 때문에 흔히 '그렇게 행동하지 않을 수 있었을 텐데'라는 말로 잘못된 행위에 대한 책임 추궁을 하는 것입니다. 어떤 오토바이 운전자가 교통규칙을 위반했을 경우 우리는 그 사람이 충분히 법을 어기지 않을 수도 있었으리라 전제합니다. 즉, 본인의 자의로 그런 위법 행위를 했다고 보는 거지요. 그러니까 어떤 행동에 대해 행위자에게 책임을 묻는 개념의 배경에는, 그가 자의로 얼마든지 다른 행동을 할 수도 있었다는 개념이 자리하고 있는 겁니다."

"맞는 말씀으로 생각되는군요." 윌리엄이 이를 인정했다.

테드가 말을 이었다. "또한 어떤 개념들은 다른 개념에 대한 귀결 혹은 산물로서 관련을 갖습니다. 만약 제가 지구가 평평하다고 믿는 사람들은 다 어리석은 자라는 개념을 갖고 있다면 저의 이웃 중 지구가 평평하다고 믿는 사람이 있을 경우 저는 당연히 그를 어리석은 사람이라고 결론짓게 되겠지요. 이 때는 후자의 개념이 전자의 결론으로 도출되는 방식을 통해 두 개념이 상호 관련을 맺고 있는 것입니다. 따라서 후자인 결론을 바꾸고 싶다면 전자의 개념이 먼저 부인되어야 하며, 역으로 후자의 결론이 부인될 경우에는 전자의 개념 또한 계속 유효할 수가 없는 거지요.

개념들 간의 또 다른 연관성도 있습니다. 서로 결코 공존할 수 없는 두 개념들 간의 경우인데요, 다시 말해 어느 한 개념을 믿으려면 다른 한 개념은 부인되어야 하는 관계를 말합니다. 한 예로 '나에게는 톰이라는 친구가 있는데 그는 마르크스주의자야'라고 하는 말은 '톰이라는 내 친구는 자본주의를 옹호하는 사람이야'라는 말과 함께 양립될 수가 없겠지요. 그 두 개념이 동시에 사실일 수는 없으니까요."

테드는 이 부분에서 잠시 멈추고 생각을 정리하더니 "그렇지만 이와 관련된 논의는 당분간 더 진전시키지 않는 것이 좋겠습니다"[1]라고 덧붙였다.

"잘 알겠습니다만," 프랜신이 반박조로 말했다. "대체 이런 문제들이 왜 그렇게 중요하다는 건가요?"

"저는 당신의 논지가 뭔지 알 것 같은데요," 그래함이 그 질문을 가로막았다. "만약 모든 개념들이 다른 어떤 개념과 반드시 연관이 있다면, 우리가 일정한 개념을 받아들일 때마다 싫건 좋건 그에 따르는 부수적 개념 또한 받아들일 수 밖에 없다는 말씀을 하시려는 것 아닙니까?"

"네, 바로 그겁니다."

"그리고 또 그로 인해 다른 어떤 개념들은 거부할 수 밖에 없다는 거고요. 말하자면 우리가 받아들인 개념과 상충되는 것들 말입니다."

"정확히 이해하셨군요!" 반가운 마음에 테드의 목소리가 높아졌다.

"하지만 그게 지금 우리가 이야기하고 있는 도덕의 객관성이나 주관성이라는 문제와 무슨 관계가 있다는 거냐고요?" 프랜신이 여전히 다그쳤다.

"모든 면에서 관계가 있지요. 정말 모르시겠어요?" 그래함이 실망스럽다는 듯 반문했다.

"지금 하고 있는 이야기는 그 두 가지 관점에도 직접 적용되는 내용이니까요. 일단 우리가 도덕의 객관성이나 주관성 중 어느 한쪽의 관점을 받아들이게 되면, 이후부터는 선택의 여지없이 그 관점과 연관되는 다른 개념들도 인정해야 할 테니 말입니다."

"맞습니다," 테드가 동의했다. "게다가 우리가 그 관련 개념들 중 어떤 특정한 것을 좋아하거나 싫어한다는 사실, 혹은 그 개념이 겉보기에 그럴 듯하다거나 그렇지 못하다는 점 등도 더 이상 아무런 영향을 주지 못하지요." 자신의 요지를 강조하려 몸짓까지 섞어가며 테드가 설명에 열중했다. "도덕성이 객관적인 것인가 주관적인 것인가 하는 두 관점 중의 어느 한편을 취하고 나면 그에 따라 다른 관련 개념들도 덩달아 받아들일 수 밖에 없는 입장이 됩니다. 마치 잔치 자리에 불청객이 초청된 귀빈의 뒤를 따라오듯 서로 얽히고 설켜서 말이지요."

그의 비유가 재미있었는지 다같이 웃음을 터뜨렸지만 결국 옳은 이야기라는 사실에는 모두가 동의를 표했다.

"그러니까 지금까지의 요점인즉…?" 정리를 하고 싶은 듯 프랜신이 물었다.

"우리가 각자 자신의 입장을 확실히 결정하기 전에 두 가지 관점이 어떤 귀결로 이르게 되는지를 미리 알아보자는 겁니다."

"이제 알겠네요," 프랜신이 말했다. "그래서 조금 전 이런 절차를 '중요한 논의의 단계'라고 표현하신 거군요."

"그렇습니다. 아직은 각각의 관련 개념들이 무엇인지 살펴봐야 할 시점이지만, 그와 함께 두 가지 관점 중 한 가지를 택해야 할 이유를 확인해야 하는 과정이기도 하니까요."

모두들 자세까지 바꿔 앉으며 이 문제에 대해 더 잘 생각해 보겠다는 결의를 드러냈다.

테드가 다시 입을 열었다. "관점에 따르는 귀결이라는 문제와 관련해서 분명히 알아야 할 한 가지가 있습니다. 모든 관점에 귀결이라는 것이 따른다는 사실을 우리가 일단 깨닫게 되면, 어떤 관점들을 받아들이거나 거부하기 전에 각각의 결정을 내려야 할 합당한 이유를 먼저 알아내려고 애쓰게 되겠지요?"

모두들 고개를 끄덕였다.

"여기에서 특히 조심해야 할 부분이 있는데요, 사람들은 보통 어떤 특정 관점이 자신의 마음에 들지 않는 결론 혹은 귀결로 연결될 경우 그 관점이 잘못되어서 그렇다고 믿는 경향이 있습니다."

그래함이 생각에 잠겼다가 "물론 그렇겠지요, 그런데요?" 하고 질문을 했다.

테드는 앉은 자세로 안경을 손에 들고 몸을 숙이면서 조용하고도 열정적인 어조로 말을 이었다. "지금부터 제 말씀을 주의 깊게 들어 주십시오. 저는 지금 세상에서 일반적으로 통용되는 인식과는 전혀 다른 이야기를 하려고 하니까요."

"아마도 그런 일을 즐겨 하시나 보군요." 그래함이 농담조로 말을 받았다.

"한 가지 분명한 사실은, 어떤 견해나 관점이라도 실제로 한두 개의 불편한 귀결은 가질 수가 있다는 것입니다. 예를 들어, 그에 따르는 결과가 겉보기에 그다지 매력이 없다 보니 사람들이 별로 달가워하지는 않지만, 그 사실 말고는 나쁘다고 판단할 다른 이유가 없는 관점들이 있습니다. 사람들은 종종 '할 일과 해서는 안 되는 일들을 나에게 일일이 지시하면서 행동을 제약하는 존재가 있다는 건 정말 참을 수 없어. 그래서 나는 신을 믿지 않는 거야'라고들 말하지 않습니까? 그러나 설령 신의 존재가 그리 달갑지 않은 것이라고 해도 그 사실 자체가 신이 존재하지 않는다는 근거로 작용할 수 있는 걸까요? 신은 여전히 존재할 수 있는 것이며 만약 그렇다면 그에 따르는 귀결도 각자 감당해야 하겠지요."

"다시 말해서," 테드의 설명을 이해하려 애쓰면서 프랜신이 말했다. "어떤 개념의 귀결이 썩 마음에 들지 않는 것이라고 해서 그 개념이 틀리다는 의미는 아니란 말씀이지요?"

"맞습니다."

"하지만 정반대의 경우도 성립하지 않을까요?" 그래함이 맞받았다. "어떤 개념이 그럴듯해 보인다고 해서 옳은 개념이라는 건 아니란 사실 말입니다."

"역시 맞는 말씀입니다." 테드가 긍정을 표했다.

"그러니까 뒤집어 말하면, 어떤 막연한 안전감을 준다고 해서 신이 존재한다고 믿는다면 그것도 잘못된 일이라는 거지요."

"역시 무신론자들은 기회를 놓치는 법이 없군요."

"그저 제대로 된 논의를 하려는 것뿐입니다."

"네, 둘 다 맞습니다. 마음에 들지 않는 어떤 귀결이 신이 존재하지 않는다는 의미가 아닌 것처럼 어떤 매력적인 귀결 또한 신이 존재한다는 의미가 되는 건 아니니 말이지요."

"네, 잘 알겠습니다." 프랜신이 답했다.

"하지만 그와 반대되는 경우로서," 테드가 설명을 이어 갔다. "진정한 의미에서 나쁘다고 말할 수 있는 결론 혹은 귀결 또한 존재합니다. 그러한 결론을 생산해 내는 개념들은 그 결론의 원천인 본래 개념에 대한 논란을 야기함으로써, 결국 원래의 개념인 자기 자신을 반박하는 결과를 낳게 됩니다. 이와 같은 개념들에 대해서는 어떻게 생각하시는지요?" 중요한 의도를 숨긴 채 그가 질문했다.

사실 테드는 질문이라는 방식으로 사람들이 자신의 의견을 제시하도록 격려해 주면, 그 과정에서 스스로의 생각이 보다 잘 정리되는 동시에 논리적 능력도 개발할 수 있다는, 교수로서의 신념을 가지고 있었다. 그래서 이러한 질문을 시도해 본 것이었지만, 아직 어떤 대답을 내놓아야 할지 알 수 없는 이들로서는 그저 서로를 바라보면서 묵묵부답일 뿐이었다.

다리를 좀 펴기 위해 의자에서 일어선 테드가 다시 한번 질문을 반복했다. "의견 제시하실 분 안 계신가요?"

무슨 말부터 해야 할지 확신이 안 서기는 모두 마찬가지였지만 일단 프랜신이 용감하게 입을 열었다. "논의를 계속 진행시키기 위해 말씀드린다면, 어떤 관점에 따르는 나쁜 귀결이 원래의 관점이 실제로 틀리다는 것을 입증할 수 있는 경우, 그 관점에는 단지 매력이 없다는 점 말고도 정말로 잘못된 뭔가가 있다는 뜻일 겁니다."

"네, 맞습니다," 테드가 인정했다. "그렇다면 그 경우 잘못된 것은 무엇일까요?"

그때까지 조용히 토론 내용을 곱씹어 보고 있던 그래함이 갑자기 의자에서 벌떡 일어서며 "어떤 관점에서 도출된 귀결이 진실이 아닐 경우 아닙니까?"라고 물었다.

"바로 그겁니다!" 반가운 마음에 손까지 내젓느라 테드는 하마터면 음료를 쏟을 뻔했다. "억지스럽거나 불가능한 귀결을 만들어 내는 관점이라면 애초부터 그 자체가 억지였다고 볼 수 있는 거니까요."

"무슨 말씀이신지 잘 모르겠네요." 프랜신이 불평조로 말했다.

"사실은 이 논리를 이미 알고 계실 겁니다. 아직 깨닫지 못하시는 것뿐이지요." 테드가 미소를 지으며 답했다.

역시 모르겠다는 프랜신의 말에도 테드는 확신 있는 태도로 답변을 이었다. "극단적 결정론이라는 것에 대해 들어 보셨겠지요? 인간은 자유로운 존재가 아니며 그들의 행동은 어떤 외부적 원인에 의해 결정되는 것이라는 이론 말입니다. 우리는 자신의 현재 모습 외에는 다른 어떤 것도 될 수 없었다는 주장이지요."

프랜신이 알고 있다고 말했다.

"그래서 말씀인데요," 테드가 설명을 계속했다. "우리가 앞서 다루었던 논리를 사용해 그 결정론을 반박하는 사람들이 있습니다. 인간의 행동이 외부 원인에 의해 결정되는 것이라는 결정론의 원래 관점에서는 행동에 대한 개인의 책임이란 존재하지 않는다는 잘못된 결론이 도출된다는 거지요. 따라서 만약 극단적 결정론이 사실이라면 각자의 행동에 대한 개인의 책임은 더 이상 존재하지 않게 되는 것이고, 반대로 자신의 행동에 대해 스스로 책임져야 한다고 생각하는 한은 극단적 결정론이 잘못된 이론이라고 볼 수밖에 없다는 논리인 겁니다."[2]

그래함이 다시 프랜신을 향해 말했다. "프랜신 씨, 이제 이해가 되나요? 극단적 결정론은 우리가 진실이 아니라고 믿는 다른 부수적 개념, 즉 사실이 아닌 잘못된 귀결을 도출하는 관점이기 때문에 그 스스로가 진실일 수 없다는 것 말입니다."

그는 테드 쪽으로 돌아서며 "가끔 친구들 사이에서 '네가 만약 애국자라면 나는 아브라함 링컨이겠다'라는 식의 싱거운 농담을 할 때도 이와 마찬가지의 경우 아닐까요? 다시 말해 누가 봐도 우스꽝스러운 귀결적 개념을 가지고 원래의 관점을 부인함으로써 상대방이 결코 애국자일 수 없다는 사실을 강조하려는 것 아니겠습니까?" 하고 물었다.

"아하," 긍정을 의미하는 미소와 함께 테드가 대답했다. "스스로 아주 좋은 예를 만드셨군요. 당신이 제대로 이해하셨다는 증거입니다."

이때 이안이 이야기를 끊으면서 "잠깐 음식을 좀 먼저 드시면 어떨까요"라고 제안했다.

"그거 좋지요." 테드도 맞장구를 쳤다.

모두들 그 말을 반기면서 곧바로 테이블로 향했고, 샐러드와 소시지 등 다양하게 차려져 있는 음식을 저마다의 접시에 가득가득 담았다.

음식 접시와 음료를 들고 정원이 내다보이는 넓은 창가로 가서 앉은 프랜신은, 아름다운 바깥 경치를 바라보며 방금 나눈 대화에 대해 생각해 보았다. 이 모두가 그저 평범한 대화는 아닌 것이 분명했다. 자신이 이 토론을 무척 즐기고 있다는 점에서, 논의의 과정과 내용이 마음에 들지 않는 바는 아니었다. 하지만 이 모든 것 이후에는 결국 피할 수 없는 어떤 심오한 귀결이 있으리란 사실이 점차 분명해지고 있었다. 이 토론은 단지 현학적인 말장난이 아닐 뿐더러, 자신에게 가장 중요한 주제인 도덕적 상대주의와의 관련 사안을 다루는 논의인 것이다.

그녀가 스스로에 대해 '도덕적 인간'이라 자평할 만큼 큰 자부심을 가지고 있다는 것과 또 대체로 옳은 일을 하며 살고 있다는 것은 물론 사실이었다. 게다가 조금이라도 비도덕적인 처사를 보면 곧바로 지적해야 직성이 풀리는 성격이기도 했다. 작년 자신의 대학 학보에 인종차별적 기사가 실렸을 때는 몹시 분개해서 반격에 나섰었고, 심지어 학교의 그릇된 행정에 개인적으로 맞서 싸움으로써 학생들의 성희롱을 규제하는 엄격한 법안을 신설하게끔 영향력을 행사한 일도 있었다.

그녀는 이러한 사안에 관심이 없는 사람들을 항상 경멸했는데, 비록 입 밖에 내서 말한 적은 없지만 이들이 도덕적으로 열등한 부류의 사람들이라고 믿고 있기 때문이었다.

하지만 이제 그녀는 자신이 지금까지 그렇게 확신을 가지고 있었던 모든 개념들의 진위가 도덕성과 관련된 어떤 관점에 의해 좌우된다는 새로운 인식에 직면하고 있었다. 자신이 계속 이 문제를 연구하면서 삶에 적용해 나간다면 지금까지 확신했던 사실들에 어떤 영향을 미치게 될지 그것이 그녀로서는 몹시 우려스러울 수 밖에 없었다.

이렇게 복잡하던 프랜신의 생각은 느닷없이 다가와 말을 건네는 테드로 인해 거기에서 잠시 멈춰 섰다. "참 아름답지요, 안 그렇습니까?"

"네? 뭐가 말입니까? 아, 네, 저 정원 말씀이군요."

테드는 웃으면서 "깊은 생각에 잠기셨던 모양입니다"라고 답했다.

"무척 예리하신 분이군요, 그렇죠?"

"글쎄요, 뭐 누구든 쉽게 알아차렸을 걸요."

"이 대화들이 결국 어떤 귀결로 매듭지어질지 무척 궁금해서 말이지요. 지금 우리가 다루고 있는 이런 개념들이 현실의 실제적인 상황 속에서 제가 대응해야 할 도덕적 방법에 대한 중요한 결론을 함축하고 있을 것 같거든요."

"알겠습니다," 테드가 생각에 잠기며 답했다. "그리고 그런 잠재적인 귀결들 때문에 걱정되는 부분이 있으신 거고요?"

그녀가 고개를 끄덕였다.

잠시의 침묵 후 테드가 다시 물었다. "어떤 종류의 귀결이 가장 걱정되시나요?"

"그걸 모른다는 게 바로 문제랍니다," 한숨을 섞어 프랜신이 답했다. "저도 잘 모르겠습니다. 하지만 제가 알든 모르든 아무런 차이가 없다는 사실만은 분명히 알고 있습니다. 그것들은 제 생각과 관계없이 저 먼 어딘가에 존재하고 있을 테니까요." 자신이 방금 나온 방 쪽을 막연히 가리키며 그녀가 말했다.

"네, 알겠습니다."

"그리고 또 한 가지 분명한 사실은," 프랜신이 말을 이었다. "그 귀결들이 아주 중요한 것이리라는 점입니다. 만약 우리가 도덕성을 객관적인 것으로 결론짓게 된다면 그에 따른 귀결이 도출될 것이고, 또 주관적인 것으로 결론지을 경우에도 어떤 다른 귀결이 뒤따르겠지요. 하지만 제가 걱정하는 점은 그것들이 도대체 무엇일지 모르겠다는 겁니다."

"바로 그거랍니다," 테드가 말을 받았다. "개념들은 각각의 귀결을 다 가지고 있거든요. 사실상 지금 우리가 논의하고 있는 것들의 귀결 중 몇 가지는 당신을 무척 놀라게, 심지어 충격을 느끼게 할 수도 있다는 점을 미리 경고해 두는 게 좋을 것 같군요. 그러나 아까 이야기했듯 그것들은 어떤 개념에 반드시 뒤따르는 불청객이어서 단지 우리가 싫어한다고 사라지는 것이 아니랍니다. 그런 귀결들에 대해서도 곧 알 수 있게 되겠지만 말입니다."

잠시 두 사람은 말이 없었다. 그들이 함께 묵묵히 창밖을 바라보고 있는 동안 다른 이들이 나누는 낮은 속삭임만이 멀리에서 들려오고 있었다.

불현듯 시간을 확인한 테드는 깜짝 놀라면서 "벌써 2시가 됐군요!"라고 소리쳤다. "곧 저를 데리러 차편이 오겠는데요."

"아니, 잠깐만요, 아까 말씀하신 그 귀결들은 어쩌고요?" 마음이 급해진 프랜신이 다그쳤다. "우리는 그것들을 빨리 연구해야 하지 않을까요? 아니면 우선 어떤 단서나 실마리라도 주셔야지요."

"그렇게 궁금해하실 것 같았습니다," 테드가 대꾸했다. "네, 물론 우리는 그 문제들을 계속 알아볼 겁니다. 하지만 그 주제를 지금 이 자리에서 본격적으로 논의하자는 것은 아무래도 좀 성급한 일이라고 생각지 않으십니까?"

그 말에는 프랜신도 더 이상 따지지 못하고 그냥 웃어 버렸다.

"다음 주에 학교에서 특별 강의가 있다는 걸 아시나요?" 테드가 물었다.

"포스터를 보기는 했는데요."

"사실은 제가 다음 주 화요일에 바로 이 주제로 강연을 하기로 되어 있거든요. 당신도 참석하시면 좋겠습니다만."

그때 경비원이 들어와서는, 다음 주 테드의 강연 시간 이후 점심 식사 모임이 다시 계획되어 있다고 모두에게 알려 주었다.

테드가 깜짝 놀라 "그럼 이미 알고 계셨다는 건가요?" 하고 물었다.

"그 강연 말입니까?" 경비원이 반문하다 말고 "아, 네, 물론이지요"라며 얼버무렸다.

"하지만, 대체 어떻게…?"

경비원은 곤란한 표정으로 눈썹만 치켜 올릴 뿐 아무런 대꾸가 없었다.

고개를 절레절레 저으며 의아해하던 테드는 자신의 강연이 일반인들에게도 광고되었다는 사실을 기억하면서, 이 의문의 경비원이 자신이 생각했던 것보다 새로운 정보에 훨씬 더 해박한 사람이리라고 짐작했다. 그렇다면 대체 이 사람은 누구일까? 그리고 베일에 싸여 있는 이 모임의 주최인은 또 누구란 말인가? 도대체 어디에 있는 것이며 자신들에 대해서는 어떻게 알게 된 것일까? 그러나 그가 누구이든 현재의 이 모임을 성공적으로 진행하고 있다는 것만은 분명했다. 이제 여기에 모이는 사람들은 일종의 동료의식까지 갖게 되었고, 소극적인 토론의 참관자가 아니라 진리의 탐구 과정에 합류한 적극적 참여자가 되었으니 말이다. 게다가 이제는 모두들 그 과정을 즐기기까지 하고 있는 듯 보인다. 모든 조화로운 환경도 그 일에 즐거움을 더해 주고 있다는 사실 역시, 다음 모임에의 초대를 모두들 기꺼이 응낙한 것으로 보아 충분히 짐작할 수 있었다.

떠나기 전 테드가 프랜신을 보며 물었다. "그 귀결들에 대한 단서를 달라고 하셨지요?"

"네, 맞아요!" 프랜신이 기뻐하며 답했다.

"한 가지만 충고하지요. 그 귀결들을 무시하는 건 무척 어리석은 행동입니다!"

"아니, 그게 다란 말인가요?" 그녀가 실망한 빛으로 물었.

"이 정도면 충분하지 않을까요? 자, 그럼, 다음 주 화요일에 만나지요."

모두들 떠난 후 혼자가 된 프랜신은 다시 더 깊은 생각에 빠져들었다. 도대체 그 귀결이란 것들이 얼마나 중요한 역할을 한다는 말일까?

다음 주 테드의 강의 일정을 자신의 수첩에 기록하던 그녀에게 문득 떠오른 생각은, 어쩌면 그 귀결들이 특정한 관점을 만들어 내거나 심지어 무너뜨릴 수 있을지도 모른다는 예감이었다. 그런 강력한 힘을 가진 무언가라면 분명 신중히 연구해 볼 충분한 가치가 있는 것이리라.

3. 주관적 도덕성의 문제:
주관적 도덕성을 반증하는 사례

테드는 연단의 좌석에 앉아 강당 안을 둘러보았다. 자신의 입장에서는 강의실 규모의 공간에서 강의하는 것이 훨씬 더 편하고 익숙했지만 강연 주제에 대한 사람들의 큰 관심 때문에 그럴 수가 없었다.

그의 왼쪽 편으로 프랜신과 그래함이 여러 명의 친구들과 함께 와 있는 것이 보였다. 그들을 발견한 테드가 반가운 마음에 옆자리의 동료를 불러 왔다.

"저의 학문적 사고 과정을 더욱 촉진시켜 주는, 최근에 알게 된 두 친구를 소개합니다," 테드가 자신의 동료에게 말했다. "프랜신 씨와 그래함 씨입니다."

"네, 아마도 테드가 하는 말들을 일일이 감시하러 오신 모양이군요, 그렇지요?" 동료가 그들에게 농담을 던졌다.

"아, 아닙니다. 그저 강연에 참석하고 싶어서지요." 그래함이 답했다.

"이 두 사람의 겸손함에 속지 마십시오," 테드가 다시 그 동료에게 말했다. "여기 계신 프랜신 씨는 도덕적 상대주의를 전공하고 있는 대학원생이고 그래함 씨는 SPAR의 회장이랍니다."

"SPAR라고요? 그 단체에 대해 제가 잘 알지 못해 죄송하군요." 궁금한 표정으로 테드의 동료가 물었다.

"무신론 연구 진흥 학회의 줄임말입니다." 그래함이 대답했다.

"아, 네, 저도 그 학회에 대해서는 들어 본 적이 있습니다. 그런데, 그곳의 회장이시라고요?"

"그렇습니다. 그래서 도덕성에 대한 기독교 신학의 내용을 참고하는 일이 저에게 특히 중요한 임무가 되었지요."

"반대자의 입장에서 말씀이군요," 동료가 껄껄 웃고는 "그나저나 아직 여유가 있을 때 빨리 자리를 잡으시는 게 좋겠는데요"라고 권했다.

사실 이 두 젊은 회의론자들이 이런 강연을 즐기고 있을 만큼 시간적 여유가 많은 사람들은 아니었다. 하지만 그 저택에서의 토론 모임으로 인해 이들에게는 도덕성에 관한 두 가지 관점이 무척 중요한 관심사가 되었고, 그 때문에 나름의 여러 가지 바쁜 일들을 제쳐 두고 오늘 이 자리에 참석하게 된 것이었다.

일상적으로 부딪히는 도덕성의 문제에 있어서는 그들에게도 이미 정해져 있는 일정한 기준이 있었다. 도덕적 상대주의자로서 프랜신은 모든 도덕적 판단이 순전히 주관적인 관념에 근거한다는 사실을 믿어 의심치 않아 왔다. 최근 들어서는 그녀도 자신의 이런 입장이 만들어 낼 귀결에 대해 예전에는 미처 생각해 본 적이 없음을 심각히 깨닫고 있었지만 말이다.

한편 그래함은 모든 도덕 가치가 순전히 주관적인 것이라고는 생각지 않았다. 도덕성을 주관적으로 보는 입장에 대해 동료 무신론자를 비롯한 많은 사람들이 대체로 호응을 보인다는 사실은 이미 알고 있었지만 말이다. 관대해 보이고 시대 감각에 잘 맞으며 이견들에 대해서도 개방적이라고 여겨질 수 있는 관점이기 때문이었는데, 물론 이런 면들이 그가 추구하는 삶의 태도에 부합하는 것이기는 했다. 그 역시 자신들의 편협한 이념을 다른 사람에게까지 강요하려 드는 집단을 경멸의 시선으로 대하는 것이 사실이었고, 모두가 함께 잘 어울려 살기 위해서는 자신의 것과 다른 타인들의 견해도 수용할 수 있어야 한다고 늘 생각해 왔다.

하지만 또 다른 측면에서 본다면, 모든 도덕성이 개인의 생각이나 감정에 의해 결정된다는 개념에는 받아들이기 어려운 무언가가 있었다. 분명히 몇 가지의 특정 행위들은 그에 대한 사람들의 생각이 어떻든 잘못된 것이기 때문이었다.

강연을 앞둔 테드가 대강당 안을 둘러보니, 주로 대학생들이 차지하고 있는 앞 좌석과 달리 뒤쪽으로는 인근 지역의 주민들도 상당수 자리하고 있음이 눈에 들어왔다. 사회자가 자기소개를 마쳤을 즈음, 뒤늦게 도착한 몇몇 참석자들이 서둘러 강당 안으로 들어섰고 그 중의 한 사람은 조용히 맨 뒷자리로 가서 혼자 자리를 잡았는데, 연단에서는 가장 먼 거리이기 때문에 잘 보이지 않았겠지만 사실 그는 테드도 잘 알고 있는 바로 그 경비원이었다.

사람들이 모두 자리에 앉자 강연의 연사인 테드가 소개되었다. "자, 이제 강연을 시작하실 테오 더글러스 교수님을 환영하며 맞아 주시기 바랍니다." 사회자가 테드에게 고개를 끄덕여 보이며 자기 자리로 돌아가자 청중들이 나지막하게 박수를 보냈다.

테드는 강단 위로 올라가 원고를 앞에 펼쳐 놓은 뒤 입을 열었다. "미리 안내되었던 주제를 가지고 오늘 저녁 강의를 진행하겠습니다." 첫마디를 마친 그가 경직된 분위기를 완화하고자 농담을 섞으면서 말을 이어 나갔다. "제가 연설자이긴 하지만 사실 저는 강연 듣기를 그리 좋아하지 않습니다. 만약 제가 여러분이었다면 아마 지금 이곳에 있지 않았을 겁니다. 그런 만큼 오늘 시간을 가능하면 재미있게 진행하도록 하지요." 가벼운 웃음소리가 여기저기에서 들렸다.

"그래도 다행히 현재의 우리는 꽤 편리한 입장에 있다고 봅니다. 본 주제에 의미를 부여하기 위해 굳이 따로 애를 쓰지 않아도 되니까요. 여러분과 저의 일상에서 이제부터 강연을 통해 다루어질 내용보다 더 직접적으로 관련이 있는 주제는 사실 그리 많지 않을 겁니다. 우리가 늘 하고 있는 도덕적 판단의 실제 횟수를 생각해 볼 때 말이지요. 그러한 판단은 우리의 일상적 대화에 항상 나타나고 있는 것들입니다.

확신컨대 여러분 중 대다수가 오늘 밤 이곳에 오신 다음에도 최소한 한 가지 이상의 일정한 판단을 하셨을 것입니다. 실제로 여기에 오신 이후 어떤 행동이나 특성, 태도 등에 대해 좋다 혹은 나쁘다라는 판단을 한 분들이 계시지요? 아니면 이건 이래야 한다거나 저건 저래서는 안 된다는 말을 했든지 말입니다. 여러분의 배우자나 이웃, 심지어 정부가 했던 어떤 일이나, 우연히 듣게 된 사건과 관련된 것일 수도 있을 텐데요, 어떠한 종류이든 도덕적 가치 판단과 관련된 걸 말씀드리는 겁니다."

사람들의 가벼운 웃음소리와 함께 주저하며 손을 드는 이들이 눈에 띄었다.

"분명한 사실은," 테드가 이야기를 계속했다. "그러한 여러 가지 판단들에 대해 부끄럽거나 부자연스럽다고 여길 이유는 조금도 없다는 점입니다.

그것들은 정상적인 대화에 늘 나타나는 당연한 부분이니까요. 도덕에 대한 개념은 동물의 세계와 인간의 세상을 구별해 주는 요소들 중 하나이지요.

하지만 또 다른 질문을 해 보겠습니다. 이 질문은 손을 든 분들에게 드리는 것입니다만, 여러분은 그러한 도덕적 판단을 할 때, 자신이 도덕성이라는 것에 대해 아주 기본적인 어떤 가정을 하고 있다는 사실을 혹시 알고 계셨습니까? 도덕성이 객관적인 것인가 주관적인 것인가 하는 문제와 관련해서 말입니다." 이번에는 더 적은 수의 사람들이 손을 들었다.

"네, 그러니까 오늘 저녁 다룰 문제들이 바로 이와 연관된 내용인데요, 지금부터 여러분과 함께 도덕성이라는 개념이 주관적인 것인가 객관적인 것인가에 관해 논의해 보고자 합니다. 논의가 진전됨에 따라 의문이 생기는 분들도 계실 텐데, 그럴 경우 노트를 해 두시면 좋을 것 같습니다. 강연 마지막 순서로 몇 분의 질문에 대해 답변하는 시간도 가지려고 하니까요.

이제 본격적인 강연을 시작하면서 제가 가지고 있는 전제를 몇 가지 말씀드리겠습니다. 첫째, 저는 오늘 강연의 핵심 내용인 주관적, 객관적이라는 개념의 의미를 여러분이 이미 잘 알고 계시다는 것을 전제로 하겠습니다. 간단한 설명을 적은 인쇄물이 안내하시는 분들에 의해 배포되었으니 필요하신 분들은 참고하시기 바랍니다.

둘째, 저는 또한 주관적 도덕성과 객관적 도덕성이라는 개념이 의미하는 바에 대해 여러분 모두 이해하고 계시다는 것을 전제로 하겠습니다. 지난주의 강연자께서 다루었던 주제이기 때문에 많은 분들이 이미 잘 알고 계실 겁니다."[1]

전제에 대한 설명을 마치자 우선 테드는, "도덕의 성격이 주관적이 아니라 객관적인 것이란 인식은 현재 일반적으로 통용되고 있는 관념이라고 봅니다"라면서 강연의 핵심 내용에 대해 운을 떼었다. 잠시 동안 사람들에게 이 말의 의미를 생각할 수 있도록 시간을 준 다음 그가 다시 말을 이었다.

"물론 이것이 도덕성을 주관적인 것으로 생각하는 사람이 전혀 없다는 뜻에서 드리는 말씀은 아닙니다. 사실 그렇게 생각하는 분들도 적지 않으니까요. 하지만 객관적 도덕성이 부재하는 세상에 사는 상황을 잠시라도 상상해 본 사람이라면, 누구나 도덕의 객관성에 쉽게 동의하게 되리라고 저는 확신합니다."

내용을 받아 적던 청중들이 이 부분에서 필기를 잠시 멈추고는 이해가 되지 않는다는 표정으로 단상을 올려다 보았다. 그러나 이들 가운데에도 지난번 모임 당시 테드와의 대화를 떠올리고 있던 프랜신만은, '귀결(歸結)의 힘을 말하는 거군'이라고 속으로 뇌이며 앞으로 그의 논리가 전개될 방향이 얼마나 설득력을 가질 수 있을지 몹시 궁금해하고 있었다.

"가장 좋은 방법은," 테드가 말을 이었다. "도덕성이 주관적인 개념으로 전제될 경우 일어날 수 있는 가능성을 한번 적어 보는 것입니다.

논의의 전개를 위해 도덕성이 철저하게 주관적일 경우에 대해 함께 상상해 봅시다. 과연 어떤 일이 벌어지게 될까요? 무엇보다 먼저, 도덕성에 관한 모든 서술이 우리가 음식의 맛에 대해 내리는 판단과 똑같아짐으로써 옳고 그름이라는 기준 자체가 사라져 버릴 것입니다. 그 서술의 진실성과 정확성이 말하는 사람의 생각이나 의견, 또는 믿음 등에 의해서 결정될 테니까요. 즉, 각 개인의 경우마다 진실이 달라진다는 의미가 됩니다.

'시금치는 참 맛있어'라는 표현을 틀린 서술이라고는 말할 수 없다는 사실에 모두들 동의하시리라 봅니다. 그 문장의 옳고 그름이 순전히 말하는 사람의 생각이나 의견에 좌우되기 때문이지요. 우리가 보통 화자(話者)라고 일컫는 입장의 인물 말입니다. 그 사람이 시금치를 좋아한다면 그에게는 그것이 좋은 것이 되겠지요. 설령 제가 시금치를 좋아하지 않는다 해도 — 실제로도 안 좋아합니다만 — 그 말을 틀렸다고 이야기할 수는 없을 겁니다." 테드가 열의를 다하여 자신의 설명을 이어 갔다.

"오늘 논의의 요점은 바로 여기에 있습니다. 만약 도덕성이 주관적인 것이라면, 도덕성과 관련된 모든 서술이 음식 맛에 대해서 말하는 방식과 같아진다는 사실 말입니다. 그렇게 되면 여러분과 저의 도덕적 판단이 서로 상충하면서도 동시에 둘 다 옳은 것일 수 있겠지요.

이 외에 한 가지 논점이 더 있는데요, 만약 도덕성이 전적으로 주관적인 것이라면, 어떤 사물 혹은 행위에 대한 도덕적 판단은 전혀 그 사물이나 행동에 대한 것이 아니라는 사실입니다. 오히려 자기 자신, 즉 화자에 대해 설명하는 일이 되니 말이지요. 제가 '간 요리는 정말 맛이 끔찍해'라는 말을 했다면 저는 간으로 만든 요리에 대해 설명한 것이 아니라 저의 입맛에 대해 이야기한 것입니다, 그렇지 않습니까? 그저 여러분에게 제가 간을 싫어한다는 사실을 알린 것뿐이니까요. 마찬가지로 도덕성이 주관적인 것이라면, 만약 제가 어떤 행동에 대해 잘못되었다고 말하더라도 그 말은 사실 '나는 그 행동이 싫어'라거나 '그 행동은 내 눈에 거슬려'라는 표현일 뿐입니다. 그 행동을 보는 제 입장은 밝혀졌겠지만 더 이상의 의미는 없습니다. 주관적 서술문이라고 불리는 문장의 의미가 바로 그것으로서, 그 서술의 진위는 오직 화자에게 달려 있습니다."

강의 내용을 받아 적고 있는 이들을 위해 테드는 잠시 말을 끊었다. 그가 던진 이야기 중 몇 가지 내용은 일부 청중들에게 전혀 생소할 것임을 그도 짐작하는 바였다. 또한 사람들의 표정에 나타나는 약간의 긴장감을 통해 그 새로운 내용들이 그들에게 많은 생각을 불러일으키고 있다는 사실 역시 잘 알 수 있었다. 그러나 그것은 오히려 좋은 징조였다. 그의 본래 의도가 사람들 각자로부터 깊이 있는 사고를 유도해 내는 것이며, 낯설고 새로운 정보를 제시하는 이러한 일이야말로 다루고 있는 주제에 대한 신중한 숙고로 그들을 인도하는 지름길이기 때문이다. 진리에 도달하는 유일한 길인 이 과정에 한두 가지의 예가 보다 도움이 될 수 있으리라고 그는 생각했다.

"아마도 이런 예시가 도움이 될 것 같은데요, 여러분 중에는 최근 우리 사회에 명백히 드러나고 있는 성차별에 대해 들어 보신 분들이 있을 겁니다." 테드의 말에 고개를 끄덕이고 있는 사람들이 눈에 띄었다. "또한 그 문제에 대해 반대 의견을 제시한 적이 있는 분도, 오늘 오신 분들 중 계시리라 믿습니다.

하지만 생각해 보십시오, 만약 도덕성이 완전히 주관적인 것이라면, 어떤 사람이 자신과 다른 인종이나 종교, 성별의 사람을 차별하더라도 그것은 잘못된 일이 아닐 겁니다. 제 말씀은, 다른 모든 이에게 강요하거나 의무화할 수 있는, 객관적 개념으로 보아 잘못된 것일 수 없다는 말이지요. 도덕성이 주관적인 것이라면 그런 행위가 혹 여러분의 개인적 도덕 취향에 거슬린다 하더라도, 여러분의 것과 다르다는 사실 말고는 동일한 정당성을 갖고 있는 다른 사람의 도덕 취향 역시 인정해 줘야 마땅할 테니까요.

한 가지 예를 더 들어 보겠습니다. 여러분 모두 최근 언론을 통해 드러난, 정부의 한 관료 조직에 대해 알고 계실 겁니다. 네, 바로 그 조직 말이지요."

청중들이 서로 눈길을 주고 받으며 씨익 웃음지었다. "알고말고요!" 앞줄에 앉은 한 사람은 큰 소리로 대답까지 했다.

"아, 제가 예민한 사안을 건드린 모양이군요, 그렇지요?" 테드도 웃으면서 이야기를 계속했다. "만약 그 보도가 사실이라면, 그들 중 몇 사람은 자신들의 개인적 이익을 위해 공직자 신분을 이용했다는 건데요. 그들의 비밀 통화 내용과 이른바 특별 선처라는 것에 대해 모두들 들으셨으리라 믿습니다.

혹시 여러분이 그 사건에 대해 비평하는 칼럼들을 읽으셨다면 이 공직자들이 얼마나 신랄하게 비난받았는지 잘 알고 계실 테지요. 한 칼럼의 표현대로라면 이러한 행위들은 '공적 신뢰를 남용한 도덕적 탈선'으로 묘사될 수 있을 겁니다. 이 공직자들을 '도덕적 파산자'라고까지 명명한 칼럼도 있더군요.

단언컨대 다음 번 선거 이후에는 분명 이들 중의 상당수가 구직자 대열에 새로이 합류하게 되겠지요."

키득거리는 소리가 여기저기에서 들렸고, 뒷자리에 앉아 있던 한 은발의 노인은 "부디 그렇게 되길 바랍니다!"라고 소리쳤다.

"네, 역시 그렇군요," 테드가 그 말을 받았다. "물론 현재 이곳에 있는 우리들도 어느 정도의 부도덕성은 가지고 있을 겁니다. 어쨌거나 지금 우리가 나누고 있는 이야기의 요점은 만약 도덕성이 명확하게 주관적인 것이라면, 여러분이나 저, 그리고 방금 언급한 칼럼니스트들이 그와 같이 공직 남용을 일삼은 정치인들과는 다르더라도, 그 사건에 대한 우리의 모든 기술(記述)은 그저 우리가 그 행위들을 싫어한다는 의미 이상일 수가 없다는 겁니다. 그들의 행동이 진실로 옳지 않은 것이며, 그 사건에 대해 누가 어떻게 느끼는지와 관계없이 절대로 벌어져선 안 되었을 일이라고 아무도 말할 수 없게 된다는 거지요. 다시 말해 객관적 의미에서 그 행동이 틀렸다고 얘기할 수 없는 상황에 놓인다는 것입니다."

앞줄 쪽의 좌석에 앉아 있던 한 청년이 갑자기 의자를 뒤로 밀치고 벌떡 일어서는 바람에 모두들 놀라 그리로 고개를 돌렸다. "정말 말도 안 되는군!" 문을 향해 걸어가며 그가 큰 소리로 투덜댔다. 청중들 몇 사람은 이를 보며 불편한 기색을 드러냈다.

놀라서 서로를 바라보던 사람들도 테드의 다음 말을 기다리느라 다시 그가 있는 쪽으로 얼굴을 향했다. 갑작스런 소란에 역시 놀랐던 테드는 잠시 동안 말을 멈추고 있었다.

문이 닫힌 후의 짧은 정적이 지나가자 건조한 목소리의 테드가 다시 입을 열었다. "강의 후 이의를 제기하실 분이 한 명 줄었군요. 물론 저분과 제대로 이야기를 나누어 볼 기회가 없었으니 정확한 것은 알 수 없습니다만.

그럼 이야기를 계속하겠습니다. 이 논리는 어린이를 유괴하여 학대하고 불구로 만든 후 죽음에 이르게 한, 최근 기사에 실린 어떤 사람의 경우에도 적용됩니다. 누군가가 그런 행위를 저의 친구나 친척, 심지어 제 자신에게 가할 수도 있었으리라는 가능성은, 정말 상상만으로도 끔찍한 것이지요. 그렇지만 도덕성이 주관적이라는 전제하에서라면 저는 그런 행위조차 옳지 않은 일이라고 탓할 수가 없을 겁니다. 단지 저의 도덕 성향을 거슬린 것일 테니까요. 그 사람은 그저 저와 다른 도덕적 성향을 가지고 있을 뿐이며 그에게는 그 행동들이 올바르고 좋은 것이라고 주장할 권리까지도 있습니다. 성폭행이나 다른 성적 학대의 경우에도 같은 논리를 적용해 말할 수 있을 거고요. 나치의 잔혹 행위 역시 마찬가지일 겁니다.

다른 예를 더 들 수도 있겠지만 결국 요점은 같습니다. 만약 도덕성이 완전히 주관적인 것이어서 사람들의 모든 행동을 주관적 잣대로 판단해야 한다면 앞서 언급된 행위들도 진정으로 잘못된 일일 수 없다는 사실 말입니다. 그것들이 단지 여러분이나 저의 개인적 견해에 거슬린 것뿐일 테니까요. 우리 마음에는 들지 않겠지만 결국 그뿐입니다.

물론 그렇게 되면, 우리가 무슨 권리가 있기에 마음에 들지 않는다는 이유만으로 다른 사람의 특정 행동을 비난할 수 있느냐는 문제가 곧바로 대두됩니다. 우리는 그 행동들을 싫어한다고는 말할 수 있지만 그 외의 본질적 잘못을 지적할 수는 없는 일이지요."

테드가 자신의 강의 노트에서 고개를 들었을 때는 심각해지고 있는 청중들의 반응을 확연히 느낄 수 있었다. 예시가 좀 극단적이었다는 것은 그도 잘 알고 있었지만 그들 모두가 제대로 이해하고 넘어가기를 바라는 마음에서 그럴 수 밖에 없었다.

"주관적 도덕성이라는 개념이 무엇을 의미하는지에 대한 저의 설명을 정리해 보지요," 이 시점에서 지금까지 다룬 내용을 마무리하고자 테드가 이렇게 말했다. "만약 도덕이라는 것이 진정으로 주관적인 특성을 갖고 있다면, 우리 모두는 어떤 것이든 자신이 생각하기에 가장 그럴듯한 견해를 선택하게 될 겁니다. 테레사 수녀가 될 것인가 아돌프 히틀러가 될 것인가의 선택은, 색소폰 연주자가 될 것인가 오르간 연주자가 될 것인가 하는 선택과 큰 차이가 없게 될 테고요. 우리는 그저 자신의 눈에 가장 그럴싸하고 가치 있어 보이는 것을 선택하게 된다는 말입니다.

하지만 이와 관련해서 한 가지 질문을 해 보지요. 여러분 중 과연 도덕성에 대한 이러한 견해가 맞다고 생각하는 분이 계신가요?"

망설이는 표정들이 역력하긴 했지만 긍정 쪽의 입장을 취하는 걸로 보이는 사람들은 거의 없었다.

"제 말씀은 이겁니다," 그가 수사적(修辭的)으로 질문을 제기했다. "어떤 특정 행동이나 동기 등의 옳지 않음에 대해 우리 모두가 이미 잘 알고 있다는 것은 부인하기 어려운 사실 아니겠습니까? 비록 그것을 어떻게 알게 되었는지까지는 모르더라도 말입니다. 이 사실에 동의하지 않는 사람이 저지른 행위라 할지라도 결국 똑같이 옳지 않다는 것을 우리는 다들 잘 알고 있습니다.

여기에서 좀 더 이야기를 진전시켜 보겠습니다. 어떤 잔인하고 사악한 행동을 한 사람이 '아, 난 그저 우리 그룹이 정한 규칙 안에서 장난 좀 쳐본 것뿐인데요'라고 말하며 자신의 행동을 합리화하려 할 경우 우리가 어떻게 대응하게 되리라 생각하십니까? 당연히 그런 식의 항변을 단번에 묵살해 버리지 않겠습니까?

그것이 바로 2차 세계 대전 이후 나치 전범에 대한 뉘른베르크(Nuremberg) 재판에서 있었던 일이지요. 그들이 저지른 잔혹 행위는 실로 믿을 수 없을 정도였습니다. 그런데도 그들은 그런 행위가 자신들 법령의 테두리 안에서 이루어진 결정이므로 다른 법체계에 의해 심판받을 수는 없다고 항변했지요.

그 주장이 당시에 기각되었듯, 지금 이곳에 있는 우리 대부분도 그런 식의 주장을 거부하리라고 믿습니다. 그 거부가 또한 옳은 것이기도 하고요."

청중들은 여전히 심각한 표정이었다. 지금까지 다루어진 주제가 워낙 무거운 것이다 보니 그런 듯 싶었다. 앞으로 이어질 내용에 대해 미리 떠올려 본 테드는 잠시 좀 가벼운 문제를 다루어 보기로 마음먹었다.

"몇몇 분은 아마도 '아까 저 교수가 도덕성을 주관적인 것이라고 믿는 사람들도 있다고 말하지 않았나?'라는 생각을 하고 계실 겁니다. 네, 제가 그렇게 얘기했었지요. 그런 입장을 견지하면서 자신의 의견을 강변하는 사람들이 분명히 있습니다. 이곳에 오신 분들 중에도 계실지 모릅니다만 만약 그러시다면," 그가 장난기 가득한 눈빛으로 말했다. "게다가 앞으로도 계속 그런 입장을 취하면서 살아가시겠다면, 지금까지 우리가 살펴본바 외에도 앞으로 더 나타날 몇 가지 어려움까지 감수하셔야 할 겁니다.[2] 문제가 닥치는 순간 갑자기 당황하지 않도록 그 중 두 가지를 미리 알려 드리지요."

집중해서 들으려고 자세를 바꾸는 사람들 때문에 청중석은 조금 어수선한 분위기가 되었다.

"여러분은 우선 '자기 반박성 문제(the problem of self-refutation)' 혹은 '자기 참조(self-reference)'라고 흔히 불리는 난제들과 맞닥뜨리게 될 겁니다. 자기 참조라는 것은 기본적으로 어떤 원칙을 그 자체에 다시 적용해 보는 경우를 일컫는데요, 제가 가르치는 학생들은 모두 이 개념을 잘 알고 있을 겁니다."

대강당 안에 웃음소리가 퍼졌다. 그에 대해 익히 아는 학생들로부터였다. 더글러스 교수의 강의에서는 어떤 주제를 다루든 그 개념이 빠지는 법 없이 등장한다는 사실을 모든 학생들이 알고 있었다. 각 주제마다 그에 맞는 적용법을 찾아낸 테드가 자신이 맡은 모든 강의에서 사용해 왔기 때문이었다.

"제 요지는, 도덕성이 주관적인 것이라고 말할 때 어떤 행동이 함께 유발될 수 있는지 잘 주목해 봐야 한다는 겁니다. 그런 주장을 통해 모든 사람에게 강제되어야 하는 객관적 도덕 원칙이란 존재하지 않는다는 걸 말하려는 것이지만, 바로 여기에서 문제가 생깁니다. 그 말과 동시에 최소한 한 가지 원칙을 예외로 하지 않고서는 모든 객관적 도덕성의 존재를 부정하는 것이 불가능해지니까요."

청중들이 눈썹을 치켜 올렸다.

"그 한 가지라는 것은 바로," 그가 잠시 말을 끊었다. "세상에는 어떤 객관적 도덕 원칙도 없기 때문에 다른 사람들이 나의 행동에 대해 객관적 도덕 원칙을 근거로 평가를 내려서는 안 된다라는 객관적 도덕 원칙이지요."

학생들 여럿이 소리내어 웃었다.

"그 서술문의 문제는, 문장 자체가 이 자기 스스로를 반박한다는 것입니다. 마치 '저는 영어를 한마디도 못합니다'라는 말을 영어로 할 때의 경우처럼 말이지요. 그 문장을 말함과 동시에 문장이 스스로의 내용을 반박하게 되는 것이니까요. 주관론자들이 다른 사람들에게 어떤 객관적 잣대로도 자신을 판단하지 말라고 말할 때 같은 일을 하는 것이지요. 그렇다면 그 사람은 모든 도덕적 판단을 주관적인 것이라고 보는 겁니까, 그렇지 않은 겁니까? 스스로가 도덕 원칙의 주관성을 믿는다고 주장하면서 그와 동시에, 아무도 자신을 어떤 객관적 도덕 원칙으로 판단해서는 안 된다라는 하나의 객관적 도덕 원칙을 내세우고 있는 것이니 말입니다."

그제서야 많은 사람들이 요점을 이해했다는 듯 고개를 끄덕이거나 미소를 보였다. 테드의 말에 완벽하게 동의하지 않는 사람이라도 그의 논법이 재미있고 흥미진진하다는 사실만은 인정하고 있는 것 같았다.

갑자기 뒤쪽에서 한 사람이 손을 드는가 싶더니 철테 안경을 낀 학구적 분위기의 학생이 일어서며 큰 소리로 항변했다. "하지만 우리 주관론자들은 어떤 강제적인 객관적 도덕 원칙으로 우리의 행동을 판단해선 안 된다고 말한 적이 없는데요!"

"아, 그런 적이 없다고요?" 테드가 맞받았다.

"네, 없습니다!" 청년이 다시 소리쳤다. 그의 근처에 있는 다른 이들 역시 동의의 표시로 고개를 끄덕였다. "우리는 단지 그런 판단을 할 어떤 근거, 즉 합리적인 근거가 없다고 말하는 것뿐입니다. 객관적 도덕 기준이라는 것은 사실상 존재하지 않기 때문에 저의 행동을 객관적으로 나쁘거나 부도덕하다고 비판하는 것은 어불성설입니다. 지금까지 교수님이 했던 이야기의 내용처럼 말이지요." 이 말을 마치고 그는 자리에 앉았다.

"무척 재미있는 논리군요," 테드가 답했다. "또한 통찰력 있는 지적이라는 것도 인정해야겠고요." 그는 그 학구적 외모의 청년을 향해 고개를 끄덕여 보였다. "만약 지금 말씀하신 것이 정말 다 사실이라면 자기 반박이라는 문제에서 벗어났다는 점을 인정합니다."

질문했던 청년은 만족한 듯 보였지만 이번에는 그의 왼편에 앉아 있던 보수적인 인상의 중년 여성이 손을 들었다. "아니, 그게 다라고요?" 그녀 역시 목소리를 높였다. "그 문제를 그렇게 쉽게 피해 나갈 수 있다는 건가요?"

"'쉽게'라는 게 도대체 무슨 뜻이죠?" 청년이 다시 일어서서 되물었다. 자기가 구축해 놓은 위치를 잃고 싶지 않아 하는 기색이 역력했다.

"그렇게 쉽게 문제에서 빠져나가 버릴 수는 없다는 말입니다!" 점점 격앙되는 표정으로 그녀가 대꾸했다. "당신은 케이크 한 조각을 계속 손에 쥐고 있을 수도, 그리고 동시에 그걸 먹을 수도 있기를 바라는 부류의 사람이군요. 어떤 일들은 정말로, 그리고 객관적으로 옳지 않다는 걸 당신도 잘 알고 있을 게 분명해요. 단지 인정하고 싶지 않은 거겠죠. 그러면서 스스로도 믿지 않을 내용을 구실로 문제를 회피하려 들다니요!"

그녀가 말을 쏟아내는 동안 청년은 어이없다는 듯 입을 떡 벌리고 있더니 "내가 이럴 줄 알았다니까!"라며 큰 소리로 대들기 시작했다. "자신의 도덕관을 강요하는 것으로도 모자라 그것이 사실이라는 걸 내가 잘 알고 있다고까지 우기다니! 글쎄요, 그게 뭔지 저는 전혀 모르겠는데요!" 그는 더욱 흥분이 되는지 팔까지 마구 휘저어댔다. "이런 식으로 남의 행동에 대해 도덕적 판단을 내리고 자기 자신과 아무런 관계없는 일에서까지 스스로의 도덕적 입장을 강요하는 도덕주의자들에게 저는 정말 피곤할 정도로 질렸습니다. 그렇게 행동해도 된다는 근거는 어디에도 없는 만큼, 이런 일은 반드시 멈춰져야 합니다! 정말 간단한 문제지요."

불편한 침묵이 강당 안을 메웠고 사람들은 긴장된 눈빛으로 서로 바라보고만 있었다. 잠시 후 테드가 입을 열었다. "정말로 그런가요? 그렇게 간단하다는 말이지요?" 이 질문 후 잠깐 시간을 두고 나서 그가 말을 이었다. "제 생각에는 이 문제가 얼마나 간단하지 않은지의 한 예를 방금 우리 모두 목격한 것 같습니다만… 지금 말씀하시길," 그가 청년 쪽을 향하며 물었다. "그렇게 할 아무런 객관적 도덕 기준도 없으니 우리가 반드시," 그는 '반드시'라는 말에 힘을 주며 반복했다. "반드시, 당신의 행동에 대한 판단을 멈춰야 한다는 거지요? 그런 말씀이지요?"

청년은 잠시 생각하더니 고개를 저어 보였다. "좋습니다. 무슨 말씀을 하고 싶으신 건지 알겠습니다."

"물론 아실 겁니다. 당신은 방금 저와 이곳에 있는 모든 분들에게, 최소한 가지의 객관적 도덕 판단도 하지 않고 주관적 도덕주의자로서의 입장을 견지하는 것이 얼마나 어려운 일인지 잘 보여 주셨습니다. '반드시'라는 말은 당연히 해야 하는 의무를 일컬을 때 쓰는 표현이지요. 방금 당신의 주장에서 뜻했던 바와 같이 말입니다.

조금 전 분명히 저에게도 당신의 행동에 대해 객관적인 도덕 판단을 내릴 아무런 근거가 없기 때문에 그런 행동을 *해서는 안 된다*고 말씀하셨지요."

청년은 아무런 대꾸가 없었다. 방금 자기가 한 말과 행동의 의미를 스스로 더 잘 알고 있어서였다.

"제가 아까 했던 이야기를 다시 반복해 보지요," 테드가 이야기를 계속했다. "당신이 문제 삼는 것은, 아무런 합리적 근거 없이 당신의 행동에 타인들이 도덕적 판단을 내린다는 점, 그 한 가지뿐이라고 주장했을 때 제가 답했던 이야기 말입니다. 저는 정말 그것만이 다라면 당신의 입장은 자기 반박의 문제에서 벗어날 수 있다고 했었습니다.

하지만 그런 입장을 취하는 일이 실제로는 무척 어렵다고 제가 말씀드렸던 것도 기억하실 겁니다. 조금 전에 분명히 증명된 걸로 생각합니다만, 사실상 대부분의 도덕 주관주의자들이 실제로는 자신의 주장대로 행동하지 않습니다. 아까의 당신과 같은 반응을 보이는 사람들이 대부분이거든요. 심지어는 한발 더 나아가서, 자신들의 행동에 대해 도덕적으로 왈가왈부를 하면 *절대 안 된다*라고 다른 사람들에게 주장하기도 하지요. 그리고 그런 식의 태도를 통해서 스스로 본인들의 견해를 반박하고 있는 겁니다. '행동이 말보다 더 크게 웅변한다'라는 옛속담을 알고 계시겠지요? 우리가 실제로 믿고 있는 바가 무엇인지를 우리의 행동이 그대로 드러내 준다는 점에서 그 말은 엄연한 진리입니다."

진행 중인 대화의 의미를 청중들이 되새겨 볼 수 있도록 테드가 잠시 사이를 두었다. 논의가 점차 격렬해지는 가운데, 대강당 안에는 한동안 정적이 흐르면서 종이 넘기는 소리들만 간간이 들려왔다.

테드가 다시 입을 열었다. "아까 저는 도덕성을 주관적인 것으로 보는 분들이 직면하게 될 어려움 두 가지를 다루겠다고 말씀드렸는데요, 두 번째 문제에 관해서는 이러한 질문으로 대신 요약해 드릴 수 있겠습니다, '도덕성이 정말로 주관적인 것이라면 그런 세상에서 살고 싶은 사람이 과연 있을까?'라고요. 물론 저는 의심스럽지만 말입니다.

어느 철학과 학생이 객관적 도덕성이란 것은 존재하지 않는다는 내용으로 과제물을 작성해서 제출했던 이야기를 들려 드리겠습니다. 그의 사전 연구, 글의 구성이나 논법, 전체적 짜임새 등으로 따져볼 때 굉장히 훌륭한 글이 완성된 것이었지요. 만족한 학생은 그것을 반짝이는 파란색 폴더에 넣어 제출했습니다. 교수는 과제물을 읽고 나서 '나는 파란색 폴더를 좋아하지 않아'라는 글과 함께 F 학점을 매겨 학생에게 돌려주었습니다.

물론 그 학생은 당장 교수에게 달려갔겠지요. '이럴 수는 없습니다!' 그가 소리쳤습니다. '공정하지 않아요. 어떻게 폴더 색깔을 가지고 제 학점을 결정할 수 있습니까? 제가 좋은 글을 썼다면 당연히 좋은 학점을 주셔야지요!'"

사람들이 잠시 받아 적기를 멈추었다. 이야기가 어떻게 전개될지 궁금해하며 웃음을 머금은 채 기다리는 사람들도 있었다.

테드 역시 재미있어 하는 표정으로 말을 이었다. "그 교수가 학생에게, 제출한 과제물의 논점이 공정함이나 정당함과 같은 객관적 기준은 세상에 존재하지 않는다는 것 아니었느냐고 반문했습니다. '네, 그렇습니다,' 그가 대답했지요. 그러자 교수는 '글쎄 그러니까 말이야, 나는 파란색 폴더는 좋아하지 않거든'이라고 답하고는 다시 자신의 일을 계속했답니다."

웃음소리가 대강당을 메웠다. 뒤쪽에 앉아 있는 나이 든 청중들은 더욱 큰 소리로 웃었다.

"이야기를 계속하면, 일단 교수가 자신의 요지를 주지시킨 후 학점을 바꾸어 주었다지만, 교수가 말한 그 요지라는 것이 무엇이겠습니까?" 테드가 직설적인 질문을 던졌다. "그 학생은 도덕의 주관성이라는 것에 대해 멋들어진 글을 썼지요. 아마 그는 자신이 그 내용을 확신하고 있다고 생각했을 겁니다. 하지만 막상 본인의 에세이에 본인의 논리가 적용되고 나니 교수의 기호(嗜好) 같은 것과 관계없는, 객관적으로 옳은 기준이라는 걸 들고 나와 항의하고 있는 겁니다.

결국 그는 주관적 도덕성을 주장하면서도 사실은 그걸 믿지 않고 있다는 말인데요. 제 생각으로는 이것을," 몸을 앞으로 기울인 테드가 마이크 쪽에 입을 가까이 대고 말했다. "'꼼짝 못할 증거(damning charge)'라는 명칭으로 부를 수 있을 것 같습니다. 지금까지 보셨다시피 사실 우리의 행동은 종종 우리 자신에 대한 진실을 폭로하지요. 행동이야말로 우리가 무엇을 믿는지 대변하는 입이라고 표현할 수 있을 겁니다. 도덕적 가치가 주관적인 것이라 믿는다고 말하는 어떤 사람이 실생활을 통해 자신의 믿음을 계속적으로 증명하는 삶을 살고 있지 않다면, 그 사람이 도덕 가치의 주관성을 진심으로 믿는 것은 아니라고 볼 수 밖에 없게 됩니다.

방금 말씀드린 예시를 통해 평소 도덕성을 주관적인 것이라고 말하는 사람이 실제 불공정한 상황을 당할 때 어떻게 행동하는지 잘 알 수 있었지요. 이것을 근거로 저는 여러분께, 주관적 도덕성을 믿는다고 주장하는 사람들이 현실의 삶에서 거짓이나 속임수, 사기, 부당한 일 등을 겪을 때 어떻게 행동하는지 주의 깊게 살펴보시기를 당부합니다.

자, 이제 우리가 어디까지 다룬 걸까요? 지금까지 우리는 도덕성이라는 것이 주관적일 수 없는 이유들에 대해 살펴봐 왔던 거지요. 그 여러 가지 이유 중에서도 특히, 부조리하고 모순된 이러한 관점이 결국 스스로를 반박하는 귀결로 연결됨으로써, 실제 삶의 현장에서 자신에게 적용될 경우에는 모두가 거부하게 되는 논리라는 점을 가장 결정적인 이유로 들 수 있겠습니다.

다음은 동전의 반대면을 살펴보는 단계로, 왜 우리가 도덕성을 객관적인 것으로 생각해야 하는지의 이유를 알아보려 합니다. 하지만 사회자께서 휴식 시간이 되었고 간식도 준비되어 있다고 말씀하시는군요. 아마 모두들 기다리시던 시간일 겁니다. 여러분들 모두 열심히 경청해 주신 덕분에 중요한 논제를 잘 마쳤군요. 휴식 시간 이후에 다시 뵙겠습니다."

4. 도덕성이 객관적이어야 하는 이유:
객관적 도덕 기준을 위한 변론

"자, 이제 집중해 주시겠습니까?" 사회자의 안내 방송에도 불구하고 사람들의 말소리와 웃음소리는 한동안 멈추지 않았다. "휴식과 간식을 즐기며 이어질 2부 순서를 준비하셨으리라 믿습니다. 휴식 시간 전 더글러스 교수님께서 도덕성이 주관적인 것일 수 없는 이유에 대해 자세히 설명해 주셨습니다. 교수님의 말씀에 따른다면 그렇게 생각하는 것 자체를 오류라고 표현할 수 있겠지요.

자, 그럼 지금부터는 왜 도덕이 객관적인 성격의 것인지에 대해 생각해 보는 시간이 되겠습니다. 2부 강의를 통해 교수님께서 우리에게 설명해 주실 내용이 바로 그것입니다."

테드가 다시 단상으로 걸어 나오자 대부분의 청중들은 박수를 쳤지만 강단 오른편 좌석의 사람들은 유독 굳은 얼굴로 그를 맞았고 심지어는 야유를 보내는 사람까지 있었다. '어떤 의견에든 반대하는 사람들은 있게 마련이니까,' 테드는 속으로 생각했다. '그래도 이렇게 자리에 남아 있어 주니 고

마운 일 아닌가.'

제일 뒤쪽 자리에 혼자 앉아 있던 문제의 그 인물도 박수를 보냈다. 우렁찬 소리는 아니었지만 이 논의의 주제에 대한 관심만은 다른 어느 누구 못지않았다.

그래함과 프랜신도 여전히 자리를 지키면서 기대를 품은 채 2부 순서를 기다리고 있었다.

"감사합니다," 테드가 입을 열었다. "어떤 견해에 대해 방어를 한다는 것은 그에 대한 공격보다 항상 더 어려운 일이지요.[1] 우리는 이제 막 도덕성이 주관적이라는 관점에 대한 비판을 마쳤는데, 어차피 이 주제는 둘 중의 하나, 즉 양자택일의 문제이기 때문에 그 비판 자체가 도덕성을 객관적인 것으로 보아야 할 이유의 역할을 동시에 하는 것이 사실입니다. 그렇기는 하지만 옹호론 또한 자세히 살펴봐야 할 몇 가지 측면들을 가지고 있지 않을까요? 제 생각에는 바로 그것이 이제부터 우리가 해야 할 일인 것 같군요. 자, 그러니 이제 시작해 보기로 합시다."

내용을 받아 적을 준비를 하는 사람들로 인해 종이 넘기는 소리가 곳곳에서 들려 왔다.

"우선 이 점을 지적해야겠는데요," 그가 설명을 시작했다. "주제의 특성상 이제부터 다루게 될 내용의 상당 부분이 1부 순서에서 이미 언급했던 내용과 중복될 수 있다는 점 말입니다. 하지만 그리 문제되는 일은 아니지요. 객관적 도덕성의 옹호론 중 어떤 특정 논의가 주관적 도덕성의 비판론 중 특정 논의와 상호 대응 선상에 놓이는 것은 당연한 일 아니겠습니까?" 그가 미소를 띠며 던진 이 말에 사람들이 고개를 끄덕여 답했다.

"하지만 그런 상황일 경우에는 간단히 요점만을 다루겠습니다. 그 외에도 우리가 놓치지 말아야 할 새로운 입장과 시각들이 많으니까요."

"우선 우리가 도덕성을 객관적인 것이라고 말할 때 그 말이 정확하게 무엇을 뜻하는지의 문제부터 다루어 보지요. 이 서술을 통해 우리는 우선 도덕적 판단이 개인의 취향에 따른 판단과는 다르다는 점을 의미하게 됩니다. 도덕성이 객관적인 것이라면 두 가지 상충하는 도덕적 판단이 모두 옳을 수 있다거나 우리가 하는 도덕적 판단이 화자 자신에 대한 정보를 주는 일에 불과하다고는 말할 수 없게 되니까요. 이러한 표현들은 도덕성을 주관적인 것이라고 볼 때 발생하는 개념이었음을 기억하실 겁니다. 하지만 도덕성을 객관적인 것으로 판단하는 경우 이런 식의 관점들은 어디에도 적용되지 않습니다.

도덕성을 객관적이라고 말하는 것은 우리 중 그 누구와도 무관하게 존재하는 어떤 객관적 개체가 있다고 말하는 것과 같습니다. 우리는 이 개체를 도덕 기준, 도덕적 가치, 도덕적 진리, 또는 일련의 도덕 원칙 등으로 부릅니다. 그것에 어떠한 이름을 붙이는가는 그리 중요한 문제가 아닙니다. 그보다는 이 도덕적 진실이 사람들로부터 독립된 특성을 갖고 있다는 사실이 더 중요하니까요. 객관적인 도덕 진리는 누구도 그것을 결정하거나 통제할 수 없도록 독립되어 있으며, 각각의 사람에게 다르게 적용될 수도 없습니다. 또한 우리가 마음에 들어 하지 않는다고 그냥 사라져 버릴 수 있는 것도 아니지요. 사실상 무척 유연성 없는, 완고한 것이라고까지 말할 수 있을 겁니다."[2]

이때 좌석의 중앙에 앉았던 한 사람이 "그 개념을 그런 식으로 설명하는 건 처음 들어 보는데요!"라고 외쳤다.

"하지만 사실 아닌가요?" 테드가 맞받았다. "객관적 도덕성은 원래의 자기 자리에 가만히 앉아서 우리가 자신을 발견하고 행동의 척도로 삼도록 기다리고만 있으니까요. 우리의 행동 중 어떤 것들은 그 조건에 부합함으로써 선하고 좋은 행동이라 칭찬받는 반면, 그 반대의 것들은 나쁜 행동, 혹은 부도덕한 행동이라는 비판을 받게 되지요."

테드의 표현에 이의를 제기했던 아까 그 사람은 순순히 승복하면서 강연 내용을 다시 받아 적었다.

"1부 시간에 제가 말씀드렸던 몇 가지 내용과 비교해서 생각해 보신다면 이 점이 더욱 분명해질 겁니다. 아까 저는 만약 도덕성이 주관적인 것이라면 테레사 수녀가 될 것인가 아돌프 히틀러가 될 것인가는 색소폰 연주자가 될 것인가 오르간 연주자가 될 것인가와 큰 차이 없는 선택이 된다고 말씀드렸지요."

앞자리에 앉아 있던 한 청년이 더 이상 못 참겠다는 듯 항의를 하고 나섰다.

"그건 정말이지 우리의 입장을 설명하는 최악의 방식이군요! 교수님은 가능한 한 가장 나쁜 쪽의 예를 들고 계시는데, 테레사 수녀와 아돌프 히틀러의 삶 사이에 도덕적으로 명확한 차이가 있다는 것은 누구나 아는 사실입니다. 도덕적 주관론자라고 해서 그들 둘 사이에 아무런 차이가 없다고 생각하는 것도 결코 아니고 말입니다. 교수님께서는 문제를 너무 단순화시켜 얘기하시는군요!" 청년은 무척 격앙된 듯 보였다.

"절대 그렇지 않습니다." 테드가 그 말에 차분하게 대답했다. "단순화가 아닙니다. 물론 우리 모두 그들 두 사람의 삶의 방식에 차이가 있다는 것을 알지요. 하지만 제 말의 요점은, 만약 도덕성이 당신이 믿는 것처럼 순수하게 주관적인 것이라면 그들 둘 간의 선택이 윤리적 자의성(恣意性)을 갖게 되리란 이야기입니다. 어느 쪽을 선택하느냐에는 특별한 도덕적 이유가 있을 수 없으며 그저 자기 마음이 더 끌리는 쪽으로 선택하게 될 거란 말씀이지요."

분명 불쾌해 보이면서도 청년은 할 말이 없는 모양이었다.

"그러나 만약 도덕성이 객관적인 것이라면," 테드의 설명이 계속되었다. "이런 식의 입장은 완전히 잘못된 관점이 됩니다. 바로 이 지점에서 도덕적 진리, 도덕적 기준이라는 개념이 발견되는 것이지요. 이 도덕 기준은 다양한 삶의 행동과 과정이 결코 서로 동격일 수 없음을 우리에게 알려 주는 역할을 합니다. 아돌프 히틀러가 되겠다는 결정은 테레사 수녀가 되기로 결정하는 일과 절대로 동등한 도덕적 선택일 수 없다고 말입니다. 여기에서는 도덕적 기준에 의해 반드시 어느 하나가 다른 하나보다 훨씬 우월한 것으로 판별되니까요."

청중들은 잠잠히 경청 중이었다. 함께 강연을 듣고 있던 프랜신은 자신이 이제 완전히 새로운 상황 가운데 놓였음을 느껴야 했다. 게다가 도덕성을 이런 관점으로 보게 되는 데에 따르는 결과 혹은 귀결에 대해서도 생각해 보지 않을 수 없었다. 하지만 그 귀결을 자신이 정말 좋아하게 될까? 그녀는 주관적 도덕성이 결국 비합리적 귀결만을 낳게 되리라는 사실을 점차 인정하지 않을 수 없었지만, 그렇다고 객관적 도덕성이라는 것에 어떤 귀결이 따르는지도 알 수 없기는 매한가지였다. 어찌 됐든 우선 지금으로서는 도덕성을 객관적인 것으로 봐야 하는 이유에 대한 논리가 그녀에게 더 큰 관심사였다.

"객관적 도덕성의 의미에 대해서는 이 정도면 충분한 것 같군요," 때맞춰 테드가 이렇게 말했다. "그러면 지금부터는 도덕성의 객관적 기준이 존재한다고 생각해야 마땅한 이유에 대해서 알아보겠습니다.

그 첫 번째 이유는 아주 단순한 것인데요, 바로 모든 도덕성이 순수하게 주관적이라는 개념은 그 자체로서도 너무나 부자연스럽기 때문입니다. 모든 도덕적 판단이 똑같이 옳다고 말하는 것은 우리 중 어느 누구도 완전히 동의하기 어려운 관점일 겁니다. 실제 사실이 그렇지 않다는 걸 우리 모두가 잘 알고 있는 까닭이지요. 조금 전 여러분 모두, 즉 객관주의자와 주관주의자의 구분 없이, 히틀러와 테레사 수녀의 행위 간에 실제로 도덕적 차이가 존재한다는 데에 동의한다고 하셨던 것만 보아도 알 수 있듯이 말입니다.

1부 강의에서 우리는, 만약 도덕성이 완전히 주관적인 것이라면 타인의 어떤 행동에 대해서도, 즉 그것이 몹시 눈에 거슬리는 행동일 경우에도 결코 비난할 수 없다는 없다는 사실을 다뤘습니다. 그런 관점에서 봤을 때는 이 세상에 도덕적으로 더 좋거나 나쁜 것의 구분이 있을 수 없기 때문입니다. 어떤 사물이나 행동도 다른 것 보다 더 낫거나 못할 수 없으며 그저 서로 다를 뿐인 거겠지요. 우리의 모든 행동이 도덕적으로 동등해진다는 말입니다.

하지만 만약 그게 사실이라면, 도덕적 진보나 발전이라는 것도 있을 수가 없을 겁니다. 모든 행위의 과정이 도덕적으로 똑같은데 어떻게 그런 것이 존재할 수 있겠습니까? 그 같은 상황에서의 사회는 단지 변화를 할 뿐이지 진보하는 것도 퇴보하는 것도 아니게 됩니다.

이 문제에 대해서는 1부에서 이미 살펴보았으니 길게 이야기할 필요가 없을 것 같습니다만, 저는 이 점 역시 도덕성을 객관적인 것으로 보아야 할 또 다른 이유가 될 수 있다는 사실은 지적해 두고 싶습니다. 도덕적 진보란 도덕성이 객관적인 것일 때만 가능한 현상이니까요. 그리고 그럴 경우에만 한 사회가 다른 사회보다 더 우월하거나 그렇지 못할 수 있는 것이고요."

갑자기 뒤쪽에서 마른 몸매의 활기차 보이는 여성이 소리쳤다. "하지만 어떻게 그 사실이 도덕성을 객관적인 것으로 봐야 할 이유가 되지요? 오히려 도덕적 진보라는 것 자체가 애초에 존재하지 않았으리라고 뒤집어서 전제해 볼 수도 있는데 말입니다."

"좋은 질문입니다," 테드가 대답했다. "그리고 무척 시의적절하기도 하고요. 우리가 도덕성을 명백히 객관적인 것이라고 믿는 이유는, 바로 한 사회가 다른 사회보다 도덕적으로 더 낫거나 못하다는 것이 실제로 가능하다는 사실을 직관적으로 알고 있기 때문입니다. 우리 모두가 그 사실을 알지요. 지금 이곳에 계신 분들 중 어느 누구도 사람을 그의 인종이나 피부색 때문에 차별하고 학대하며 심지어 죽이기까지 하는 사회를 그렇지 않은 사회와 도덕적으로 같다고 생각하지는 않으실 겁니다. 게다가 시간의 추이에 따라 도덕적 진보나 퇴보라는 것도 분명 나타나게 되고요. 우리 모두가 그걸 압니다. 어떻게 알게 되었는지는 모르지만 우리가 그에 대해 분명히 알고 있다는 것만은 사실입니다."

그는 질문한 여성을 돌아보았다. "방금 하신 질문에 대한 잠정적 답변으로서 도덕성을 객관적인 것으로 생각할 수 밖에 없는 이유를 말씀드린다면, 사실 선택권이 오직 두 가지뿐이기 때문이지요. 도덕성을 객관적이라고 볼 것이냐, 주관적이라고 볼 것이냐 하는 두 가지 말입니다. 이 둘 중 어느 한 가지를 거부할 경우 다른 한 가지만이 남게 될 텐데요, 지금으로서는 도덕성을 주관적이라고 보는 견해를 우리가 거부해야 할 것 같지 않습니까?"[3]

테드가 질문자의 대답을 기다렸으나 그녀는 별달리 말이 없었다. 적어도 현재로서는 그런 것 같았기에, 그가 다시 이야기를 이어 나갔다. "하지만 또 다른 이유도 있습니다. 이제부터 말씀드릴 두 가지 이유는 사실 사람들의 말과 행동 방식에 대한 관찰을 통해 제가 발견하게 된 소견입니다. 우리의 말과 행동은 많은 부분에서 우리 자신을 그대로 드러내 보이기 때문에, 객관적 기준의 존재에 대해 우리가 실제로 갖고 있는 믿음과 관련해서도 의심할 바 없는 정확한 증거를 제시하곤 합니다. 지금부터 제가 얻은 소견을 몇 가지 말씀드릴 테니, 여러분은 그것들이 제 얘기처럼 우리의 믿음에 대해 잘 반영하고 있는지를 한번 판단해 보십시오. 아마도 여러분은 객관적 기준의 존재에 대한 우리의 무의식적 믿음이, 그것 없는 사고 과정 자체를 상상하기 어려울 만큼 우리 생각 속의 근원적 부분이라는 걸 곧 깨닫게 되실 겁니다.

저는 지금 이 자리에 계신 몇몇 분이 속으로 이렇게 생각하고 있으리라 짐작합니다: '이런 문제들이 우리의 사고 과정에서 그렇게까지 중요할 수 있다니. 전에는 이런 것들을 전혀 알지 못했는데. 사실 어제까지만 해도 *객관적 도덕 가치*라는 개념에 대해서는 생각해 본 적도 없는걸.'"

"네, 정말 그렇답니다!" 아까의 그 활기찬 여성이 신기하다는 듯 말했다.

"그러실 줄 알았지요," 테드도 유쾌하게 말을 받았다. "하지만 그렇다고 해서 지금까지 그 개념이 여러분의 사고 과정 중 한 부분을 차지하고 있지 않았다는 뜻은 아닙니다. 사실 모두가 깨닫지 못했을 뿐이지 그것은 늘 우리의 사고 과정에서 가장 근간의 역할을 해왔습니다. 비록 잘 느껴지지는 않을망정 우리의 사고방식에 영향을 주는 전제들이나 개념들의 가장 밑바

탕에 항상 자리 잡고 있다는 거지요.

아마도 그것은 '비모순율(law of noncontradiction)'이라는 법칙과도 같은 것일 겁니다. 이 논리 법칙은 어떤 한 물체가 동시에, 그리고 동일 의미 선상에서, 존재하면서 또한 존재하지 않을 수는 없다는 원칙입니다. 지금 저의 주머니 속에 있는 물체가 펜이면서 또한 펜이 아닐 수는 결코 없다는 것이지요. 적어도 우리가 펜이라는 단어를 같은 순간에 같은 의미로서 사용하는 한 말입니다. 논리 수업을 받아 본 적이 없는 분들은 처음 접하는 개념이라고 생각하시겠지만 그럼에도 불구하고 저는 여러분 모두가 이미 이 법칙을 믿고 있다고 확신합니다. 이것은 여러분의 사고 단계 중 가장 기본적인 수준에서 작용하는 전제니까요.[4]

그러면 다시 객관적 도덕 기준이라는 것으로 돌아가 보겠습니다. 우리가 이미 이 기준의 존재를 믿고 있다는 사실을 증명하기 위해 제가 어떤 관찰 사례를 제시할 것 같으신가요? 우선 한 가지 여쭤 보겠는데, 여러분은 어떤 두 사람이 서로 다투는 모습을 자세히 관찰하신 적이 있습니까? 그러니까, 아주 본격적으로 싸우고 있는 상황을 말입니다. 그리고 그런 논쟁이 벌어질 때 무슨 일이 함께 일어나고 있는지 혹시라도 분석해 본 일이 있으십니까?"

그 질문에 키득대는 이들도 있었지만 대부분의 사람들은 별 반응 없이 테드의 다음 말을 기다릴 뿐이었다. "그럼 제가 그냥 말씀드리겠습니다. 사람들이 다툴 때는 보통 이런 말들이 오고 가지요, '정말 예의가 없는 사람이로군'이라든지 '이봐, 그러면 안돼. 그건 옳지 않은 행동이야,' 혹은 '그거 돌려줘, 내가 먼저 고른 거니까' 등등의 표현 말입니다. 그리고 어떤 때는 '네가 분명히 약속했잖아'라거나 '다른 사람이 너에게 그렇게 했다면 기분이 어떨 것 같아?'라면서 따지는 경우도 있지요."

그 말에 여러 사람이 고개를 끄덕였다.

"여러분들도 다툴 때 그렇게 말씀하시는 모양이지요?" 그가 미소를 지었다.

한 노부부가 쑥스러운 표정으로 서로 쳐다보는 것을 보고 테드는 웃음을 간신히 눌러 참았다.

"솔직한 고백이시군요. 다툼이 있을 때마다 여러분은 당연히 이와 똑같거나 비슷한 이야기들을 하셨을 겁니다. 저도 마찬가지고요. 그렇지 않은 사람은 아마 없을 텐데요, 제가 말하고자 하는 바가 바로, 사람들이 논쟁을 하는 방식은 이처럼 서로 유사하다는 것입니다.

하지만 이런 각각의 서술들이 무엇을 말하고 있는지 한번 잘 생각해 보십시오. 이 말들은 단지 다른 사람의 어떤 행위를 우리가 싫어한다는 뜻만을 가지고 있는 것이 아닙니다. 물론 그러한 의미도 포함은 됩니다만, 그 이상의 의미를 전달하고 있는 것이거든요. 그 서술들은 행위의 기준이라고 하는, 지금 우리가 다루고 있는 원칙을 위반한 데 대해서 항의하고 있는 겁니다. 게다가 상대방 역시 그 기준을 당연히 알고 있으리라 기대한다는 뜻이기도 하지요, 그렇지 않습니까? 우리는 결코 '저, 당신은 혹시 공정함이라는 말에 대해 들어 본 일이 있으신가요? 예의범절이라는 표현은요? 약속을 어기는 일에 대해 평소에 어떻게 생각하고 계시는지요?'라고 미리 질문한 후 다툼을 시작해야 할 필요를 느끼지 않습니다."

청중들이 이 이야기를 듣고 웃음을 터뜨렸지만 실상 그 웃음은 테드의 주장이 엄연한 사실이라는 걸 반증하는 표현이었다.

그가 말을 이어 나갔다. "이같이 우리는 다른 사람들도 그런 개념들을 이미 알고 있을 거라고 전제합니다. 그러면 상대방의 경우는 또 어떨까요. 그 사람들도 당신이 왜 그런 기준을 들어 항의하는지 어리둥절해하거나 놀란 표정을 지어 보이지는 않을 겁니다. '도대체 누가 공정함이나 예절, 약속 이행과 같은 걸 신경이라도 쓴다는 거예요?' 이렇게 되묻지도 않을 거고요. 오히려 자신의 행동이 그 기준에 맞는 것이었음을, 다시 말해 공정하고 예의 바른 행위였다는 걸 어떻게든 증명하려고 애쓰겠지요. 혹은 '이전의 모든 상황을 만약 당신이 알았더라면 내 입장을 충분히 이해했을거야'라는 식으로 대응할 수도 있을 텐데, 이것은 자신이 그럴 수 밖에 없었던 당시의 불가피한 상황을 들어 호소하려는 시도입니다. 하지만 이 역시도 자신의 행동이 그 기준에 맞는 것이었다는 의미이기는 마찬가지이지요.[5]

지금 살펴본 간단한 분석을 통해, 양쪽 입장 모두 마음 깊은 곳에는 서로가 동의하는 독립적, 객관적인 도덕 기준이 있다는 사실을 관찰할 수 있었습니다. 그들이 무의식적으로 서로에게 동의하고 있다는 이야기인데, 그렇지 않았다면 우리가 늘상 하는 그런 식의 논쟁이 애초에 벌어지지 않았을 것이고, 더구나 당연하다는 듯 그 기준을 상대방에게 요구하는 일도 없었을 것이 분명합니다.

비전문적인 용어로 말할 경우 논쟁이란 사실상 상대방이 틀렸다는 걸 증명하기 위한 시도라고 정의할 수 있습니다. 그리고 이런 식의 시도는 무엇이 옳고 그른가에 대한 기본적 동의 없이는 결코 가능하지 않은 일이지요."

테드의 설명이 이어졌다. "인간다워진다는 말은 곧 이러한 객관적 도덕 기준의 인지 과정을 의미한다고 볼 수 있습니다. 우리 모두는 이러한 기준을 알고 있을 뿐만 아니라 다른 사람들 역시 그럴 거라고 추측하지요. 이것이 우리 사고의 기본적 부분인 것입니다. 방금 예를 든 논쟁과 같은 우리의 기본적 일상 생활은 객관적 도덕 기준이 존재한다는 보편적이고 무의식적인 전제 없이는 가능할 수가 없습니다. 그러한 전제에 대해 새삼스럽게 배울 필요도 없고 말입니다.

다른 사람들은 이 기준을 전혀 모르고 있다고 한번 가정해 봅시다. 그런 경우라면 히틀러나 이디 아민 같은 이들의 혐오스런 행위도 그저 있을 수 있는 일이 될지 모릅니다. 만약 그들이 옳고 그름의 여부를 판단할 기본적 도덕 개념이 없어서 그랬던 거라면 그 같은 행위에 대해 비난하는 일이 무슨 의미가 있겠습니까? 단지 몰라서 한 행동에 불과하다면 우리가 다른 사람의 키나 피부색에 대해 절대로 비난할 수 없듯 그들의 행위에 대해서도 역시 지탄할 수가 없을 겁니다."

이제 대강당 안은 적막이 감돌 정도였다.

"자, 이쯤에서, 우리 모두가 이러한 객관적 기준을 인식하고 있다는 것과 우리가 그것들을 항상 잘 준수하며 산다는 것은 별개의 문제라는 말도 덧붙여야겠군요. 실제로 우리가 그렇게 살지는 못하며, 모든 사람이 마찬가지일 테니까요. 이 도덕 기준이란 것이 워낙 융통성 없는 것이다 보니 때로는 우리를 불편하게 만드는 것도 사실이지요. 하지만 이 이야기에서 중요한 부분은, 위반할 때 비난을 받는 만큼 잘 준수할 때는 칭찬과 지지라는 보상을 받는 이러한 기준의 존재에 대해, 우리 모두가 잘 알고 있다는 현실입니다.[6]

지금까지의 논의 역시 객관적 도덕 기준의 존재를 이미 믿고 있는 우리의 실상을 드러내 주는 또 하나의 사례였는데요, 이것은 동시에 도덕성이 객관적인 것 — 주관적인 것이 아닌 — 이라고 믿어야 할 두 번째 이유이기도 합니다."

"이제는 도덕성을 객관적 성격의 개념으로 보아야 할 세 번째 이유를 살펴보겠습니다. 이 역시 저의 관찰에 의거한 소견이긴 하지만 모든 사람에게 다 적용되는 내용은 아닙니다."

새로운 페이지를 준비하느라 노트 정리를 하던 사람들의 종이 넘기는 손이 바빠졌다.

"이 세 번째 이유는 객관적 도덕성의 존재를 믿지 않는다고 공언하고 있는 사람들에게만 해당되는 경우니까요. 1부에서 잠시 언급된 내용의 반복이기는 하지만, 역시 그런 이들과 관련해 제기될 수 있는 중요한 질문은, 다른 사람이 자신에게 부당한 대우를 했다거나 약속을 어겼다거나 정당한 이유 없이 해를 끼쳤을 경우 그 피해 당사자가 어떻게 반응할까라는 문제입니다.

이때 분명한 사실 한 가지는, 객관적 도덕 기준이라는 것을 철저히 부인했던 바로 그 사람이 다음 순간 자신의 말을 완벽히 뒤집는 상황을 스스로 연출하곤 한다는 것이지요. 자신에게 부당하게, 무례하게, 또는 부정직하게 행동하는 상대방을 향해 즉시 항의하며 책임을 물음으로써 말입니다."

청중들이 알겠다는 듯한 미소를 보냈다.

"오늘 강의의 막바지에 거의 다다른 것 같은데요," 그가 말을 계속했다. "결국 그 사람은 지금까지 말로는 뭐라고 주장해 왔든, 자신도 역시 다른 사람들처럼 이 객관적 도덕 기준을 인식하며 인정하고 있다는 것을 몸소 보여 준 것입니다.

그러므로 이 이야기는 결국, 아무리 발버둥 친다 한들 객관적 도덕 가치에서 벗어날 수 있는 사람은 세상 어디에도 없다는 사실을 반증하는 것으로서, 제가 아까 언급했던 파란색 폴더에 과제를 넣어 제출한 학생의 경우를 방불케 합니다. 객관적 기준이라는 것에서 벗어난 삶을 추구하던 그가 결국은 스스로 그것에 호소해야 했으니 말입니다.

　하나의 관찰 사례가 더 남아 있습니다. 이것은 여러분 모두와 관련되는 경우이지만, 인간 행위에 대해 우리가 지금까지 살펴본 사실들을 다시 확인시켜 주는 내용에 불과하리라 봅니다."

　청중들 모두 강연 내용에 동의하며 듣고 있는 것이 못마땅한지 내내 불편한 기색을 보이던 한 학생이 이 부분에 이르자 불쑥 일어나서는 지체 없이 문밖으로 걸어 나가 버렸다.

　그 학생을 무시한 채로 테드가 말을 계속했다. "지금 다루고 있는 이 도덕 기준이라는 것을 항상 지키면서 사는 사람은 없다고 조금 전 말씀드린 바 있지요. 우리 모두 그 사실은 잘 알고 있습니다. 그렇지만 우리가 — 저 자신을 포함해서 우리 모두가 — 그와 같은 위반 행위를 할 때 동시에 어떤 일을 하게 되는지에 대해서도 주의 깊게 살펴보시기 바랍니다. 역시 조금 전에 언급된 내용이지만, 그 경우 우리는 자신의 행동에 대한 변명 거리를 즉시 생각해 내게 됩니다. 누구든 그런 변명 거리는 많이 찾아낼 수 있을수록 편리할 듯 한데, '그땐 정말 어쩔 수 없었어'라든가 '너도 나에게 정직하게 대하지 않으니까 당연한 일 아니야?' 혹은 '지난주에 그 여자가 했던 행동을 너도 한번 봤어야 하는 건데'라는 식의 변명들이 되겠지요."

　함께 앉아 있던 젊은이들이 서로 불편한 웃음을 주고 받는 걸 본 테드는 한마디 더 덧붙일까 하다가 그냥 그만 두었다.

　"이러한 것들은 과히 좋은 핑계 거리도 못됩니다. 사실 그들 중의 어떤 것은 말도 안 되는 구실이라서 다른 사람이 우리에게 그런 핑계를 댄다면 들은 체도 하지 않으려 할 겁니다.

하지만 여기에서의 요지 역시, 이 같은 핑계를 꾸며댄다는 사실이 곧 우리 마음 안에 깊숙이 뿌리박혀 있는 객관적 도덕 기준에의 인식을 증명하는 또 하나의 근거라는 점입니다. 객관적인 기준을 근거로 한 공정하고 정직하며 예의 바른 행위라는 것이 존재하지 않는다면 자신의 부당하고 부정직한, 혹은 예의에 벗어난 행동에 대한 핑계 거리를 찾느라 그토록 애를 쓸 필요가 있겠습니까? 우리가 핑계를 댄다는 사실 자체가 그러한 기준의 존재를 인지하고 있다는 증거 아닐까요? 실제로 우리는 그것의 강력한 힘을 느끼고 있기 때문에 그 기준을 위반했다는 생각을 피하고 싶어서, 최선을 다해 위반 행위들에 대한 정당화를 시도하는 것입니다.

이제 논의의 마무리로서," 노트를 잠시 보다가 마이크 쪽으로 몸을 옮기면서 테드가 덧붙였다. "이 객관적 기준의 존재가 부인하기 어려운 것이라는 사실에 대해 다시 한번 확실히 하겠습니다. 사실상 우리 모두가 이 기준의 존재를 무의식적으로나마 알고 있기 때문에 그것을 부인하려는 노력은 무의미한 일일 뿐입니다. 정말로 객관적인 도덕적 진리가 존재하지 않는다면 정상적인 인간 행위들의 대부분은 설명할 길이 없어집니다. 모두가 비논리적인 일들이 되어 버리는 거지요."

한동안 무거운 침묵이 청중석을 뒤덮었다. 사람들로 하여금 많은 것을 생각케 하는 강연이었다. 주위를 둘러보면서 오늘 나눈 개념의 상당 부분이 그들에게 생경한 내용이라는 사실을 테드가 확인하고 있던 그때, 복잡한 여러 문제에 억눌린 채 뒷자리에 앉아 있던 — 테드가 참석 사실조차 알지 못하던 — 그 인물은 이 새로운 개념들을 감당하는 일을 무척 힘겨워 하고 있는 중이었다.

테드의 강의 내용을 곱씹어 보고 있던 그래함과 프랜신의 머릿속에도 많은 생각이 오가고 있었다. 한편으로는 오늘 다루어진 내용 중 그들이 이미 알고 있던 부분도 적지 않았는데, 분명히 자신들도 논쟁을 벌일 때 무심코 어떤 기준에 호소하게 된다는 것과, 또한 그런 태도는 상대방 역시 그 기준을 이미 알고 있으리라는 무의식적 전제에서 비롯된다고 하는 사실이었다. 게다가 실제 삶의 현장에서 자신들의 빈곤한 도덕성과 직면해야 하는 순간을 종종 경험한다는 점 또한, 부인하고 싶지만 그럴 수 없는 엄연한 사실이기도 했다.

그러나 이 익숙한 개념들 중 특히 프랜신의 신경을 거슬리는 부분이 있었다. 지난주에 있었던 사소한 사건, 즉 이웃에게 소포를 전달해 주겠다고 했던 약속을 못 지키지게 되자 이런저런 구실을 내세워 변명했던 바로 그 일이, 왠지 그녀의 마음을 영 불편하게 만드는 것이었다. 당시에는 대수롭지 않게 여기며 넘겨 버리고 말았지만, 정말 그게 중요하지 않은 문제라면 자신이 왜 그렇게까지 핑계거리를 찾아내려 했던 것일까 하는 생각이 계속 머릿속을 떠나지 않았다.

그리고 오늘의 강의 내용 중 특히 인상 깊던 부분은 이 모든 익숙한 개념들이 객관적 도덕 기준의 존재를 입증하는 것이라는, 미처 깨닫지 못했던 사실이었다. 모든 정상적 인간 행동이 합리적이고 의미 있는 것이려면 객관적 도덕 가치라는 것이 반드시 존재해야 한다는 분명한 논리를 그녀로서는 부인하기가 쉽지 않았다.

그러나 한편 이 객관적 기준에 대해 자신이 보기에 석연치 않은 점들이 있는 것도 사실이었다. 그 기준이라는 것이 대체 어디에서 와서 지금 어디에 존재하고 있다는 말인가? 그리고 우리가 그 존재에 대해 어떻게 알게 되었다는 것인가? 또한 도덕적 가치가 정말 객관적인 것이라면 다양한 사람들과 문화 간에 다르게 나타나는 도덕 개념은 어떻게 설명될 수 있는가?

하지만 테드의 다음 말로 인해 그녀는 잠시 생각을 멈춰야 했다. "긴 시간 동안 여러 가지 개념에 몰두하느라 많이 힘드셨을 겁니다. 여러분 모두의 관심과 집중에 감사드리고, 예고드린 대로 이제부터 질문 시간을 갖겠습니다."

'마침 잘됐군!' 프랜신은 내심 반가웠다. 자신이 갖고 있는 의문점과 그 외의 많은 질문들에 적절한 답이 제시되지 못한다면 도덕성이 진정 객관적인 것이라는 사실은 쉽게 신뢰하기 어려울 터였다.

테드가 이어서 말했다. "하지만 먼저 쉬는 시간부터 갖는 것이 좋겠지요. 잠시 휴식을 취하면서 각자의 질문을 준비하시기 바랍니다. 질문 내용은 가급적 간결하게 정리해 주시고요. 잠시 후 다시 모이도록 하겠습니다."

5. 이의 제기:
객관적 도덕성을 믿는 일의 장애물

 사회자는 곧 질문 시간이 시작되었다고 말함으로써 강연의 재개를 알려 주었다. "자, 이제 드디어 우리는 오늘 저녁 가장 기다리던 순서를 맞았습니다." 그의 우렁찬 안내였다.

"질문, 요청, 부연 설명, 반대 의사 표명 등 모두 환영합니다만 강의나 연설은 사양하겠습니다. 가능한 한 간단명료하게 질문해 주시기 바랍니다."

뒤쪽 자리에 홀로 앉은 그 사람에게도 몇 가지 궁금한 사항이 있었지만 강연자에게 얼굴을 드러내는 일을 그는 결코 원치 않았다. '아마도 내 질문들에 대해서는 다음 주 모임에서 답변을 들을 기회가 있을 거야'라는 생각을 하며 기다리겠다고 그는 혼자 마음먹었다.

청중석 마이크 쪽 가까이에 앉아 있던 노신사의 첫 질문에 그도 생각을 멈추고 내용에 집중했다. 질의자는 일어서는 자세에서부터 자신이 테드의 결론에 동의하지 않는다는 사실을 분명하게 드러내고 있었다. 느리지만 확고한 어조로 그가 질문을 시작했다. "지금까지 교수님은 객관적 도덕 기준이라는 개념에 대해 말씀하셨습니다, 우리들과 동떨어져 저 외부 어딘가에 존재하는 것이라면서요. 우리는 그것을 단지 인지할 수 있을 뿐이고요?"

"네, 그렇습니다."

"그렇다면 저는 동의할 수 없겠군요." 그는 뭔가 기분이 좋지 않은 듯 했다.

"그러신 것 같군요." 이렇게 말을 받으면서 테드는, '논의를 가열시키려면 이 정도의 반대는 있어야겠지'라고 속으로 생각했다.

청중들은 이 상황을 즐기는 것이 분명했다. 많은 사람들이 질의자 쪽을 향해 몸을 움직였다.

"계속하시지요," 테드가 말했다. "지금이 바로 의견을 말씀하실 수 있는 좋은 기회니까요. 생각을 말씀해 주십시오. 어쩌면 저의 것보다 훨씬 나을지도 모르지요."

질의자가 물었다. "객관적 기준이라는 것이 저 바깥 세상에 존재하는 무언가가 아닐 수도 있다고는 생각 안 해 보셨습니까? 어쩌면 우리가 그냥 본능에 의해 자극받은 걸지도 모르는 일인데요." 그는 '본능에 의해'라는 표현에 힘을 주며 말했다. "어떤 행동은 옳고 어떤 행동은 그르다고 생각하게 되는 것 말입니다. 우리는 분명 여러 가지의 본능을 가지고 있지 않습니까? 두려움의 본능, 성적 본능, 음식에 대한 본능 등등 말이지요. 생존을 위해 우리가 그런 본능들을 갖게 되었던 것처럼, 도덕적 본능이라고 부를 수 있는 그것도 똑같이 생존이라는 목적을 위해 발전된 것이 아닐까요?"

말을 마치고 질의자가 자리에 앉았다. 약간의 긴장감과 함께 장내는 한동안 술렁였다.

테드가 생각을 정리하려는 듯 천장을 올려다 보며 말했다. "무척 예리하신 질문임을 인정해야겠군요. 게다가 정당성이라는 것이 정말로 존재한다고 할 때, 정당하신 질문이라고 말할 수도 있겠고요." 질의자가 그 말에 슬며시 웃음을 지었다.

청중석의 사람들도 긴장을 풀며 함께 웃었다.

"하지만 논의의 본질에서 벗어나서는 안 되겠지요," 테드가 덧붙였다. "그러면 질문하신 내용으로 돌아가 보겠습니다. 우선 저도 기본적인 면에서는 선생님의 의견에 동의합니다," 그가 질문자 쪽을 바라보며 말했다. "우리는 분명 본능을 가지고 있고 또 그것은 생존을 위한 것이지요. 하지만 질문하신 내용에 있어 명백히 구분되어야 할 한 가지 상이점에 대해서는 말씀드릴 필요가 있을 것 같습니다. 그 상이점이란 바로, 우리의 타고난 본능과 우리가 옳고 그름을 인식하는 지각 사이에 나타나는 것입니다.

우리가 본능에 의해 자극받는다고 말할 때 의미하는 바가 무엇인지 한번 살펴보려 하는데요. 이때 우리는 어떤 강력한 욕구, 즉 어떤 행동을 하고 싶은 충동을 의미합니다, 그렇지 않은가요? 물론 우리가 타인에게 이익이 되거나 도움이 되는 어떤 일을 하고 싶다는 욕구도 가지고 있다는 사실은 인정합니다. 그와 같은 욕구를 사회적, 혹은 집단적 본능이라고 부를 수 있을 겁니다.

그런 것은 물론 본능에 속합니다. 하지만 그 본능은 우리가 도덕 인식이라고 부르는 개념과 같은 것이 아닙니다. 도덕 인식이란 우리가 싫더라도 어떤 일을 해야 한다고 느끼는 것을 말하니까요. 우리는 그러한 일들에 대해 해야 한다는 의무감을 갖습니다."

테드가 설명을 계속했다. "이러한 의무감과 우리의 본능이 서로 충돌하는 경우가 흔히 있다는 건 모두들 알고 계실 겁니다. 우리의 성적 본능은 때로 혼외 성관계까지 범하고 싶도록 우리를 자극하는 경우가 있지만, 우리의 도덕적 지각 혹은 분별력은 배우자와 맺은 약속 때문에 그렇게 해서는 안 된다는 점을 일깨워 주지요. 분명히 이러한 도덕 인식은 우리의 본능과는 상이한 것입니다. 본능이란 욕구로서 작용하는 것이지 의무감으로서는 아니니까요.

그리고 우리의 충동과 구분되어 나타나는 도덕 인식의 다른 예도 있습니다. 때로 그것은 충동들의 배후에서 그들 간에 판단을 내리도록 돕기도 하지요. 예를 들어 어려움에 처한 어떤 사람을 목격할 때, 우리는 마음속에서 서로 충돌하는 두 개의 본능을 느끼게 됩니다. 우리의 사회적 본능은 그를 돕고 싶은 마음이 생기도록 하지만 두려움의 본능은 '위험할 수도 있으니까 그냥 가자!'라고 우리에게 이야기하지요. 그렇지만 이 두 가지의 본능 혹은 충동의 배후에 제3의 어떤 것, 즉 우리의 도덕적 지각이 존재합니다. 그것은 본질적으로 본능이 아니라는 점에서 앞의 두 감정과 상이하며, 이 둘 중 어떤 본능을 따라야 할지 우리에게 지시하는 역할을 합니다. 다시 말해 두 개의 본능 사이에서 판단을 내리는 역할을 한다는 거지요.

한마디로, 우리의 생존 본능과는 분명히 구별되는, 즉 어떤 것이 정말 옳고 그른가를 분간하는 전혀 다른 인식이 존재한다고 말할 수 있습니다."[1]

테드의 설명이 끝나자 이번에는 상당히 지적으로 보이는 한 학생이 질문을 하려고 일어섰다. '아마도 대학원생인 모양이군'이라고 테드는 생각했다. 태도에 자신감이 넘치다 못해 약간은 건방져 보이기까지 하는 학생이었다.

그가 말문을 열었다. "교수님, 지금까지 우리는 줄곧 이 객관적 도덕 원칙이라는 것에 대해 교수님께서 하시는 말씀을 일방적으로 듣고만 있었는데요. 무척 흥미로웠다는 사실은 인정합니다만, 교수님이라면 흰 것을 검다고, 또 검은 것을 희다고 하는 말까지도 설득력 있게 하실 수 있을 분인 것 같군요."

"제 논의의 능력을 너무 과대평가하시는 것 아닙니까?" 테드가 재치 있게 말을 받았다.

"그럴 수도 있겠지요. 하지만 교수님께서 객관적 도덕 기준이라는 개념이 상당히 합리적인 것인 양 들리게끔 논리를 이끌어 가신 것만은 사실입니다. 그럼에도 불구하고 제 생각에는 이것이 너무나 기괴한 개념이라 여겨집니다. 사실상 굉장히 터무니없지요." 말을 하다 보니 점점 더 격앙이 되는지 그의 목소리는 계속 높아졌다.

그가 말을 이었다. "제 말씀은 교수님께서 몇 가지 중요한 문제들을 무시하고 넘어갔다는 건데요, 우선은, 이 객관적 원칙이라는 것이 도대체 뭡니까? 교수님은 그 개념과 관련한 모든 것이 마치 자명하기나 한 듯 말씀하셨지만 사실은 절대 그렇지 않습니다. 게다가 우리가 그것들을 어떻게 알게 되었다는 거지요? 그리고 그 원칙들이라는 게 대체 어디에 존재한단 말입니까?

결국 이 모든 것은 터무니없는 이야기입니다!" 그는 소리를 지르다시피 하며 팔까지 한 번 휘두르고 나서야 다시 자리에 앉았다.

그의 흥분에 놀란 청중들이 갑자기 조용해졌다. 이 상황에서도 프랜신 한 사람만은 그 질의자가 자신의 질문을 대신해 주었다는 사실이 오히려 기뻤지만 말이다. 질의자의 무례한 태도에 테드 역시 조금 격앙된 모습을 보이면서 잠시의 침묵을 깨고 답했다. "그러니까 그 개념이 괴상하다는 건가요?"

"그렇고 말고요!" 젊은이가 자리에 앉은 채로 맞받았다.

"제가 답하지 않고 넘어간 문제들 때문에 제 논의가 괴상하다는 말씀입니까?"

조금도 물러섬 없이 그 학생이 다시 소리쳤다. "그 원칙이라는 것들이 도대체 어디에 존재하고 우리가 그것들을 어떻게 알게 되는 건지 설명하실 수 없다면 기껏 좋게 말해 봐야 기괴하거나 괴상망측한 것이고 나쁘게 표현하면 불합리, 부조리한 것 아니겠습니까?"

청중석의 몇몇이 숨죽여 웃었다.

"그렇다면," 테드가 소매를 걷어올리며 말했다. "그 질문들에 대답할 수 있다고 가정해 보지요. 그럴 경우 그것이 합리적이고 논리적인 것임을 인정하겠습니까?" 그가 질의자의 답변을 기다렸다.

"절대 그렇게 못하실 텐데요!" 그 학생이 단호하게 말했다.

"그럴지도 모르지요. 하지만 지금부터 당신의 질문에 답변이 가능할지 한번 시도해 봅시다. 제가 그렇게 할 수 있다면 객관적 도덕 기준이 부조리하다던 당신의 논리가 더 이상 성립될 수 없다는 걸 인정해야 할 겁니다."

여전히 반항적인 태도였으나 그 학생은 더 이상 대꾸하지 않았다.

"객관적 도덕 원칙에 대해 세 가지 질문을 하신 것 같은데요. 그것들이 무엇인가, 우리가 그것들을 어떻게 알게 되는가, 도대체 어디에 존재한다는 것인가, 하는 거지요? 제 생각에는 당신이 짐작하는 것보다 훨씬 쉽게 대답을 얻을 수 있을 것 같군요.

첫 번째 질문인 그것들이 무엇인지에 대해서는 우리가 이미 알고 있다고 생각합니다. 우선 국제연합이 제정한 '세계 인권 선언(Universal Declaration of Human Rights)'의 본문 내용을 한번 기억해 보시기 바랍니다. 고대에 존재했던 여러 도덕규범들에 대한 자료도 참고할 수 있겠지요. 사람들이 논쟁을 벌일 때 말하는 방식에 대해 제가 제시했던 예문들도 떠올려 보시고요. 이 모든 것들은 과거와 현재를 막론하고 인류가 항상 어떤 도덕 개념에 동의해 왔다는 사실을 보여 주고 있는데요, 그럼 한 가지 물어보겠습니다. 공정함이란 좋은 것인가요, 나쁜 것인가요? 진실은 가치가 있는 것인가요? 인간의 생명을 존중하는 것은 좋은 일입니까? 부모 공경은 어떻습니까? 이유 없이 인간을 고문하는 행위는 옳은 것입니까, 옳지 않은 것입니까?"

대강당 여기저기에서 웃음소리가 들렸다.

"이 질문들을 듣고 웃으셨는데요, 물론 당연한 일이겠습니다만 여러분의 웃음에는 중요한 의미가 담겨 있습니다. 바로 우리 모두가 이러한 도덕적 진리를 이미 잘 알고 있다는 뜻이니까요. 그러한 질문을 해야 한다는 생각 자체가 우스꽝스럽게 느껴질 수 있는 것입니다.

또한 그 사실을 당신의 두 번째 질문에도 곧바로 적용시킬 수 있습니다," 테드가 그 대학원생 쪽을 쳐다보며 말했다. "조금만 깊이 생각해 본다면 실상 우리가 그 객관적 도덕 원칙들을 '어떻게 알게 되느냐'라는 질문은, 방금 전 여러분의 웃음이 보여 준 현실, 즉 우리가 그 원칙들을 '이미 잘 알고 있다'는 사실만큼 중요한 의미를 갖는 문제는 아니라는 것을 금방 깨달을 수 있을 겁니다. 이러한 도덕 원칙들에 대해 이미 알고 있다는 현실처럼 인간에게 확실한 실제는 없다는 점이 오늘의 강연을 통해서도 계속 확인되고 있듯 말입니다.

그 원칙들을 다들 잘 알고 있는 만큼이나, 우리는 그것들에 대해 잘 아는 지식이 인간다운 삶에서 중요한 부분을 차지한다고 여기게 됩니다. 타인을

5. 이의 제기: 객관적 도덕성을 믿는 일의 장애물

고문하거나 불구로 만들고, 노예처럼 부리거나 심지어 죽이면서도 별 가책 없어 보이는 사람들을 우리가 어떻게 생각하겠습니까? 그런 행위를 범하는 사람에게 누군가 중지를 요구했을 때, 뜻밖이라는 표정을 지으며 진심으로 놀란다거나 귀찮은 간섭처럼 여기며 짜증스러워 하는 경우도 한번 상상해 보십시오. 우리는 그런 사람을 좋게 봐야 인간성 상실자쯤으로 여길 것이고, 혹은 그가 정말 인간이 맞는가라는 의문까지 가질 수 있을 것입니다. 하지만 뭐라고 부르든 아마도 그런 사람들이 실제로는 존재하지 않겠지요.

우리가 이 원칙들을 어떻게 알게 되느냐는 질문에 분명히 제시될 수 있는 한 가지 대답이 있다면 바로, 그것들에 대한 지식이 인간의 정신에 내재되어 있다라고 하는 답변입니다. 즉, 우리 모두의 내부에 이미 존재하고 있다는 말이지요."

이제 그 대학원생은 그저 팔장을 낀 채로 가만히 앉아 있었다. 그저 묵묵히 듣고만 있을 뿐 아무런 반응도 보이지 않았다.

테드가 다시 그 학생 쪽을 바라보면서 "세 번째 질문에 대해서는 간략하게 대답하겠습니다. 이러한 도덕 원칙들이 어디에 존재하냐는 거였지요?"

그가 말없이 고개만 끄덕였다.

"제가 지금 드릴 질문이 당신의 질문에 대한 답변이 될 수 있겠는데, 당신은 인권이 있으십니까?"

"아, 물론 있지요!"

"그게 어디에 있나요?"

"네? 그러니까 그게….”

"당신은 그 외의 다른 특권들도 갖고 있지요?" 테드가 기다리지 않고 물었다.

"네." 상당히 불편해하며 그가 대답했다.

"그것들은 또 어디에 있습니까?"

"아, 알았습니다, 무슨 말을 하시려는 건지," 그 학생이 대꾸했다. "하지만 인권이나 특권 같은 단어들은 단지 제가 타인의 방해 없이 특정 행위를 할 수 있다는 의미의 표현일 뿐이지, 그 개념들이 저 바깥 세상 어디인가에 존재하는 무언가를 가리키는 건 아니지 않습니까." 그는 어정쩡하게 천장 쪽을 가리켰다.

"맞습니다. 하지만 당신은 무언가 실제로 존재하는, 그리고 당신이 그런 권리들을 가지고 있다는 사실에 대해 다른 사람들이 어떻게 생각하는가와 관계없는, 그 어떤 것을 말하고 있지 않나요?"

"그래요, 그럼 교수님 말씀이 맞다고 하지요."

"우리가 객관적 도덕 원칙이라는 개념을 사용할 때 의미하는 바가 바로 그런 것입니다. 어떤 행동은 칭찬받을 만하다고, 또 어떤 것은 해서는 안 되는 행동이라고 우리는 말합니다. 그것들이 칭찬받거나 비난받아 마땅하다는 것은 사람들이 그에 대해 어떻게 느끼느냐와는 아무런 관계가 없습니다. 어떤 개인이나 집단의 변덕에 따라 좌우되는 것이 아니라는 말입니다.

이 원칙들이 어디에 존재하는가를 묻는 것은 잘못된 논리적 분류입니다. 여러분의 객관적 인권이나 기본권이 어디에 존재하는가와 같은 질문이라는 말이지요. 혹은 빨간색의 무게가 얼마나 되느냐, C 장조가 무슨 색깔이냐 라는 식의 질문과도 같다고 할 수 있습니다."

테드는 그 질문들에 대한 청중의 웃음을 보면서 그 웃음이 자신의 설명 내용을 잘 요약하고 있다고 생각했다. "질문 자체가 잘못된 것이기 때문에 그에 대한 대답은 당연히 존재할 수 없습니다. 하지만 그렇다고 해서, 객관적 도덕 원칙이 실제로 존재하며 그것의 내용을 우리가 이미 알고 있다는 사실에 어떤 변화가 생기는 것은 아닙니다."[2]

다음에는 청중석의 오른쪽 끝에 앉은 한 여성이, 부드러우면서도 진지한 태도로 질문을 시작했다.

"우선 강의 내용에 감사드립니다. 무척 흥미롭고 설득력 있는 강연이었습니다."

"고맙습니다," 테드가 말을 받았다. "일단 지금까지의 질문 내용은 마음에 드는군요."

웃음소리가 대강당을 메웠다.

"네, 네," 그녀가 말을 이었다. "하지만 다른 내용도 있는데요."

"그러실 줄 알았습니다." 그가 농담으로 덧붙였다.

"사실 하나뿐입니다만, 여기 있는 제 친구들도 이해하기 힘든 부분이라서요," 그녀가 주변에 앉은 사람들을 가리키며 말했다. "아까 교수님은 객관적 도덕 원칙을 모든 사람이 내재적으로 인식하고 있고 또 잘 알고 있는 것이라고 말씀하셨지요. 공정성이나 예의, 정직성과 같은 원칙들은 누구도 따로 교육받을 필요가 없다는 뜻으로 말입니다."

테드가 고개를 끄덕였다.

"하지만," 그녀가 질문을 계속했다. "실제로는 그와 반대가 아닐까요? 우리 모두는 부모님이나 다른 타인들로부터 어떤 원칙들은 좋은 것이고 그와 반대되는 것들은 나쁘다고 배우지 않습니까? 자녀들이 아주 어렸을 때부터 모든 부모는 자신의 자녀에게 여러 가지 개념들을 가르치니까요. 제 생각에는 이 같은 노력의 결과로 자녀들의 정신 속에 그런 원칙들이 내면화되는 것 아닌가 싶습니다만. 그래서 나중에는 결국 그들의 일부처럼 고착되고 말이지요. 좋은 습관이 그렇듯 그 원칙들도 자동적으로 입력되어서 우리가 남들과 논쟁할 경우 새삼스럽게 정립시킬 필요가 없어진다고 짐작되는데요.

말씀하신 것처럼 우리는 다른 사람들도 그 원칙들을 알고 있다고 가정하긴 하지만 그것 역시 타인들도 습득을 통해 이미 내면화했기 때문에 그럴 수 있는 것 아닌가요?"

질문을 마치자 그녀는 자리에 앉아 테드의 답변을 기다렸다.

"우선 저는 방금 하신 질문이, 객관적 도덕 기준에 대한 가장 중요한 질문 가운데 하나라는 사실을 말씀드려야겠습니다. 아주 잘 정리해서 말씀해 주셨어요." 테드의 이러한 호평에 그녀는 인자한 미소로 답했다.

테드가 질문의 내용부터 정리했다. "지금 말씀하신 반론의 요지는, 이런 도덕적 원칙들을 우리가 어떤 객관적인 도덕 기준에 의해 자연히 얻게 되는 것이 아니라 오히려 부모님이나 선생님들로부터 배우게 된다는 것이지요. 우리가 그 원칙들을 교육을 통해 배운다는 사실이 도덕 기준이란 존재의 객관성에 반할 수 있다는 말씀인데요. 제가 질문하신 내용을 잘 요약했나요?"

그녀가 고개를 끄덕이며 수긍했다.

테드가 답변을 시작했다. "우선 우리가 부모님이나 타인들로부터 일정한 도덕 원칙들을 교육받는다는 사실에는 저도 동의한다는 점을 말씀드립니다. 분명히 옳은 지적이시지요. 하지만 문제가 되는 부분은 이 사실이 도덕의 성격에 대해 의미하는 바입니다.

좀 더 단도직입적으로 말씀드려서 이 반론의 배후에 있는 오해를 지적하지 않을 수 없는데요, 사실 질문자께서는, 우리가 특히 조심해야 할 부분이라고 제가 평소에 생각하고 있는 한 가지 전제를 갖고 계신 것 같습니다."

질의자가 각각의 단어를 주의 깊게 들으며 천천히 고개를 끄덕였다.

"제 짐작으로는 방금 주신 질문이 '만약 우리가 타인으로부터 어떤 개념을 배울 경우 그 개념은 애초에 인간이 만들어 낸 것이다'라는 전제를 바탕으로 한 것 같습니다. 즉, 그 개념이 인간으로부터 기원한 것인 만큼 역으로 인간에 의해 다르게도 만들어질 수 있었다는 식의 전제 말입니다. 빨간색 신호등은 정지를 의미하고 초록색 신호등은 진행을 의미하는 개념으로 정착된 경우를 예로 들 수 있을 겁니다. 물론 이것은 인간이 만들어 낸 개념이지요. 사실 초록색 신호등이 정지를 의미하게 될 수도 있었으니까요."

"네, 맞아요!" 질문한 여성이 그 말에 맞장구를 쳤다.

"하지만 그 같은 전제 혹은 가정에 바로 문제가 있는 것 아닐까요? 우리가 타인으로부터 배운 모든 것이 지금과 다르게도 될 수 있었던, 즉 인간이 만들어 낸 발명품은 아니라는 말입니다."

"잘 이해가 안 되는데요," 그 여성이 말했다. "왜 아니라는 거지요?"

테드가 답했다. "이렇게 한번 생각해 보시지요. 우리가 타인으로부터 배운 내용들 중 인간의 발명품이 아닌 것들도 분명히 있지 않은가 하고요. 인간이 가르치기는 하지만 발명한 것은 아닌 내용들 말입니다. 그런 것들은 우리가 배워서 현재 알고 있는 바와 다른 형태가 될 수 있었던 것이 아닙니다. 예를 들어 '전체는 부분보다 크다'라거나 '어떤 것이 존재하면서 동시에 존재하지 않을 수는 없다'와 같은 기본적 논리들 말이지요. 혹은 '5x7=35'와 같은 수학적 진리도 있겠고요.

이런 내용들은 학생들이 학교에서 선생님으로부터 배우는 사실이기 때문에 동물에게 둘러싸여 자라는 어린이라면 물론 습득할 수가 없을 겁니다. 하지만 그렇다고 해서 이 개념들이 인간에 의해 발명되었다거나 그와 다른 형태일 수도 있었던 것이라고 생각할 수 있을까요? 물론 그렇지 않습니다. 우리는 이 개념들을 인간과 동떨어진 채로도 존재하는 진리로 인식한 후 우리의 자녀나 학생들에게 그저 전수하는 것일 뿐이거든요."

"네, 정말 그런 개념들이 있는 것 같군요." 질의자가 동의했다.

"그러니까 지금까지의 이야기는, 우리가 배우는 내용에 두 가지 종류가 있음을 뜻합니다. 첫째는 흔히 '진정한 진리'[3]라고 불리는 내용으로서, 애초부터 지금과 다른 형태로는 성립될 수 없었던 것들입니다. 어떤 인간과도 무관하게 별개의 상태로 존재하는 이 개념들은, 우리가 단지 인식하거나 타인에게 전수할 뿐인 진리들입니다. 한편, 두 번째 범주에 속하는 내용들은 전적으로 인간이 만들어 낸 개념들의 조합인데, 인간이 생각해 낸 것이기에 지금과 다른 형태가 될 수도 있었던 관점들이지요. 이런 지식들을 우리는 사회적 규칙 혹은 관습이라고 부를 수 있을 겁니다."

테드는 잠시 말을 멈추고 질의자가 잘 이해하고 있는지 확인해 보았다.

"네, 그런 것 같군요," 그녀가 대답했다. "교수님이 예로 드신 빨간 등과 초록 등이 두 번째 범주에 속하는 것들이고요, 그렇지요?"

"맞습니다. 모든 교통 규칙이 마찬가지지요. 북미 지역에서 빨간 등을 정지신호, 초록 등을 진행신호로 정한 것뿐인데, 얼마든지 그 반대였거나 혹은 전혀 다른 두 개의 색깔로 정할 수도 있었겠지요. 예를 들면 파랑색과 보라색 같은 식으로 말입니다. 우리는 또한 좌측 좌석을 운전석으로 정했지만 실은 우측이 운전석이 될 수도 있었던 겁니다. 사실 영국은 그런 형태로 운영되고 있으며 아무런 문제 없이 잘 시행되고 있는 것으로 압니다."

"네, 저도 거기에 가 본 적이 있습니다," 그녀가 웃으며 말했다. "사실 저는 영국과 같은 방식이 더 좋긴 한데, 그래도 적응 기간이 필요할 테지요."

"그렇습니다, 그것이 바로 사회적 관습이란 것이지요. 하지만 더 이상 요점에서 벗어나기 전에 본론으로 다시 돌아가겠습니다. 이러한 개념들 역시 타인으로부터 배우기는 하지만 수학적 혹은 논리적 진리와는 전적으로 다른 종류의 지식입니다. 이런 사회적 관습들은 우리가 인식만을 할 수 있는 대상이 아니라 오히려 인간이 만들어 낸 개념이지요. 따라서 지금의 모습과는 처음부터 다를 수도 있었던 것입니다."[4]

질의자 옆에 있던 한 젊은이가 일어서며 말했다. "그렇다면 그 두 개념 ─ 사회적 관습과 진정한 진리 ─ 은 서로 구분되는 것이란 말씀인데요." 그는 두 가지라는 구분을 분명히 해 보이려고 두 손을 따로따로 올려 가며 이야기했다.

"그렇습니다." 테드가 동의했다.

"그 두 가지 개념 모두 학습을 통해 배우게 되는 것이고요?"

"역시 그렇습니다."

젊은이는 잠시 자신의 노트를 보고는 "우리가 만들어 낸 것은 사회적 관습이고 우리가 단지 인식하는 것은 진정한 진리라고 하셨지요?" 하고 물었다.

"잘 이해하셨네요."

"하지만 뭔가 미흡한 부분이 있군요," 젊은이가 반론을 제시했다. "우리가 타인으로부터 배우는 도덕 원칙들 역시 진정한 진리라는 범주에 속한다고 말씀하시는 것 같은데요."

"네, 그렇습니다." 테드가 긍정을 표했다.

"그렇다면 그 말을 증명해 주셔야 하는 것 아닌가요?" 젊은이가 물었다. "제 말씀은, 왜 꼭 그렇게만 생각해야 하는지의 이유를 설명하셔야 한다는 거지요. 그런 도덕 원칙들을 왜 사회적 관습과 같은 것으로 생각하면 안 되는 겁니까?"

"훌륭한 질문입니다!" 테드가 몹시 반가워하며 말했다. "우리의 논의에서 한 걸음 더 나아가셨군요. 네, 맞습니다. 도덕 원칙이 왜 사회적 관습과 다른 종류의 것인지를 증명해야 합니다. 그리고 그래야만 할 분명한 이유도 있는 것이 사실입니다. 지금부터 제가 증명해 드리겠습니다.

변화가 가능하고 또 실제로 변화하고 있는 사회적 관습과는 달리 우리가 다루고 있는 도덕 원칙들은 인간이 살고 있는 곳 어디에서든 기본적 유사성을 나타냅니다. 각 시대나 사람에 따라 변화하는 것이 아니라는 말입니다. 여러분은 혹시 우리가 당연하다는 듯, 다른 시대나 장소에 사는 사람들도 우리와 똑같이 어떤 특정한 도덕 원칙을 옳다거나 그르다고 인식할 것이라 짐작하게 되는 이유가 뭘지 궁금하게 생각해 본 적 없으십니까?

바꾸어 말하면 이러한 도덕 원칙들은, 변화하는 사회적 관습이 아니라 변화되지 않는 진정한 진리로서 기능한다는 것이지요. 우리가 임의로 아무 지역이나 골라 관찰해 본다 해도 도덕 원칙에 있어서의 기본적 유사성은 쉽게 발견될 겁니다. 수학적 사실이나 논리적 진리와 마찬가지로 말입니다. 우리 사회이든 다른 어떤 사회이든 공정성, 예의, 정직성, 생명 존중 등의 개념을 가치 있는 것으로 여깁니다. 그와 반대되는 원칙들은 당연히 비난을 받고요.

제가 지금 지적하고 있는 사실은 도덕 원칙이 단순히 사회적 관습이라면 여타의 사회적 관습이 그렇듯 각기 다른 집단마다 기본적 차이가 존재했을 거란 점입니다. 만약 그렇다면 지역, 기후, 사회적 배경, 발전 정도 등이 서로 크게 다른 집단 간에는 그만큼 더 큰 차이가 발생할 거라고 예상할 수 있겠지요. 하지만 실제로는 여러 다양한 집단들 간에도 도덕성의 주요 특징이라는 면에서는 이질성이 아니라 오히려 기본적 유사성이 나타납니다.

또한 그 원칙들이 단지 사회적 관습이라면 사람들의 편의에 따라 언제든 변화할 수 있어야 하고, 사람들 역시 그 사실을 당연하게 받아들여야 할 텐데, 만약 실제로 도덕 원칙들이 자기들 마음대로 바꿔도 되는 것인 양 — 사회적 관습처럼 말이지요 — 행동하는 개인이나 집단을 우리가 만난다면 과연 어떤 느낌을 갖게 될지 한번 생각해 보시기 바랍니다.

나치와 그들의 집단 수용소에 어떤 조치가 내려졌었지요? 또 이미 했던 약속을 아무렇지 않게 어기는 이웃들에게는 무슨 이야기를 하게 될까요? 그런 사람들은 보통 도덕적으로 무지하다거나 윤리적으로 타락했다는 비난을 듣게 됩니다. 이 모든 경우는 우리가 그 원칙들을 진정한 진리로 다루고 있음을 보여 주는 사례입니다. 마치 '당신이 이 원칙들에 대해 모른다면 내가 가르쳐주지. 그리고 그것들을 따르지 않는다면 그땐 따르도록 만들어 줄테야!'라고 말하는 것과 같다는 거지요."

젊은이가 동의의 뜻을 보이며 고개를 끄덕였다. "우리가 도덕 원칙들을 그런 식으로 생각한다는 건 사실인 것 같군요." 그가 대답했다.

"네, 그렇습니다," 테드가 확신을 보이며 말했다. "이런 점들이 바로 우리가 그 원칙들을 가르치긴 하지만 만들어 내는 것은 아니라는 사실을 입증해 주는 근거입니다. 만들어 내기는 커녕 오히려 우리보다 훨씬 앞서 이미 존재하고 있던 것들이지요. 우리가 그에 대해 받아들이고 인지한 후에 다음 세대인 아이들에게 교육을 통해 전수하면, 아이들도 자신들의 영혼에 내재되어 있던 그 원칙들을 우리처럼 받아들이고는, 성장해 가면서 그것들이 진정한 진리라는 사실을 점차 인지하게 되는 것입니다."

"감사합니다," 젊은이가 답했다. "이 문제에 대해 좀 더 시간을 두고 생각해 보겠습니다."

"네, 그렇게 하시지요." 테드가 미소를 지었다. "말씀드렸듯 무척 중요한 질문이었습니다. 도덕 원칙이 진정한 진리라는 걸 증명해 보이는 일은 꼭 필요한 과정이었으니까요."

'똑똑한 청중들이군.' 테드는 속으로 생각했다. 지금까지의 질문들은 매우 훌륭했다. 하지만 아직 제기되지 않은, 상당히 이견의 소지가 많은 다른 문제가 있다는 걸 그는 알고 있었다. 그 질문 없이 오늘 강연을 마치게 될까? '그럴 수는 없을 텐데'라고 그는 생각했고, 결국 그의 예상은 적중했다.

6. 다른 문화 간의 상이한 도덕적 풍습:
객관적 도덕성에 관한 주요 쟁점

테드의 왼편에 앉아 있던 건장한 청년이 다음 질문을 시작했다. 조금 전의 질문과 연결되는 내용이었다.

"방금하신 답변 잘 들었습니다." 그가 말을 시작했다.

"하지만 한 가지가 잘 납득되지 않아서요."

"그게 뭔가요?"

"일정한 도덕 원칙들을 진정한 진리라고 믿어야 할 이유에 대해 교수님이 설명하신 부분인데요."

"제가 말한 이유 말입니까?" 이해가 안 된다는 듯 테드가 물었다.

"그렇습니다," 청년이 대답했다. "교수님은 그 원칙들이 전 세계 모든 사람들에 의해 공통적으로 지켜지고 있기 때문에 사회적 관습이 아닌 진정한 진리라고 믿고 계신단 말씀이잖습니까?"

"그렇지요."

"그리고 모든 사람들에 의해 지켜지고 있는 그 도덕 원칙들에서 기본적인 유사성이 발견되기 때문이기도 하고요."

"네, 잘 이해하셨습니다." 테드가 답했다.

"그런데 바로 거기에 문제가 있습니다," 생각을 정리하기 위해 잠시 말을 멈췄던 그가 다시 질문을 이어 나갔다. "저는 그렇게 보지 않거든요. 오히려 그 반대라고 생각합니다. 세상에 존재하는 다양한 사람, 집단, 사회들이 사실상 우리와는 너무나 다른 도덕적 실천 행위, 즉 도덕적 풍습들을 가지고 있지 않은가요? 우리가 보기에는 비난할 만한 행동들을 당연한 듯 하고 있는 경우도 인류학자들에 의해 꾸준히 보고되고 있지 않은가 말입니다."

테드가 고개를 끄덕이며 수긍했다.

"그렇다면 대체 어떻게 모든 사람들이 인정하는 한 가지 도덕 기준이라는 것이 존재할 수 있다는 말씀입니까?"[1] 이렇게 질문을 마친 그는 테드의 답변을 기대하며 자리에 앉았다.

"아주 좋은 질문이군요," 테드가 입을 열었다. "한마디 덧붙이자면, 잘 정리된 질문이기도 합니다."

청년이 미소지었다.

"우선 옳은 이야기라는 걸 인정하겠습니다. 각기 다른 집단에 속해 있는 세상 사람들의 도덕적 풍습 간에게는 분명 일정한 차이점이 있습니다. 하지만 이런 측면도 한번 생각해 봅시다. 지구상의 수많은 사람들이 처해 있는 환경적, 문화적, 사회적 배경이 얼마나 다양한지에 대해 혹시 고려해 보신 적이 있나요?"

그런 문제를 깊이 생각해 본 적 없던 청년에게는 조금 당황스러운 질문이었을 뿐 아니라 이런 식으로 반문을 받게 되리라고도 전혀 예상치 못한 모양이었다. 결국 아무 대답도 할 수 없게 된 그는 그저 겸연쩍게 앉아서 테드가 어떻게 이야기를 전개할지 기다리고만 있었다.

"세상에 존재하는 수많은 사회들을 살펴보면 그들의 역사와 기후, 기술적 진보, 교육과 사회의 발전, 물질적 풍요 등 여러 측면에서 괄목할 만한 차이가 발견되고 있습니다.

이러한 차이를 염두에 두고 봤을 때," 다음의 내용을 강조하기 위해 테드는 잠시 말을 끊었다. "이처럼 다양한 배경을 가진 사람들의 도덕적 풍습들에서 상이성보다 유사성이 오히려 두드러진다는 것은 참으로 신기한 일입니다.

질문하신 분의 표현대로 도덕적 풍습이라는 것에 있어 얼마나 큰 차이가 있을 수 있는지 한번 생각해 보지요. 우선, 별 이유 없이 친구나 이웃을 속이는 일이 칭찬받는 집단 속에서 여러분이 살고 있는 상황을 상상해 보십시오."

청중들이 실제로 그런 상황을 상상해 볼 수 있도록 그가 잠시 사이를 두었다.

"혹은 애초부터 지키지 않을 작정을 하고 맺는 약속이나 상대방의 것이 분명한 물건을 돌려주지 않는 행동을 격려하는 집단 속에서 말입니다. 그러한 경우들이 바로 도덕성의 현저한 차이라고 일컬어질 만한 사례입니다.

물론 이런 현상은 우리 사회에서도 가끔 일어날 수 있지만 그런 행동을 하는 사람이 칭찬을 받는 것은 아닙니다. 사실상 비난을 받을 뿐이지요. 여러분이 본 영화에서 보통 어떤 인물들을 영웅으로 그리고 있었는지 생각해 보십시오. 폭행, 살인, 기만, 약속 파기 같은 행위들을 하는 사람일 수 있을까요?"

청중들이 테드의 말에 공감하고 있다는 사실이 그들의 표정을 통해 분명히 드러나고 있었다.

"그럴 수 없다는 걸 잘 아실 겁니다. 저도 물론 알고 있고요. 선거에 후보로 나서는 정치인들 가운데 자신이 얼마나 정직하고 공정한지를, 그리고 과거는 물론 앞으로도 약속을 잘 지킬 것임을 공언하지 않는 이가 단 한 명이라도 있습니까? 한번 상상이라도 해 보십시오, 정치인으로 선출되기 위해서는 자신이 속였던 사람들의 숫자, 지키지 않은 약속들, 자기가 훔친 물건들에 대해 자랑해야 하는 사회를 말입니다."

"사양하겠습니다!" 뒷자석에 앉은 나이 든 남성이 소리쳤다.

"제 요점이 바로 그것입니다," 테드가 그의 말을 받았다. "우리는 그런 사회를 상상도 할 수 없거니와 또 원하지도 않습니다.

제가 지금 하고 있는 이야기는 어떤 특수한 상황에서의 예외적인 경우가 아니고 일상의 정상적인 상황에 관한 것이라는 점도 덧붙여 말씀드립니다. 물론, 일반적으로는 비난받아 마땅한 어떤 행위에 대해 때로 우리가 묵인하거나 심지어 칭찬을 하는, 예외적인 경우도 있기는 합니다. 우리 사회에서도 전쟁 중에는 타인의 사생활을 감시하는 일이 허용되며 심지어는 경찰 정보원을 마약 조직에 잠입시키고 그들의 신임을 얻어 첩자 노릇을 하게 하는 등의 일도 드물게 발생하지요. 우리뿐만 아니라 다른 국가나 사회에서도 이와 유사한 예외적 행위들이 존재하고는 있습니다.

하지만 그런 경우조차도 우리가 사생활 감시와 첩자 행위를 도덕적으로 옳은 행동이라 믿어서 그렇게 하는 것은 아닙니다. 단지 보다 큰 해악을 막기 위한 목적으로 제한적이며 일시적인 승인하에서 행하는 일일 뿐입니다. 예컨대 독재자가 이끄는 군사 혁명 같은 최악의 사태가 발생하지 않도록 막아야 할 특수 상황 등의 경우에만 허용한다는 말이지요.

저는 지금 이런 예외적인 경우를 말씀드리는 것이 아닙니다. 한 사회의 도덕성이 다른 사회의 것과 다르다는 주장을 펴고자 예외의 경우를 근거로 논할 수는 없으며, 또한 모든 사회가 그 나름의 예외를 가지고 있는 것이 당연한 일일 테니까요. 단지 저는 이런 행위들이 일반적인 것으로 받아들여지는 사회에 대해 이야기하고 있는 겁니다. 그리고 여러 도덕적 풍습들 사이에 그같이 현저하게 나타나는 차이는 결코 없다는 말씀이지요."

천천히 고개를 끄덕이는 사람들의 모습이 곳곳에서 보였다.

"사실상 도덕적 풍습에 대한 비교 연구를 통해 우리가 확실히 발견하게 되는 측면은 전 세계 가치 체계에 있어서의 기본적인 유사성입니다." 여기까지 설명을 마친 테드는, "세계 인권 선언에 대해 들어 보신 분들이 계시지요?"라고 질문해 보았다.

몇몇 사람이 손을 들었다.

"네, 그 선언문은 인간의 가치 치계에 있어 전 세계적으로 나타나는 유사성을 극명하게 보여 주는 실례(實例)입니다. 이 문서가 국제연합에 의해 1948년 작성된 후 수많은 국가들이 서명에 참여했는데요. 여기에서 특히 기억할 부분은, 특정 행동들이 도덕적으로 옳은 것이라 하여 의무 행위 조항의 항목이 된 반면, 그에 어긋나는 행동들은 반대로 규탄 행위 조항에 포함되었다는 사실입니다.[2]

전 세계 국가들의 서명을 받았다는 점에서 무척 특유한 이 문서에서는, 인간의 자유, 존엄, 생명, 안전의 보장과 같은 많은 인도적 규범들이 도덕적 덕목으로 천명된 동시에, 인종적 혹은 성적 차별, 노예화, 임의적 감금, 고문 등 인간 품위에 손상을 가하는 모든 행위들을 비난받을 범주로 분류하였습니다.

또한 이 사안에서 시기라는 문제는 그리 중요한 요소가 될 수 없다는 사실도 기억하시기 바랍니다. 이 국제연합 문서는 비교적 현대적인 자료이지만 그보다 훨씬 이전에 기록된 도덕규범들 역시 기본적인 유사성을 보여 주고 있기 때문입니다. 영국 작가인 C. S. 루이스(C. S. Lewis)는 이들 간의 근본적 유사성을 명확화하기 위해 고대 도덕규범에 관한 자료들을 체계적으로 정리함으로써 이 분야에 상당한 공헌을 한 바 있습니다.[3]

타인에 대한 잔혹 행위나 살인을 금하는 윤리강령은 고대 이집트인, 바빌로니아인, 유대인, 힌두교도, 중국인들의 도덕규범에 명시되어 있었습니다. 부모와 연장자, 그리고 조상에 대한 공경과 존중 역시 고대 그리스인, 바빌로니아인, 유대인, 힌두교도, 그리고 중국인들에게 명령되어 있던 지침이고요. 정직성, 자비, 아동보호 등도 고대 규범 사이에 널리 퍼져 있던 덕목입니다.

이 모든 사실들의 핵심은," 테드가 강의안을 살펴보다 고개를 들며 말했다. "다양한 사람들이 처해 있는 엄청난 환경적 차이를 고려한다면 도덕 풍습상에 나타나는 실제적 차이를 그저 미미한 정도라고 표현할 수 있다는 겁니다. 이것이 바로 유사성이라는 말의 의미이지요.

위의 사례들은 저의 주요 논점을 확증해 줍니다. 이 세상에는 실로 하나의 객관적인 도덕 기준이 존재한다는 사실 말입니다. 어디에서, 그리고 어떤 환경에서 살아가든 관계없이, 세상 모든 사람들은 이 기준을 인식합니다. 그러므로 동일한 객관적 기준의 존재를 전제할 때 우리가 확인할 수 있는 사실은, 서로 다른 생활 조건에 부수되는 근소한 차이점만을 제외한다면 다양한 배경의 사람들이 보여 주는 도덕적 풍습에서조차 결국 기본적으로는 전반적인 유사성이 발견된다는 점입니다."

말을 마친 테드가 자신의 논지에 대해 청중들이 생각해 볼 시간을 허락하는 동안 장내에는 잠시 침묵이 흘렀다.

하지만 곧 아까의 젊은이가 짧은 정적을 깨면서 자리에서 일어섰다. "교수님, 도덕적 풍습에서의 기본적 유사성 개념은 인정합니다만, 그럼에도 불구하고 몇 가지 차이점은 여전히 존재하지 않습니까?"[4]

그의 끈질긴 질문에 청중들 사이에 가벼운 웃음이 일었다.

"네, 그렇긴 하지요. 부정하지 않겠습니다."

"저도 그렇게 생각했습니다. 정말로 교수님 말씀이 다 사실이라면, 도덕적 풍습상의 사소한 차이라도 있어선 안 되는 것 아닙니까?" 청년은 여전히 자신의 질문을 고집했다.

"옳은 말씀입니다!" 테드가 시원스럽게 대답했다. "객관적 도덕 원칙이라는 것이 존재한다면 어떻게 조금이라도 다른 도덕적 풍습이 생겨날 수 있는가 하는 것은 한 번쯤 꼭 제기되었어야 할 질문이니까요. 그리고 이 질문과 관련해 먼저 언급해야 할 사실은, 아까 말씀드렸듯 객관적 도덕 기준에 대해 알고 인식하는 것과 그것을 따르고 순종하는 것은 별개의 문제라는 현실적인 부분입니다. 저는 모든 사람이 자기가 알고 있는 도덕 기준을 항상 준수하며 산다고는 말씀드리지 않았습니다. 실제로 늘 그러는 사람은 없으니까요.

하지만 그것은, 누구에게나 비난받는 행동을 하는 사람들의 경우, 자신들의 행위가 도덕적 기준에 어긋난다는 사실을 알면서도 범하고 있다는 의미일 뿐입니다. 그들은 그 기준을 잘 알지만 그대로 살고 있지는 않은 거지요."

"음…. 정말로 그런 경우가 종종 있다고 생각되는군요," 청년은 이렇게 말하고 나서 "그렇지만 세상에는 우리가 비난하는 행위들을 잘못된 것이라 여기지 않고 공공연히 행하는 그런 사회들도 분명 있지 않습니까?"라고 재차 질문했다.

테드는 눈썹을 치켜 세운 채 고개를 끄덕이면서 "있을 수 있겠지요. 아마 어떤 구체적 사례가 떠오르시는 모양이군요"라고 청년에게 말했다.

젊은이는 잠시 자기 옆자리에 앉은 사람과 몇 마디 말을 속삭였다. 그러고는 멋쩍은 웃음을 띠고 강단 쪽을 올려다 보며 "네, 그렇습니다"라고 대답했다.

청중들은 그가 보이는 순발력에 웃음을 터뜨렸다.

"연구 조교를 두고 계셔서 좋으시겠는데요." 테드가 농담을 던졌다.

"네, 맞습니다," 그도 씩 웃었다. "저에게 떠올랐던 예는 에스키모들의 경우인데요. 인류학자들은 과거 그들 사이에 유아 살해가 일반적인 일이었음을 발견했답니다. 자신의 어린 자녀를, 특히 딸들을 밖에 내놓아 동사(凍死)하도록 방치했다는 거지요. 이러한 행위는 순전히 부모의 재량에 맡겨진 채 허용되었고, 그런 일을 했다고 해서 어떤 사회적 오명을 얻지도 않았답니다. 우리라면 분명히 혐오해야 마땅할 행동인데 말이지요."[5]

"설명 감사합니다," 테드가 답했다. "저도 그런 일들이 있었다는 것을 알고 있고 그 근본 원인에 대해서도 생각해 보곤 합니다. 우리가 허용하기 무척 어려운 그 같은 행위가 이루어진 것에 대해 과연 어떻게 이해해야 할까하고 말입니다. 하지만 이처럼 우리와 다른 풍습을 고려할 경우에는 아주 중요한 질문 하나를 반드시 제기해 봐야 합니다. 제 말씀을 잘 들어 주셨으면 하는데요."

젊은이가 알겠다는 듯 고개를 끄덕였다.

"우리는 사람들이 *어떤* 행동을 했는지 못지않게 *왜* 그런 행동을 했는지도 잘 따져 봐야 합니다. 그들이 그런 행동을 한 이유가 사실은 더 중요하니까요. 도덕적 풍습에서의 차이는 반드시 도덕적 가치나 원칙의 차이에 기인하는 것이 아닐 수 있다는 점을 먼저 기억하시기 바랍니다. 어떤 집단의 사람들이 왜 다른 집단의 사람들과 상이한 풍습을 갖게 되는가에는 적어도 한두 가지 이상의 그럴 만한 이유가 있으니 말이지요."

많은 사람들이 궁금하다는 듯한 표정으로 그에게 시선을 고정하고 있었다.

"부탁드렸듯이 제 말씀을 잘 들어 주십시오. 명확하게 설명드리려고 하니까요. 그같이 다르게 나타나는 풍습은 무엇보다 각 집단에 달리 제공된 생활환경과 여러 조건이 원인일 수 있습니다. 그게 아니라면 실재(實在) 대상에 대한 서로 다른 믿음의 결과일 수도 있고요. 좀 더 설명을 드린 후에 구체적 예를 들어 보겠습니다.

제가 방금 언급한 첫 번째의 원인을 살펴보기로 하지요. 집단 간의 환경과 조건의 차이 말입니다. 어떤 집단은 우리와 같은 도덕 가치나 원칙을 가지고 있으면서도 생활환경이 너무나 다르기 때문에 우리와 다른 행동들을 하게 됩니다. 우리가 그 이유를 이해하기 전에는 도덕적으로 혐오스럽게 생각할 수 밖에 없는 행위들 말입니다."

내용을 받아 적는 손들이 무척 분주했다. 앞자리에 앉은 한 용감한 여성이 "예를 하나 들어 주시지요!"라고 큰 소리로 말했다.

테드가 대답했다. "질문하신 분이 들었던 예를 가지고 생각해 보겠습니다, 에스키모들의 유아 살해의 경우 말입니다. 이러한 풍습에 대해 처음 듣게 되면 그들이 우리처럼 자녀들을 사랑하지 않은 것으로, 혹은 그들이 우리와 같은 생명 존중 사상을 가지고 있지 않은 것으로 생각하기 쉽습니다. 다시 말해 그들이 우리와는 완전히 다른 도덕 가치를 가지고 있었던 것으로 들릴 수 있다는 이야기지요."

"그야 당연한 일 아닙니까?" 질문했던 청년이 소리쳤다. "우리라면 절대 그런 행동은 하지 않을 테니까요."

많은 이들이 수긍의 의미로 고개를 끄덕이고는 다시 테드 쪽을 바라보았다.

"물론 우리 사회라면 그런 행동을 할 경우 당연히 사회적으로 낙인이 찍힐 겁니다. 자기 자녀를 살해한 죄목으로 상당 기간 수감 생활을 하게 될 거고요.

하지만 아까의 주요 질문으로 다시 돌아가 생각해 봅시다. 왜 그들이 그러한 행동을 했는지에 대해서 말입니다. 그들은 정말 우리보다 자기 자녀를 덜 사랑했을까요? 그들은 우리보다 인간 생명을 덜 존중했을까요? 그런 행위를 할 수 밖에 없도록 내몰아 댄, 우리와 다른 환경에 처해 있던 것은 아니었을까요? 이러한 질문에 대답하기 전까지는 그들이 우리와 다른 도덕적 가치에 따라 그런 행동을 했다고 단언할 수 없습니다, 그렇지 않은가요?"

그는 다시 말을 멈춘 채 이 질문을 숙고하도록 시간을 주었다.

"자세히 들여다보면," 그가 이야기를 계속했다. "사실상 그들이 우리와는 상당히 다른 환경에 있었다는 걸 알게 됩니다. 환경적 요건이 허락하는 한도에서 그들이 최선을 다해 아이들을 보호하려 했다는 사실을 의심할 근거는 없습니다. 우리 자신들과 전혀 다를 바 없이 말이지요. 하지만 그들은 잔혹한 환경에서 살아 남아야 했습니다. 음식이 늘 부족하다보니 아이들이 네 살이 될 때까지도 모유만으로 키워야 했고, 따라서 상황이 가장 좋은 경우라 해도 한 가정에서 키울 수 있는 유아의 수는 제한될 수 밖에 없었습니다.

더구나 에스키모들은 농업을 할 수 없는 유목민이었습니다. 음식을 찾아 항상 떠돌아야 했다는 말입니다. 어린아이들도 데리고 다녀야 하는데 한 어머니가 한 아이 이상은 자신의 파카에 넣어 옮길 수가 없었습니다. 한 마디로 이들은 생존의 벼랑 끝에서 버텨 내야 했던 거지요. 하지만 지금의 우리는 그들과 전혀 다른 상황하에 살고 있으며, 그렇기 때문에 그들의 입장이 되어 그 어려움을 함께 공감해 주기가 어려운 것입니다."

잠시 말을 멈춘 사이 테드에게는 한 가지 생각이 떠올랐다. "이런 식의 관념적 실험을 한번 해 봅시다. 스스로에게 다음과 같은 질문을 던져 보십시오. 만약 내가 지금 나의 부양 능력을 넘어설 만큼 많은 아이들을 키우고 있는 입장이라면 어떤 생각을 하게 될까? 혹 내 아이들 중 한 명은 어차피 살릴 방법이 없다는 걸, 그래서 결국 죽게 되리라는 걸 알고 있다면 과연 어떤 결정을 내리게 될까? 또 나뿐만 아니라 내가 속한 사회까지도 내 아이를 돌볼 능력이나 여건을 전혀 갖추지 못했다면 그 상황에서 내가 할 수 있는 일이 과연 무엇일까? 다시 말해, 그러한 경우에 여러분과 제가 — 자신의 자녀를 사랑하고 인간 생명을 지극히 존중한다고 주장하는 우리가 — 과연 어떤 행동을 하게 될까라는 질문 말입니다."

질문 내용의 심각성 때문인지 그가 말을 잠시 멈추고 있는 동안 청중석에서는 숨소리조차 들려오지 않았다.

테드가 다시 말을 시작했다. "혹시 우리도 아이들을 너무나 사랑한다는, 그리고 인간 생명을 존중한다는 바로 그 이유 때문에, 고통을 최소화시키면서 최대한으로 인간적인 방법을 찾아보게 되지는 않을까요? 저는 그럴 수 있다고 생각합니다. 그리고 그것이 바로 에스키모들이 선택했던 방법이기도 하고요. 사실 동사는 아이들이 깊은 잠에 빠져들었다가 수면 중 사망하게 되는 현상이기에, 상대적으로 덜 고통스럽게 죽음에 이르는 방법이라고 할 수 있습니다.

저는 이것이 오늘날 우리 사회의 젊은 임신 여성들이 아이를 키우는 일에 자신이 없어 낙태를 하거나 출산 후 유기하는 것과 다르다는 사실을 강조하고 싶습니다. 우리 사회의 경우 본인만 원한다면 공급될 수 있는 자원이 얼마든지 있음에도 단지 그렇게 하기를 원치 않아서 발생되는 결과이기에 결코 그들의 상황과 같다고 볼 수 없으니까요. 우리의 여성들이 다른 가능성과 방법을 찾을 수 있는 여건에서도 아이를 낙태하거나 출산 후 버리기로 선택하는 것과는 달리, 에스키모들의 경우는 의존할 수 있는 자원이나 물자가 전혀 없었습니다. 그들은 아이들이 결국 죽을 수 밖에 없다는 사실을 알고 있었으며 그 상황을 피할 수 있는 다른 방법은 없었습니다. 그들이 아이들을 사랑하고 생명을 존중한다는 바로 그 이유로 인해 자신들이 피할 수 없는 현실 가운데 가장 인간적이면서 고통을 최소화할 수 있는 방법을 찾아낸 것뿐입니다."

"그렇다면 교수님은 그들의 행위를 변호하시는 건가요?" 청년이 다시 일어서서 물었다.

"그렇게 들릴 수도 있겠지요." 테드가 답했다.

"그냥 어물쩍 넘기시려는 겁니까?"

"그렇지 않습니다."

젊은이가 어이없다는 표정을 지었다.

"제가 무슨 이야기를 하고 있는 것인지 분명히 해 두지요. 지금 저는 이러한 행위가 도덕적으로 옳다고 주장하려는 것이 아니라, 당시의 에스키모들이 지금의 우리와 다른 도덕 가치를 가졌던 것은 아니라는 사실을 입증하려는 것입니다. 다시 말해서, 만약 그들과 똑같은 상황에 처해 있었다면 결국 우리도 다른 선택을 할 수는 없었으리라는 말을 하고 있는 거지요. 우리와 그렇게까지 다른 도덕적 풍습이 왜 세상에 존재하느냐, 그것이 애초의 질문이었다는 사실을 기억하시겠지요?"

청년이 기억난다는 듯한 제스처를 했다.

"에스키모들의 이러한 풍습을 통해 우리가 배워야 할 사실은, 유아 살해 행위만을 가지고 아이들을 대하는 그들의 태도가 우리와 근본적으로 다르다는 증거라고 함부로 단정해선 안 된다는 점입니다. 그것은 단지, 남은 가족의 생존을 위해 때로는 가혹한 방법이 동원될 수 밖에 없는 현실을 그들이 인정한 결과입니다. 그리고 우리와 똑같이 그들도 품고 있던 자녀에 대한 사랑과 생명 존중 의식 때문에 가장 인간적이면서 고통이 덜한 방법을 찾아냈던 것뿐이지요," 테드가 질의자인 청년을 보며 말했다. "전체 맥락에 대한 이해 없이 인류학자들의 자료를 있는 그대로 인용하려 든다면 오해의 소지가 생길 수 있습니다."

"그렇다 하더라도 여전히 뭔가 미진한 부분이 있지 않습니까?" 청년이 다시 일어서며 항의하듯 물었다. "그들의 유아 살해를 유발한, 우리와 다른 환경에 대한 교수님의 설명에는 동의를 합니다만, 그렇다면 왜 남자아이들이 아닌 여자아이들이란 말입니까? 그것이 바로 우리와 다른 그들의 가치를 보여 주는 단서 아닙니까?"

"역시 그렇게 보일 수도 있겠지요," 테드가 말했다. "그 이유에 대해 우리가 다시 한번 따져 보기 전까지는요. 그리고 그렇게 함으로써 우리는 그들의 환경과 관련된 두 가지 사실을 발견할 수 있습니다. 첫째로, 그들의 사회에서는 남성들이 주된 식료 공급자, 다시 말해 사냥의 임무를 맡은 사람들이었다는 사실입니다. 이것은 그들의 전통적인 분업 방식이었기 때문에 그 민족의 생존을 위해서는 결국 충분한 남성의 숫자가 관건일 수 밖에 없었겠지요.

둘째로, 사냥 임무에 따르는 피할 수 없는 높은 사망률 때문에 사망한 성인 남성의 수가 사망한 젊은 여성의 숫자를 훨씬 능가했다는 사실입니다. 만약 남자아이와 여자아이가 같은 숫자로 생존했다면 성인 여성의 인구는 성인 남성의 인구를 훨씬 웃돌게 되었을 것입니다.

한마디로 말해 그들이 여자아이들을 남자아이들보다 덜 사랑하거나 덜 귀하게 여겨서 그런 행동을 했던 건 아니란 것입니다. 단지 한 민족이 생존하기 위해 불가피하게 선택한 가혹한 방책이었을 뿐이니까요.

결국 제가 다시 강조하고 싶은 요점은, 때로 도덕성의 차이로 보이는 현상이 실제로는 환경의 차이에 기인한다는 사실입니다. 동일한 도덕 원칙 위에 환경적 차이가 작용함으로써 상이한 도덕 행위를 유발한다는 말이지요."

긴 설명으로 인한 갈증 때문에 테드는 잠시 말을 멈추고 물을 한 모금 마셨다. 각 사람들이 처한 극심한 환경의 차이가 상이한 도덕적 풍습을 만들어 낸 원인이라는 설명을 청중들이 집중해 준 것은 다행이지만 그 상이함에는 또 하나의 원인이 있었기에 그에 대한 설명 역시 주어져야 할 것이었다.

그 문제에 대해 이야기를 꺼내려 할 때 청중석 뒤쪽에서 누군가가 손을 들고 있는 것이 보였다. "조금 전 말씀에서," 한 중년 남성이 자리에서 일어서더니 "도덕적 풍습에서 상이함이 나타나게 되는 이유가 한 가지 더 있다고 하시지 않았습니까?"라고 물었다.

"감사합니다, 네, 제가 그랬지요!" 테드가 그의 시의적절한 지적을 반가워하며 대답했다. "안 그래도 그 차이에 대해 지금부터 다루려고 합니다."

"그 차이라는 것이," 그 남성은 잠시 자신의 노트를 들여다보더니 "실재 대상에 대한 사람들의 믿음에서의 차이라고 하셨지요?"라고 덧붙였다.

"맞습니다."

그는 주변에 있는 사람들을 가리키면서 "아마도 우리 중 몇몇 사람들은 그 말의 의미가 뭘지 궁금해할 것 같습니다. 하지만 제 생각엔 그것 역시 도덕적 풍습에서 나타나는 차이일 것 같은데요."

"네, 그렇습니다," 테드가 수긍했다. "실재 대상에 대한 믿음에서의 차이라는 것이 무슨 뜻인지 예를 들어 보겠습니다. 꽤 단순한 개념이라는 걸 곧 아시게 될 텐데요.

사람이 소를 먹는 것을 그릇된 행동이라 믿는 문화가 있습니다. 극심한 빈곤 때문에 아이들이 먹을 음식이 없는데도 말이지요."

"들어 본 적이 있습니다." 방금 질문한 남성이 답했다.

"그러시다면 그것이 우리와는 분명히 다른 도덕적 풍습이라는 데 동의하실 겁니다. 우리 사회라면 동물 살해 행위를 이유불문하고 비난하면서 반대하는 사람들은 극단적 동물 권리 옹호론자들뿐이겠지만 말입니다."

질의자인 중년 남성과 그 주변의 사람들이 함께 고개를 끄덕였다. "네, 지금까지의 말씀은 이해했습니다." 그가 큰 소리로 답했다.

"그렇지만 우리의 주요 논제로 다시 돌아가서, 왜 그들이 그런 풍습을 지키는 것인지 따져 보기로 합시다. 한번 그들이, 인간의 사후(死後)에 그 영혼이 동물의 몸으로, 특히 소의 몸으로 들어간다고 *믿기* 때문이라고 생각해 보십시오. 그럴 경우 그 소는 자신의 할머니일 가능성도 있게 되는 겁니다."

웃음소리가 대강당 안을 가득 채웠다.

테드가 다시 말했다. "지금 여러분이 웃고 계시는 것은, 삶의 특정 분야에 대한 여러분의 믿음이 다른 문화 속에 살고 있는 그들의 믿음과 얼마나 다른지에 대한 방증(傍證)입니다."

사람들이 고개를 끄덕였다.

"하지만 그것을 이유로 그들의 가치관이 우리의 것과 다르다고 말할 수 있을까요? 그렇지 않겠지요. 차이는 다른 곳에 있으니까요. 여기에서 두 집단의 차이는 가치적 개념이 아니라 신념의 체계에 놓여 있는 겁니다. 우리나 그들이나 할머니를 먹어서는 안 된다는 점에는 함께 동의합니다. 단지 그 소가 자신의 할머니일 수도 있다고 믿는가, 그렇지 않은가 하는 면에서 차이가 있을 뿐이지요.

자, 이제 정리를 해 보겠습니다. 우리는 지금까지 도덕적 풍습의 차이가 도덕 가치의 차이를 가리킨다고 단정할 수 없다는 이유에 대해 다루어 왔습니다. 그 차이가 각기 다른 생활환경이나 조건들, 혹은 실재 대상에 대한 믿음에서의 차이에 기인할 수 있기 때문입니다."

말이 떨어지기 무섭게 그 건장한 청년이 다시 일어섰다. "그럼 그 말씀은 도덕 가치에 관한 한 이 세상 어느 곳에서든 *전혀* 차이가 발견되지 않는다는 뜻인가요? 교수님이 지금까지의 말씀으로 그 사실을 다 증명하셨다는 겁니까?"

"다 증명할 수 있다는 건 불가능하겠지요," 테드가 대답했다. "제가 모든 걸 다 아는 전지자(全知者)가 아니란 사실을 굳이 말씀드릴 필요는 없을 겁니다. 누구든 그렇게까지 확실히 장담할 수 있으려면 세상에 있는, 우리와 다른 모든 문화적 풍습들을 빠짐없이 다 연구하는 방법뿐일 겁니다. 하지만 지금까지 실제로 그런 일을 했던 사람은 아무도 없었으니까요."

"그렇다면," 젊은이가 다시 고집스레 말했다. "세상 어디에도 전혀 다른 도덕 가치가 존재하지 않는다고 단언할 수는 없는 것 아닙니까?"

"그건 그렇겠지요. 제 이야기가 완벽히 맞는다고 확실히 장담할 수는 없을지도 모릅니다. 하지만 분명히 말할 수 있는 것이 하나 있는데요, 어떤 두 집단 간에 서로 다른 도덕 가치가 있다는 것을 입증하고 싶은 사람이라면 누구든 다음의 세 가지 조건을 충족시켜야만 한다는 사실입니다.

그 조건이란 첫째, 어떤 도덕적 풍습이 각각의 집단 사이에 진정한 의미에서 서로 다르다는 것을 증명할 수 있어야 합니다. 둘째, 그 '다름'이 서로 간의 생활환경이나 여러 조건의 차이 때문이 아니라는 걸 증명할 수 있어야 합니다. 셋째, 또한 그 '다름'이 실재 대상에 대한 믿음의 차이 때문도 아니라는 것까지 증명해야 합니다. 이 세 가지 조건이 모두 충족되기 전까지는 그 두 집단의 도덕 가치에 차이가 존재한다고 아무도 말할 수 없는 것이지요.

각기 다른 사회 사이에서도 발견되는 도덕 가치의 유사성 문제를 한번 더 정리해 보겠습니다. 우리는 그것의 존재를 국제연합의 세계 인권 선언, 고대의 도덕규범, 그리고 사람들 사이의 일상적 대화 등을 통해 확인할 수 있었습니다. 이 내용들은 우리에게 객관적 도덕 가치라는 일단(一團)의 개념이 어느 문화에나 존재한다는 사실, 모든 사람들이 그 개념을 인식하고 인정한다는 사실, 그리고 서로의 차이점처럼 보이는 부분도 실상은 진정한 차이가 아니라는 사실 등을 믿을 수 있게 하는 충분한 이유를 제공합니다."

테드의 말이 끝나고 나니 장내가 잠시 조용해졌다. 이 새로운 개념에 몰두해 있어서인 듯 대부분의 청중들은 말이 없었고, 노트 정리를 하던 사람들만 기록을 마무리하느라 한참 분주할 뿐이었다.

하지만 이번에도 침묵은 그리 오래 가지 않았다. 이제는 모든 질문이 끝났으리라 테드가 생각한 바로 그 순간 왼편 좌석에서 다시 부스럭대는 소리가 들려왔고, 돌아봤을 때는 아까의 그 건장한 청년이 좀 전과 같은 멋쩍은 미소를 띠고 일어서 있는 모습이 보였다.

청중석에서는 거의 반사적인 웃음이 터져 나왔다. 이 끈질긴 청년을 청중들은 결국 미워할 수 없는 듯 했다.

테드 역시 웃음을 머금고 그를 가리키며 말했다. "우리의 주(主) 연사분께서 이 주제에 대한 추가 질문이 있으신 모양이군요."

"네, 그렇습니다. 혹시 한 가지만 더 여쭤 봐도 될까 해서요." 모두의 이목이 집중되었다는 사실에 다소 어색해하면서도 청년은 예의 바르게 말했다.

"물론이지요."

"교수님께서 지금까지 상당히 설득력 있게 설명해 주셨는데요, 도덕 가치 간의 유사점이 차이점보다 훨씬 크다는 사실에 대해서 말입니다. 또한 도덕 가치상의 진정한 차이를 입증하려면 제시하신 세 가지 조건을 충족시킬 수 있어야 한다고도 하셨고요."

"그랬지요."

"하지만 그렇더라도 세상 어딘가에 진정한 도덕상의 차이가 있을 수 있다는 가능성 역시 인정하신 것 아닌가요? 왜냐하면 지금까지 아무도 세상의 모든 문화와 도덕적 풍습을 다 조사해 본 사람은 없다고 말씀하셨으니까요, 그렇지요?"

테드가 고개를 끄덕였다. 한편으로는 자신이 이야기했던 개념들을 열심히 파악하고 정리하는 질의자의 노력이 대견하기도 했다.

"그리고 그 말씀은," 청년이 말을 이었다. "미래의 언젠가 인류학자들이 우리와 진정으로 다른 도덕 가치를 가진 어떤 집단을 찾아낼 수도 있다는 가능성을 의미하지요. 사실 우리가 모르고 있다 뿐이지 이미 그런 일을 한 사람이 있을지도 모르지 않습니까?"

"뭐, 그럴 수도 있겠지요." 테드가 대답했다.

"그렇다면 제 질문은, 그러한 차이를 미래에 발견하게 되었을 때 교수님께서 존재한다고 말씀하시는 그 객관적 도덕 기준과 어떻게 공존할 수 있는가 하는 것입니다."

젊은이는 일단 자리에 앉았지만 언제 다시 일어설지는 아무도 예측할 수 없는 일이었다.

"문제를 정말 깊게 파고 드시는군요," 테드가 말했다. "그 질문에 대답하기 위해, 당신의 이야기가 맞고 그래서 내년 쯤 우리 중 어떤 사람이 어딘가로 여행을 하다가 우리와 진정으로 다른 도덕 체계를 가진 집단을 결국 발견했다고 가정하겠습니다. 우리가 비난하는 행동을 칭찬하는 사람들을 발견했는데 그것이 생활환경이나 실재 대상에 대한 믿음의 차이 때문이 아닌 경우를 말입니다."

청년이 이 가정에 만족한다는 표시를 보냈다.

"그런 때조차 제기되는 질문은 말입니다, 그 상황이 대체 도덕성 전반에 관해 무엇을 이야기해 줄 수 있다는 겁니까? 그 한 집단이 일정한 객관적 도덕 원칙의 존재를 완전히 부정하는 것일까요?"

"그렇다고 보는데요." 이제는 다소 대담해지기까지 한 청년이 주저 없이 답했다.

"이 문제는 무척 신중히 다루어져야 할 내용입니다," 테드가 경고라도 하듯 팔을 치켜들었다. "물론 그렇다고 주장하는 사람들이 실제로 있고 이들의 논리가 '문화 차이 논쟁(cultural differences argument)[16]이라는 이름으로 불리고 있기도 합니다. 몇 가지의 사실을 이용해서 도덕성의 본질에 대한 결론을 도출해 내는 논법을 말하지요."

"네? 그 논리가 무엇을 한다고요? 저는 잘 이해를 못하겠는데요." 젊은이가 어리둥절해하며 물었다.

"다시 설명해 드리겠습니다," 테드가 대답했다. "이 논법은 '각 개별 문화에는 각기 다른 가치 체계가 존재한다'라는 가정을 바탕으로 출발하는 논리입니다. 그리고는 그 가정이 옳다는 전제하에 '그러므로 도덕성에서의 객관적 진리란 존재할 수 없다'라는 의도된 결론을 이끌어 내는 거지요.

하나의 가정만을 가지고 도덕성 전반에 관한 결론을 이끌어 내는 식의 논리에 대해 이해가 되셨습니까?" 그가 청년에게 물었다.

청년 외에도 다른 몇 사람이 함께 고개를 끄덕였다.

"결국 이 논리에서의 본질은, 각각의 문화마다 서로 다른 가치를 가지고 있기 때문에 객관적으로 옳다고 말할 일단의 가치란 세상에 존재하지 않는다라면서 확정을 내려 버린 결론 부분입니다. 그렇다면 이런 논법에 과연 아무런 문제도 없을까요?" 테드가 질문을 제기했다.

청중들은 잠잠했다. 이때 앞자리에 앉은 한 중년 여성이 침착한 목소리로 답했다. "제 생각에는 맞는 이야기 같은데요. 제 말씀은, 각각의 사람들이 서로 다른 가치를 가지고 있다면 그렇게 밖에는 결론지을 수 없지 않겠습니까?"

어떤 사람들은 고개를 끄덕였지만 대부분의 사람들은 이런 견해가 의심스러운 표정이었다.

"여기에는 주의해서 생각해 볼 문제가 있습니다," 테드가 신중하게 말했다. "이 논의를 비평할 수 있는 두 가지 방법이 있는데요, 첫째는, 전제 자체의 진실성에 의문을 제기하는 방법입니다. 각기 다른 문화가 근본적으로 다른 도덕 가치를 가지고 있다는 것이 정말로 사실인지를 먼저 질문해 보는 거지요. 만약 그렇지 않다면 이 논리는 진전될 수 없습니다. 사실이 아닌 전제로부터 결론을 도출해 낸다는 것은 말이 안 되는 일이니까요. 그런데 실제로 우리는 그 전제가 사실이 아니라는 점을 이미 확인한 바 있습니다. 세상의 도덕 가치들이 보이는 가장 두드러진 특징은 그들 간의 상이성이 아니라 오히려 유사성이라는 발견을 통해서 말입니다. 그리고 우리가 목격했던 도덕 풍습상의 사소한 차이들조차 생활환경 또는 실재 대상에 대한 믿음의 차이에 기인한 것이라는 사실 역시 이미 살펴보았고요.

이런 모든 내용들을 다시 상기시켜 드리는 이유는, 이 문화 차이 논쟁이 바탕을 두고 있는 가정 자체가 옳지 않다는 사실을 강조하기 위해서 입니다."

"지금까지의 이야기는 알겠습니다," 청년이 고개를 끄덕였다. "하지만 그 논의에 대한 비평에는 두 가지 방법이 있다고 하시지 않았나요?"

"맞습니다. 두 번째는 그 논의의 논리적 타당성을 검증해 보는 방법인데요, 지금부터 시작해 보겠습니다. 한 번 더 가정을 해 보지요, 다른 여타의 집단과 진정한 의미에서 상이한 도덕 체계를 소유하고 있는 사람들을 우리가 발견하게 된 경우를 말입니다. 문화 차이 논쟁이라면 이런 상황에 대해 어떤 주장을 내세우려 할까요? 아마 이 사실을 근거로 삼아 모든 사람이 알고 있는 하나의 객관적 도덕 기준이란 존재하지 않는다는 결론부터 이끌어 내겠지요. 그 논의가 타당한 것이 되려면 자신들이 최초에 가정했던 전제로부터 그와 같은 결론이 도출되어야만 할 테니까요. 만약 우리가 그런 집단을 실제로 발견했는데 이로 인해 그들이 주장하는 결론 도출이 가능해진다면야 객관적 도덕 원칙의 부재함이 입증된 것으로서 인정할 수도 있겠지요. 하지만 문제는 말입니다, 그런 식의 결론 도출이 과연 가능한 일일까요?"

"저는 그렇다고 생각하는데요!" 아까의 앞자리 여성이 소리쳐 대답했다. "사람들의 도덕 가치상에서 차이가 발견된다면 어떻게 객관적 도덕 기준이라는 것이 존재할 수 있겠어요?"

"이제 저분의 의견은 우리 모두 잘 알게 되었군요," 테드가 농담을 던졌다. "하지만 이 문제는 논리적으로 철저히 따져 봐야 합니다. 불행히도 논리적인 관점에서 볼 때 그것은 타당하지 않은 논법입니다. 그와 같은 결론은 처음에 그들이 제시한 가정 혹은 전제라는 것으로부터 도출될 수가 없습니다. 즉, 그 전제가 진실일 경우조차 결론은 여전히 거짓일 수밖에 없다는 것입니다."

"왜 그렇단 말씀이지요?" 그 여성이 다시 물었다. "어떻게 그렇게 단언하실 수 있나요?"

"설명해 드리지요. 동의하게 되실 겁니다. 그 전제는 사람들이 무엇을 *옳다고 믿는가와* 관련된 내용으로서, 어떤 사회의 사람들이 도덕적으로 옳다고 믿는 것을 다른 사회의 사람들은 옳지 않다고 믿는다는 거지요. 따라서 가치상에서의 차이란 사람들의 신념, 즉 믿음이라는 영역에 나타나고 있는 차이를 의미하는 것입니다.

그러나 결론은 믿음이 아닌 실제 사실을 다루고 있는 내용이거든요. 문화 차이 논쟁에서는 집단 간에 믿음의 차이가 존재하는 하나의 현상만을 가지고 '그러므로 하나의 객관적 도덕 가치는 존재하지 않는다'라는 사실 기술적 결론을 내리는데, 바로 여기에서 문제가 생기는 것입니다. 사람들이 무언가에 대해 서로 다른 믿음, 즉 서로 다른 생각을 가지고 있다는 한 가지 *현상*을 이유로, 옳고 그름에 대한 객관적 견해 자체가 존재하지 않는다는 *사실*에 대한 증거로 삼을 수는 없는 일이니까요.

예를 하나 들어 보겠습니다. 시체를 먹는 행위가 완벽하게 허용되는 어떤 집단과 그것이 비인간적인 소행이라고 믿는 다른 집단을 우리가 발견했다고 가정합시다. 그들이 서로 생각이 다르다는 그 현상에서부터," 강조를 위해 테드가 다시 말을 멈췄다. "그 문제에 대한 객관적 진리란 없다라는 사실적 결론이 도출되는 겁니까?"

이 질문에 대해 신중하면서도 정확한 판단을 내리려 애쓰는 듯한 모습들이 여기저기에서 눈에 띄었다.

"결코 그렇지 않겠지요. 그런 풍습은 객관적으로 옳든 그르든 할 것이고, 그 두 입장 중 어느 한쪽은 분명 틀린 것일 테니 말입니다."

그 여성은 자신도 그 점은 인정한다는 듯한 몸짓을 해 보였다.

"세상에는 지구가 평평하다고 믿는 사람들이 일부 있습니다. 그들 외의 사람들은 물론 그 생각에 동의하지 않지요. 그런데 이러한 믿음의 차이라는 현상 때문에, 지구의 모양에 관한 질문에는 정확한 답변이 존재하지 않는다라는 결론이 사실로서 도출될 수 있습니까? 물론 그렇지 않습니다. 그것이 그저 어떤 사실에 관해 잘못된 믿음을 갖고 있는 사람도 있기에 나타나는 현상일 뿐이라는 걸 안다면 결코 그런 식의 결론을 내릴 리는 없겠지요. 지구가 둥글다는 것을 모든 사람들이 반드시 알아야 한다고 기대할 수도 없는 일이고요.

이와 같이 만약 어떤 두 사람이 하나의 문제에 대해 서로 의견이 다르다면 그 중 한 사람은 옳고 다른 사람은 틀리다고 봐야 하는 겁니다."[7]

테드의 왼편에서 낯익은 인기척이 어김없이 또 들렸다. 돌아보니 아까의 청년이 다시 일어서서 "한 가지만 더 질문해도 괜찮을까요?"라고 양해를 구하고는 "간단히 하겠다고 약속드리겠습니다"라며 미안한 듯 말했다.

"물론이지요. 말씀하세요."

"지금 이 문화 차이 논쟁에 대해 교수님께서 입증하신 내용들을 정확히 알고 싶어서 그럽니다만, 그 논법이 하나의 객관적 도덕 기준의 존재를 부정하려는 시도로서의 주장이라고 말씀하셨었는데요. 그렇다면 교수님께서는 그것의 결론이 옳지 않다는 사실을 이제 다 증명하신 겁니까?" 약속한 대로 짧은 질문을 끝내고 그가 자리에 앉았다.

"그랬기를 바랍니다."

"그렇다면, 교수님은 정확히 무엇을 증명하신 거지요?"

"좋은 질문이군요. 그 결론이 틀렸다는 사실을 제가 명확하게 입증한 것은 아닙니다. 하지만 지금 우리가 알게 된 바는, 하나의 객관적 도덕 원칙이 존재할 수 없음을 증명하기 위해 시작된 논의란, 결국 그와 비슷한 어떤 것도 입증할 수 없다는 사실입니다. 그 논의 자체가 타당한 것이 아니니까 말입니다."

"그 말씀의 의미가 무엇이지요?"

"이 논의는 하나의 객관적 도덕 기준이 존재할 수 없다고 믿을 정확한 이유를 제시하지 못한다는 겁니다. 지금까지 우리는 사람들 사이의 도덕 가치상에 어떤 차이가 존재하는 경우마저도 그 사실이 객관적인 도덕 기준의 존재 자체를 부정하는 이유는 되지 못한다는 점에 대해 살펴봐 왔는데요, 어떤 주장이 진실일 수 있으려면 그것을 입증할 타당한 논리를 필요로 한다는 점에서 우리가 해온 일은 의미가 있습니다. 하나의 객관적 도덕 기준이 존재하지 않음을 믿도록 하려는 논의는 그 논리상의 오류를 여실히 드러냈고, 그렇기에 그 논리로는 어떤 사실도 입증할 수가 없게 된 거지요. 뿐만 아니라 우리는 지금껏 객관적 기준이라는 것이 분명히 존재한다고 믿을 수 있도록 해 주는 다른 여러 가지 이유를 살펴보지 않았습니까."

"네, 이제 잘 알겠습니다." 마침내 청년이 이렇게 답했다.

이때 사회자가 강단 앞으로 나섰다. "저녁 내내 이야기해도 끝이 없을 것 같습니다만, 오늘의 유익한 시간을 이제는 마쳐야겠군요. 이번 강연을 통해 교수님께서 우리에게 무척 도전적인 주제를 제시하셨습니다. 다 같이 감사의 뜻을 표해 주시기 바랍니다."

청중들로부터 박수가 터져 나왔다.

"여러분 역시 무척 통찰력 있는 질문들을 해 주셨고 몇 차례의 유익한 논쟁도 이루어진 것으로 봅니다. 제 생각으로는 모두들 의미 있는 시간을 가지신 것 같은데요, 앞으로는 어떤 것에 대해 도덕적으로 옳다거나 그르다는 결정을 내릴 때 상당히 주의를 기울여야 할 것 같습니다. 더글러스 교수님께서 말씀해 주셨듯 일관성 있는 전제를 늘 가지고서 말이지요. 자, 그럼, 오늘 시간은 이만 마치도록 하겠습니다."

테드는 강의 노트를 정리하면서 그래함과 프랜신이 친구들과 함께 자신에게로 다가오고 있는 것을 보았다. "아, 다시 만나게 되네요!" 반가운 마음에 그가 씩 웃었다. "혹 너무 골치 아픈 시간은 아니었는지 모르겠습니다."

"정말 흥미로웠는데요!" 그래함이 흥분된 듯 답했다. 물론 그래함뿐 아니라 대부분의 청중들이 오늘 강의를 무척 열심히 경청해 주었고, 또한 그 중에는 자신의 저택으로 돌아가 이번 강연의 내용을 깊이 성찰해 보려는 문제의 그 인물도 포함되어 있었다.

하지만 프랜신은 아직 할 말이 남은 모양이었다. "교수님 말씀이 맞다 치고요," 그녀가 입을 열었다. "그 객관적 도덕 원칙에 관해 하신 이야기들 말입니다."

"그러면 객관적 도덕 원칙이 존재한다는 사실을 내가 당신에게 설득시켰다는 뜻인가요?"

"그렇게 말한 건 아닌데요."

"물론 나도 그렇게까지는 기대하지 않았지요."

"하지만 제가 드릴 질문을 위해 일단 그렇다고 치겠습니다," 그녀가 재빨리 덧붙였다. "그러나 저는 설사 그런 것이 존재한다 하더라도 그 사실이, 문제들에 대한 답변보다는 질문 자체를 더 많이 야기한다고 생각되거든요."

"이런!" 테드가 장난스레 소리쳤다. "오늘 저녁 내내 질문에 답변했는데! 더 이상 뭘 질문하겠다는 겁니까? 뭐가 더 남았길래요?" 이쯤 되자 남아 있던 몇몇 사람들도 강연 후 다시 시작된 이 토론에 관심을 가지고 다가섰다.

"그것들이 어디에서 온 건가요?" 프랜신이 물었다.

"뭐가 어디에서 왔냐는 거지요?"

"바로 그 객관적 도덕 원칙들 말입니다," 프랜신이 대꾸했다. "생각해 보세요, 그들이 존재한다는 사실에 동의하는 것과 그 존재의 실상에 대해 설명하는 일은 전혀 별개의 문제라는 걸 말입니다. 이런 문제 제기에 대해 교수님께서 어떤 설명으로 답을 하실지 무척 궁금하군요. 그 원칙들은 대체 어디에서부터 어떻게 생겨난 것이지요?"

다른 사람들도 이 이야기에 고개를 끄덕였다.

"그래요," 테드가 손을 들어 올렸다. "당신에게 아직 해결되지 않은 부분이 뭔지 이제 알 것 같습니다. 이 객관적 도덕 원칙의 근거와 배경이 궁금하신 거군요. 그러니까 당신은 그 도덕 원칙들을 모든 사람에게 — 그 내용에 동의하지 않는 이들에게조차 — 필수적이고 의무적인 것으로 강제하는 것의 실체가 무엇인지 궁금하다는 거겠지요?"

"그렇습니다!"

"무척 좋은 질문입니다. '무(無)에서 유(有)는 발생하지 않는다(Ex nihilo nihil fit),' 그 이야기시지요?"

"뭐라고요? 갑자기 라틴어 토론으로 넘어가는 건가요?" 그래함이 물었다.

"아니요, 그저 일반적으로 쓰이는 상용 문구입니다. 우리 인간의 사고 과정 중 가장 근저에 자리 잡고 있는 원칙이자, 우리 모두가 이미 가정하고 있는 사실이기도 합니다. 이 원칙에서 벗어나거나 이 원리 없이 사고가 가능한 사람은 아무도 없으니까요. '아무 것도 없는 무(無)의 상태에서는 달리 도출될 것이 있을 수 없다'라는 뜻을 가진 문구지요."

"저도 철학 강의 첫 시간에 들은 기억이 나네요." 프랜신이 생각에 골몰하며 말했다.

"네, 객관적 도덕 진리에 대한 근거나 타당함을 알고 싶어 한다는 바로 그 사실도, 당신이 이 원칙에 따라 행동하고 있다는 증거입니다. 그 문구를 전혀 알지 못하는 이들에게도 사실상 같은 원리가 동일하게 작용하고 있고 말입니다. 세상에 존재하는 어떤 것을 인식하는 순간 모든 사람의 마음은 즉각적으로 그 원인을 찾기 시작하니까요. 아무런 원인 혹은 근원 없이 무언가가 존재할 수 있다는 개념은 인간에게 불가해(不可解)한 것으로 여겨지기 때문입니다."

"그러니까 제 질문이 썩 괜찮은 것이란 말씀이신데," 프랜신도 장난기를 섞으며 다시 물었다. "그렇다면 그에 대한 답변은 무엇인가요?"

갑자기 그래함이 끼어들었다. "사실 우리 무신론자들은 그 질문에 대한 답을 가지고 있답니다."

"하지만," 손목시계를 들여다보며 테드가 말했다. "그런 논의를 다시 시작하기에는 제가 지금 너무 지친 것 같군요."

프랜신은 그 말에 실망의 빛을 드러냈다. "지치셨다고요? 조금 전 강단에서 계실 때만 해도 강연을 무척 즐기는 것처럼 보이시더니."

"네, 아까는 그랬지요, 하지만 이런 정신노동이 얼마나 힘든 일인지 잘 아시지 않습니까?"

"물론 뭐, 그렇긴 하지만요."

"제게 더 좋은 생각이 있습니다." 테드의 말이었다.

"방금 자신의 생각에 도덕적 가치를 부여하셨네요." 모여 있던 사람들 중 하나가 테드에게 농담을 했다.

"아, '더 좋은'이라는 제 표현 말씀이군요. 하지만 오해는 하지 마십시오. 사실 저는 도덕적으로 더 좋은 것이라는 뜻이 아니라 단순히 실제적인 관점에서 좀 더 편리하다는 의미로 이야기했을 뿐이니까요."

"그런데 말씀하신 그 생각이란?" 테드의 관심을 돌리려고 그래함이 손을 들어 올리며 물었다.

"네, 그 미지의 저택에서 열리는 점심 식사가 다시 예정되어 있지 않나요?"

"그렇군요!" 그래함이 기뻐하며 대답했다. "그 의문의 저택 말이지요, 잊고 있었네요. 아직 아무도 그곳의 주인이 누군지 모르는 거지요?"

"당신이 아직 모르신다면 다들 마찬가지겠지요," 테드가 대답했다. "도대체 이런 모임에 대해 들어 본 사람이 있기나 할까요?"

"누군가가 계획한 일인 것만은 분명할 텐데," 그래함이 중얼거렸다. "누가 무슨 이유에서 시작한 일인지 언젠가는 밝혀지겠지요."

"그럼 그 점심 식사 모임 때 이 토론을 계속하면 되겠네요." 프랜신도 기뻐하며 동의했다.

모두들 고개를 끄덕였다.

"그리고 무신론자분의 설명도 그때 들어 볼 수 있겠고요."

"물론입니다." 그래함이 흔쾌히 대답했다.

그제서야 사람들이 모두 흩어졌고 대강당은 텅빈 채로 남았다.

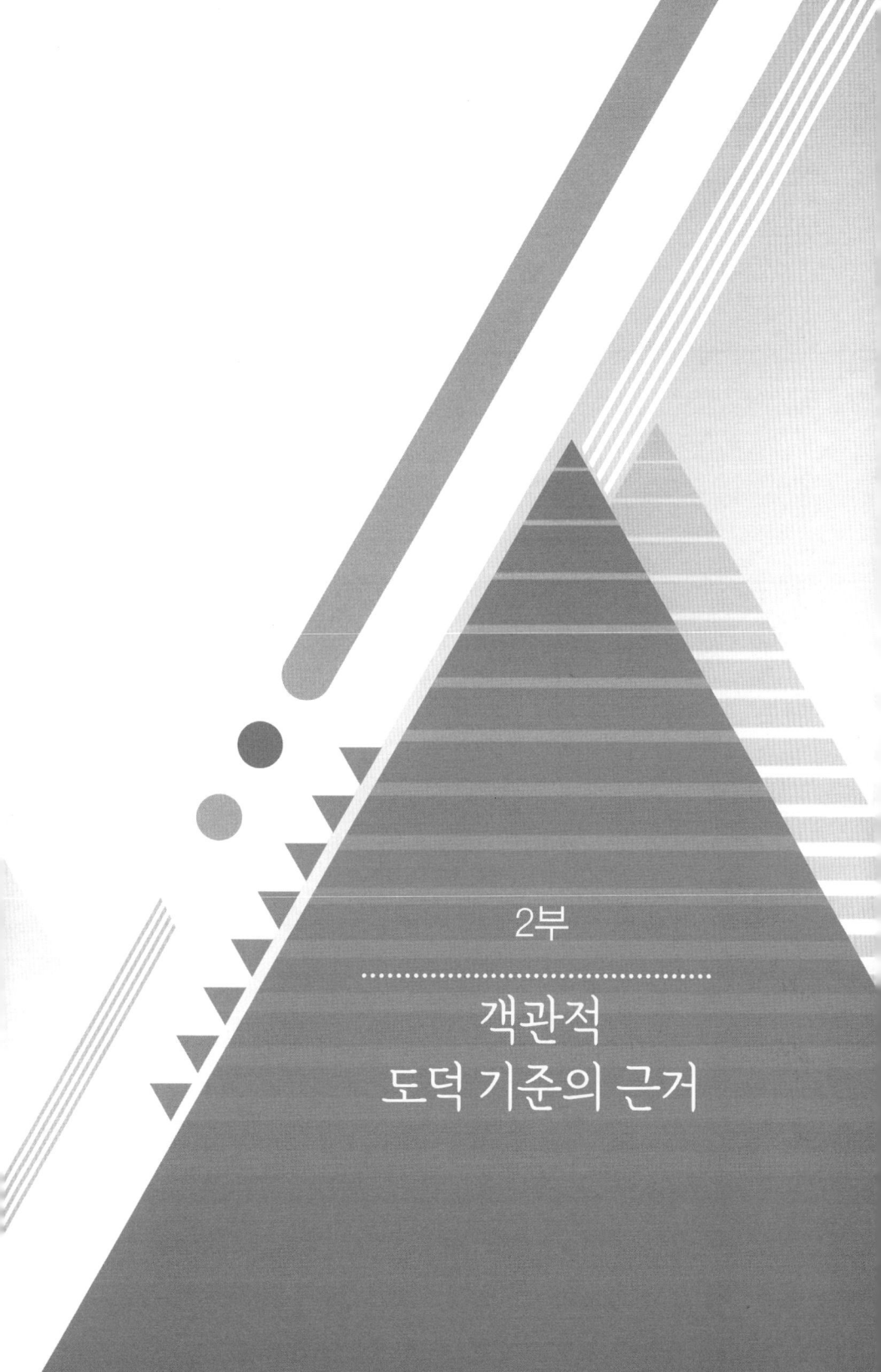

2부

객관적
도덕 기준의 근거

7. 하나님 없는 도덕성:
무신론자의 근거

테드가 저택에 도착하자 여느 때와 다름없이 예의 그 경비원이 안내에 나섰다. 응접실까지 걸어가는 동안 몇 마디 대화를 나누면서, 오늘은 그가 제일 먼저 도착한 손님이라고 경비원이 알려 주었다. "커피 드시면서 편하게 기다리십시오." 이 한 마디를 남기고 그는 곧 자리를 떴다.

방에 혼자 남겨진 테드는 준비되어 있는 커피와 고급 식기들뿐 아니라 주변의 다른 물건과 분위기도 주의를 기울여 살펴보았다. 필요한 모든 것을 갖추어 놓은 잘 꾸며진 공간이었지만, 유독 뭔가 꼭 있어야 할 듯한 사람의 손길은 도무지 느껴지지 않았다. 가족사진이나 몇 가지 수집품처럼 집주인에 대해 알려 줄 만한 물건도 찾아볼 수 없었다. '참 이상도 하군.' 이런 의문이 그에게 잠시 들었지만 사람들이 하나둘 도착하기 시작하면서 그 생각도 금세 잊혀져 버렸다.

자신의 진화론적 신념을 공공연히 표명하는 객원 학자 윌리엄이 테드 다음으로 도착했다. "테드 씨, 안녕하십니까!" 그가 유쾌하게 인사를 건넸다. "지난 밤에 무척 흥미로운 강연을 하셨다고 들었는데요. 그 강연 주제가," 자신의 휴대용 달력을 확인하는 사이 그의 말이 잠시 끊겼다. "아, 객관적 도덕 기준의 존재였다지요?"

"기록을 퍽 잘해 두시는군요." 테드 역시 유쾌하게 말을 받았다.

"오늘 이야기도 그와 비슷한 내용에 초점이 맞추어질 것 같습니다만."

"저 역시 그렇게 생각합니다," 테드가 이렇게 답하고 있을 때 마침 이안이 들어서는 모습이 보였다. "아, 저기 이안 씨가 오시는군요. 안녕하세요, 이안 씨! 여전히 이 점심 식사 모임을 유익한 시간으로 생각하고 계시나 보지요?"

"네, 아무래도 저 같은 인본주의자의 입장에서는 도덕성의 근거에 대한 논의에 특별한 관심을 가질 수밖에 없으니까요. 사실 지난해 저희 협회에서 도덕성의 인본주의적 근거에 대한 연구를 저에게 의뢰한 적도 있었거든요." 이안이 대답했다."

"아니, 그렇다면…, 윌리엄은 말문이 막히는 모양이었다.

"네, 맞습니다. 저도 그 주제에 대해서는 연구한 바가 있다는 거지요." 이안이 웃으며 대답했다.

테드는 고개를 절레절레 흔들었다. 이 저택에서의 모임 첫 날, 그들이 이곳에 모이게 된 이유를 두고 모두들 궁금해하던 일이 다시 떠올랐다. 지금껏 대화의 중심이 되고 있는 바로 그 주제에 대해 이안 역시 연구 경력이 있다는 사실이 단순한 우연의 일치인 것일까? 어떻게 그런 우연이 있을 수 있다는 말인가?

이런 생각에 몰두해 있는 테드에게 이안이 말을 건네 왔다. "오늘이 도덕성의 근거에 대한 무신론자의 견해를 듣게 되는 날인가요?"

그때 마침 그래함과 프랜신도 들어섰다. "네, 그렇습니다!" 이안의 질문을 먼발치에서 들었던 그래함이 큰 소리로 대답을 한 것이었다.

"잘됐군요," 이안이 말을 받았다. "무신론자들이 그 주제에 대해 과연 어떤 생각을 가지고 있을지가 저는 항상 궁금했었거든요."

"허, 참!" 그래함은 그 말이 거슬리는 모양이었다. "흔히 우리 무신론자들이 그런 주제에 아무 관심도 없는 사람들처럼 여겨지곤 한다는 건 물론 잘 압니다. '신이 사라지는 곳에서는 도덕적 기반도 함께 사라진다,' 뭐 그런 식으로들 생각하는 거겠지요."

"당신은 그 생각에 반대하는 거고요?" 테드가 물었다.

"와! 무척 빨리 이해하시는데요." 그래함이 농담과 비아냥을 섞어 말했다.

그때 윌리엄이 갓 내린 뜨거운 커피를 컵과 함께 쟁반에 담아 왔다.

"아, 신선한 커피 향이군요!" 테드가 심호흡을 하며 미소지었다. "어떤 의미에서 보면 이 커피 향은, 우리가 다루고 있는 객관적 도덕 가치와 비슷한 면이 있습니다. 안 그런가요?"

"네? 커피 향이 객관적 도덕 가치와 비슷하다고요?" 프랜신이 의아한 표정으로 물었다. "제가 모르는 뭔가가 있나요, 아니면 교수님께서 상아탑 안에 너무 오래 갇혀 계셔서 그런 건가요. 도대체 그 둘 사이에 무슨 유사성이 있을 수 있다는 겁니까?"

"그럼 이렇게 한번 질문을 드려 보지요. 혹 당신은 신선한 커피의 향을 맡는 순간, 냄새를 유발시킨 '그것'이 근처 어딘가에 있을 거라고 생각하게 되지 않습니까?"

"그렇기는 하지요, 하지만….."

"눈에 보일 수도, 혹은 보이지 않을 수도 있는 무언가겠지요? 그 냄새 자체가 아닌 다른 어떤 개체이기도 하고 말입니다."

"물론이지요. 우리가 좋아하는 향을 유발한 커피가 근처 어딘가에 분명히 있을 테니까요."

"바로 그겁니다. 그렇기에 우리는 '커피 향이 있는 곳에는 커피가 있다'라고 말할 수 있게 되지요."

"그야 당연한 것 아닌가요? '연기 있는 곳에는 불도 있다'라고 말할 때와 마찬가지로요."

"상황에 잘 맞는 예문을 직접 생각해 내셨군요. 아주 좋습니다! 혹시 앞으로 교직에 몸담으실 생각은 없으십니까?"

"아니 뭐…, 제가 처음 만들어 낸 말도 아닌 걸요."

"하지만 그런 예문을 스스로 기억해 내고 또 상황에 맞게 잘 사용한다는 건 요점을 제대로 이해하셨다는 뜻이 되지요."

"그 요점이라는 게 뭔가요?"

"요점은 말입니다," 테드가 대답했다. "어젯밤 강연 후 모였던 자리에서 제가 언급한 내용이랍니다. 기억하시지요? '무(無)에서 유(有)는 발생하지 않는다.'"

"물론 기억합니다. 무(無)로부터는 무(無)만이 도출될 뿐이라는 거지요?"

"네, 방금 그 문장을 통해 인과의 법칙을 요약하신 겁니다. 우리가 삶에서 경험하는 모든 상황에 적용될 수 있는 원칙 말이지요."

"무슨 법칙이라고요?" 프랜신은 다시 의아한 표정이 되었다.

"인과관계의 법칙 말입니다," 테드가 답했다. "무언가의 존재가 감지될 때마다 우리는 자동적으로 그 존재의 근원이 분명 어딘가에 있다고 추측하게 되지 않습니까?"

"사실 그 문제에 대해서는 좀 더 생각해 봐야 할 것 같거든요."

"그렇게 긴 시간이 필요치는 않으실 겁니다. 그 원리를 자신 있게 부정한 사람은 지금까지 별로 없었으니까요. 그것을 부정하고 싶다면, 세상의 어떤 무언가가 전혀 아무런 출처도 없이 무(無)의 상태로부터 갑자기 튀어나와 계속 존재할 수 있다는 가능성을 믿어야 할 테니 말입니다."[1]

그리고서 테드는 이렇게 덧붙였다. "때로 어떤 것들의 근원은 단순하고도 명백하답니다."

"바로 이 커피 향처럼 말이지요?" 프랜신이 커피잔을 들어 보이며 물었다.

"맞습니다. 그리고 어떤 경우에는 근원을 찾아내는 일이 조금 더 어렵기도 하거니와 그 근원 자체가 우리에게 별로 중요하게 생각되지 않기 때문에 굳이 발견해야 할 필요를 못 느끼고 그냥 지나치기도 하지요."

"그 '어떤 경우'라는 것이 뭔가요?"

"중력을 예로 들 수 있을 겁니다. 중력이라는 것의 존재를 모두들 알고는 있지만 그 근원을 알아보기 위해 탐구할 필요까지 느끼는 사람은 거의 없을 테니까요. 하지만 반면에, 발견해 내는 과정이 훨씬 어려움에도 그 근원을 아는 일이 매우 중요한 다른 것들도 있습니다."

"예를 들면요?" 프랜신이 궁금한 마음에 앞으로 다가 앉으며 물었다.

"바로, 객관적 도덕 가치이지요!" 테드가 웃으며 답했다.

하지만 프랜신은 진지한 태도로 그 말을 받았다. "이 모든 상호 연관성에 대해 제가 좀 더 일찍 알았더라면 좋았으리라는 생각을 요즘 자주 하게 됩니다. 객관적 도덕 가치와 이 커피 향 둘 다 분명히 존재하는 데다가, 또한 그 존재 뒤에는 눈에 보이든 보이지 않든 반드시 근원이 있는 것처럼 말이지요."

"정확한 비유입니다. 물론 객관적 도덕 가치의 경우 그 근원을 찾아내기가 훨씬 어렵다는 차이점은 있겠지만 말입니다."

"아마 그래서 많은 사람들이 그것을 찾으려는 노력을 하지 않는 거겠지요," 프랜신이 다시 심각하게 테드의 말을 받았다. "적어도 제가 겪어 본 바로는요."

"그런 사람들도 있겠지만 당신의 경우엔 그 점이 그리 큰 장애가 되지 않은 걸로 보이더군요. 어젯밤 강의 후 당신이 했던 질문이 바로 그 존재의 근원이라는 문제와 관련된 것이었으니까요. 사실상 그냥 간과하기에는 너무나 중요한 사안인데 말입니다." 테드의 대답이었다.

"대체 그 문제를 그렇게 중요하게 만드는 요인이 뭔가요?" 조용하던 윌리엄이 갑자기 테드의 말에 의문을 제기했다. "왜 우리가 반드시 그 객관적 가치라는 것의 근원에 대해 밝혀내야만 한다는 겁니까?"

이 돌연한 질문에 모두들 답변을 주저했지만, 갑자기 한 가지 확실한 대답이 떠올랐던 그래함이 "분명한 이유가 있습니다"라고 말하고는 자신의 생각을 설명하기 시작했다. "사실 최소한 두 가지의 이유가 있습니다. 첫째로, 객관적 도덕 가치는 인간 행동 전반을 지배할 만큼 커다란 영향력을 가지고 있는 실체이기 때문입니다. 우리 자신의 가치관이나 의사 결정 과정, 구체적 행위 등에는 물론이고 타인의 행동에 대해 우리가 갖는 느낌에까지 영향을 미칠 정도로 말이지요. 다른 사람들의 특정 행위에 대해 비난하거나 칭찬하면서 그런 자신의 행동을 우리가 정당하다고 느끼는 것은, 객관적으로 어떤 일들은 옳고 다른 것들은 그르다는 믿음이 있기 때문입니다. 만약 그러한 믿음이 애초부터 없었다면 자신이 내리는 판단에 대해 스스로 그렇게까지 정당하다는 확신을 갖지 못했을 테니까요. 그러니까 제 이야기의 요점은, 우리의 행동에 그렇게 큰 영향을 미치는 무언가라면, 그것을 확실히 이해하기 위해 최선을 다해 노력할 만한 가치가 있다는 겁니다."

"하지만 이유가 두 가지라고 하시지 않았습니까?" 윌리엄이 재촉하듯 물었다.

"네, 맞습니다. 두 번째 이유는 객관적 도덕 가치의 근원 혹은 원인 역시 그 가치 자체 못지않은 영향력을 가지고 있다는 사실에 있습니다. 저는 지금 객관적 도덕 가치의 배후에 존재하는 또 다른 어떤 개체에 대해 말씀드리고 있는데, 그것의 중요성에 관해서는 '우리가 살펴보고 있는 객관적 도덕 가치와 같이 인간 행동에 큰 영향을 미치는 실체를 *유발한* 무언가라면 그것 또한 분명 연구해 볼 만한 가치가 있는 대상이다'라는 말로 설명할 수 있을 겁니다. 그 근원이 과연 무엇으로 밝혀지든 간에 여러분과 저의 삶 전반에 무시할 수 없는 영향력을 발휘하는 것이라는 점만은 분명하니까 말이지요."

모두들 의자에 깊숙이 앉은 채 이 의미심장한 내용을 숙고하고 있었다.

"그래서, 우리가 어떻게 그 근원을 찾아낼 수 있다는 거지요?" 다시 한번 앞으로 다가앉아 관심을 표하면서 프랜신이 물었다.

"그 질문에도 물론 답변이 가능합니다," 테드가 대신 말을 받았다. "오늘 그래함 씨의 무신론적 접근을 시작으로 몇 가지의 알려진 근거 분석 방식들 중에 적당한 것이 있을지 찾아보는 게 어떨까요? 사실 그것이 유일하게 적절한 방법이기도 하지만 말입니다."

"역시 철학자분들은 절차나 방법론 같은 것을 중요시하는군요." 프랜신이 말했다.

"어떤 문제의 기본이 되는 최근간에 다다르기 위해서는 그러한 도구들이 꼭 필요하기 때문에 그렇게 하는 것입니다. 심지어 사업이나 정치 같은 분야라 하더라도 정해진 목적에 도달하는 과정에는 방법과 절차라는 요소가 큰 도움이 되거든요."

"그렇게 말씀하시니 그런 것도 같네요."

"하지만 논의의 요점을 벗어나지는 맙시다. 방법이란 단지 어떤 모색을 통해 우리가 해야 할 일을 적절하게 실행할 수 있도록 돕는 수단에 불과한 거니까요."

"좋습니다. 그렇다면 우리의 질문은 뭐지요?" 프랜신이 다시 물었다.

"자, 정리해 봅시다," 테드가 그 말에 답했다. "우리의 질문은, 객관적 도덕 가치의 존재를 어떻게 설명할 수 있는가? 그것의 본질에 대해 어떤 식의 규명이 가능한가? 애초에 그것이 어떻게 생겨나게 되었는가? 이지요."

"아, 그러니까 커피 향이나 연기처럼 말이군요."

"그렇습니다. 그리고 이 사안에 있어서 그래함 씨, 당신은 무신론자니까 마땅히 객관적 도덕 가치에 대한 무신론적 근거를 가지고 계실 것 같은데요." 테드가 그래함을 보며 말했다.

"네, 맞습니다," 그래함이 자신 있게 대답했다. "사실 제가 봤을 때는 아주 단순한 문제지요."

"그렇다면 우선 그 한 가지 관점은 마음에 드는군요." 프랜신이 말했다.

"아마 몇 가지가 더 있으실 겁니다."

"한번 듣고 판단해 보지요." 그녀가 매몰차게 대답했다.

"그러시지요," 그래함이 소매를 걷어올리면서 말했다. "우선 '도덕적으로 자명(自明)한 이치'라는 의미인, 도덕적 공리(moral truism) 개념에서부터 시작해 보겠습니다." 각 단어의 의미를 정확히 전달하기 위해서인지 그의 설명이 천천히 이어졌다. 자신들의 논의가 처음 생각했던 것보다 상당히 복잡한 학구적 토론이 되어 간다는 사실을 이 순간 모두들 깨닫고 있었다.

"저로서는 처음 듣는 표현이군요." 이안이 말했다.

"아 네, 저는 그저 많은 사람들이 명백한 진리로서 받아들이는 도덕적 전제에 대해 말하고 있는 것뿐입니다. 예를 들면, 약속은 지켜져야 하는 것이다, 진실은 가치 있는 것이다, 인종차별은 부도덕한 것이다와 같은 서술들 말입니다. 우리가 지금까지 객관적 도덕 가치라고 말해 온, 대다수의 사람이 진리로 받아들이는 개념들을 저는 도덕적 공리라고 부르는 것인데요, 이들의 정당성을 입증하기 위해 일관성을 갖는 한 틀 안에 포함시켜 보겠습니다." 손으로 큰 원을 그려 보이며 그래함이 말했다.

"그러니까 그런 서술들이 상호 일치하면서 서로 간에 조화를 이루어야 한다는 뜻인가 보군요." 프랜신이 스스로의 생각을 정리하며 말했다.

"바로 그겁니다!" 그래함이 맞장구를 쳤다.

"이해가 되네요."

"그러시겠지요. 그런데 한편으로 그들은 이 세계와 사회, 그리고 인간 본성 등에 대해 우리가 알고 있는 다른 지식들과도 또한 조화를 이루어야 합니다. 이 모든 요소들이 '광범위 반성적 평형(wide reflective equilibrium)'의 내부에서 배열되어야 하는 거지요."

"광범위 반성적… 뭐라고요?" 프랜신이 당황해하며 물었다.

"평형 말입니다," 그래함이 웃으며 대답했다. "이 개념은 모든 도덕적 공리와 세상에 대한 여러 사상들이 일관된 하나의 체계 안에서 함께 작용할 수 있어야 한다는 의미입니다. 그리고 또 한 가지 중요한 점은, 그런 일관성 자체가 도덕적 공리의 정당성을 입증할 수 있다는 사실인데요, 만약 그 체계가 아무런 문제없이 — 그것 안의 어느 한 부분도 다른 부분과 갈등을 일으키지 않는 상태로 — 기능한다면 그 체계는 확실한 정당성을 가지고 있다고 볼 수 있게 됩니다. 일관성 자체가 그것을 입증하니까요. 그렇게 되면 그 일관성을 가능하게 만든 도덕적 공리의 정당성도 입증되며 다른 정당화 방법은 필요 없어지는 것입니다.[2]

이제 이해가 되시지요?" 그의 태도에는 자신감이 역력했다. "바로 그렇기 때문에, 객관적 도덕성의 근거를 찾아내기 위해 굳이 신의 존재가 필요한 건 아니라는 사실을 쉽게 알 수 있는 겁니다."

이제 그는 여유 있게 뒤로 기대앉아 커피를 들이키고 있었다.

"그게 다란 겁니까?" 테드가 두 팔을 벌려 보이며 물었.

"뭔가가 더 있어야 한다는 말씀처럼 들리는군요."

"그래야 할 것 같은데요. 하지만 어쨌든 지금 하신 설명에 대해 어떻게들 생각하시는지 의견을 나누어 가는 과정에서 차차 알아갈 수 있겠지요."

"제 생각에는 꽤 독창적인 개념인 것 같네요." 프랜신이 먼저 자신의 의견을 제시했다.

"사실상 윤리학 이론을 공부하는 사람들에게는 널리 알려진 논리랍니다." 그래함이 그 말에 답했다.

"사실입니다," 테드도 덧붙였다. "그런 측면에서 그래함 씨는 여러 존경받는 사상가들과 같은 생각을 가지고 있는 거지요."

"듣기 좋은 말씀이군요." 그래함이 비꼬는 투로 말했다.

"물론 그 사실이 당신의 접근 방식을 신뢰해도 될 근거를 준다는 얘기는 아니지만요." 테드도 이렇게 말을 받았다.

"아 뭐, 그 사실이 굳이 나쁠 것까진 없지 않습니까."

"맞습니다. 뭐 특별히 좋고 나쁠 것은 없지요. 하지만 어떤 사람이 어떤 개념을 믿거나 믿지 않는다는 사실이 그 개념을 옳게, 혹은 그르게 만드는 것 역시 아니랍니다. 개념은 그 자체의 가치로서 입증되어야 하는 거니까요. 그런 의미에서 다시 본질적 질문인, 그래함 씨의 무신론적 근거에 의한 이론이 과연 옳은 것인가라는 문제에 대해 생각해 봅시다. 그것이 옳은 근거가 되기 위해 필요한 조건, 즉 객관적 도덕 가치의 존재 사실이 적절히 입증될 수 있어야 한다는 요건도 염두에 두시면서 말입니다."

"저는 무척 마음에 드는데요!" 이안이 활기를 띠며 말했다. "복잡하지 않고 간결하게 느껴지는 개념이니 말입니다. 게다가 개념들 사이의 일관성이 이미 이 이론의 정당성을 입증하는 증거라고 하지 않았나요?"

"아니, 잠깐만요!" 테드가 말을 막았다. "정말 그렇게 생각하십니까?"

"도대체 뭐가 문제라는 겁니까?" 이안이 못마땅한 듯 말했다. "분명 일관성이란 것은 유익하고도 필수적인 특성입니다. 개념들끼리의 결합인 모든 개념 집단은 그 진실성을 증명하기 위해 당연히 내적 일관성을 필요로 할테니까요. 따라서 상호 모순은 부정확성을 의미하는 증거라고 확신할 수 있습니다. 어떤 개념 집단이 내적 갈등을 노출한다면, 즉 집단 안의 한 개념이 다른 개념과 상충한다면, 그땐 집단 내부의 개념 전체가 부인되어야 마땅한 것 아니겠습니까?"

"이제야 맞는 말씀을 하셨군요," 테드가 답했다. "상호 모순 혹은 불일치는 부정확성을 의미합니다. 그렇지만 지금 그 말씀은 처음에 하신 이야기와는 다른 내용이군요. 조금 전에는 일관성이 정확성을 의미한다고 하시지 않았나요?"

이안이 고개를 끄덕였다.

"사실 그들 둘은 상당히 다른 관점입니다. 그들 간의 차이점을 지적해야 할 것 같군요. 물론 진실된 개념의 집합이라면 당연히 일관성이 있어야 합니다. 하지만 역으로, 어떤 개념 집단에 일관성이 있다고 해서 그 집단이 반드시 진실이라는 보장은 없습니다. 오히려 이렇게 말해야겠지요, '진실들로 구성된 개념 집단은 일관성을 가지고 있어야 하지만, 일관성을 가지고 있는 모든 개념 집단이 진실의 집합인 것은 아니다'라고요."

모두들 그 차이의 확연함을 깨달아서인지 열심히 귀기울여 듣고 있었다.

"이런 경우를 생각해 보십시오," 테드가 설명을 계속했다. "전체적으로는 일관성을 가지고 있지만 각각은 분명히 그릇된 개념들로 구성된 어떤 개념 집단도 — 개념의 집단을 '관점'이라고 불러도 좋겠지요 — 존재할 수 있지 않겠습니까? 이 개념들이 서로 간에 통일성을 유지한다는 점에서 그들 모두가 그릇된 개념이라고 볼 수 있을 텐데요. 따라서 이러한 개념 집단은 명확한 일관성을 가지고 있지만 진실의 집합체는 결코 아닌 것입니다."

이 말에 그래함이 한발 물러서며 답했다. "알겠습니다. 그러니까 진실을 배제하고도 일관성은 가질 수 있다는 말씀이지요? 하지만 제가 상정한 일관성을 가진 개념 집단, 즉 도덕적 공리라는 특정 집단의 그릇됨에 대해서는 아직 증명하시지 않았는데요."

"물론 아직 하지 않았습니다," 테드가 인정했다. "그래함씨가 구성한 개념 집단은 옳은 것일 수도 있다고 생각들 하실 겁니다. 진실한 도덕 개념들의 집단이라면 일관성이 있어야 마땅한 것이 사실이니까요. 그리고 아까 모두들 동의했듯 상호 모순이 드러난다면 그 개념 체제의 그릇됨을 증명하게 되고 말입니다."

"글쎄 그러니까 어떻다는 말씀이시죠?"

"제가 지금까지 설명한 것은, 당신의 주장이 진실이란 걸 증명하기 위해서는 일관성 외의 다른 조건이 필요하다는 사실입니다. 당신이 제시한 일관성만으로는 그러한 기능을 할 수가 없거든요. 다시 말해 일관성은 당신의 개념이 옳다는 걸 다른 사람에게 설득할 수 있는 적절한 이유가 되지 못한다는 겁니다. 아까 하신 주장은 그것이었지만 말이지요."

"음," 그래함이 잠시 생각하다가 대답했다. "그러니까 저의 개념이 진실일 수도 있지만 일관성 하나만으로는 그 진실성을 입증할 수가 없다는 뜻이군요."

"바로 그겁니다. 그렇기 때문에 그 또 다른 조건이 없이는 도덕적 공리, 즉 객관적 도덕 가치의 정당성에 대해 적절한 근거를 제공해 줄 수 없다는 거지요."

모두들 한동안 말이 없었다.

이런 긴장된 분위기를 완화시키려는 듯 갑자기 이안이, "혹시 시장하신 분 안 계신가요?"라고 모두를 향해 물어 보았다.

"네, 정말 보기만 해도 식욕이 당기는데요!" 프랜신이 테이블 쪽을 쳐다보며 말했다. "저 뷔페 음식들이 지금 저를 부르고 있는 것만 같거든요."

"허 참, 하필 이 순간에 말인가요?" 그래함은 당황스러운지 말까지 더듬었다.

테이블로 가서 각자의 접시에 음식을 채우는 동안, 누군지도 모를 주최인이 자신들의 미각을 충족시키려 지금까지 상당한 노력을 기울여 왔다는 사실에 모두들 감사를 표했다. 다들 자리에 앉아 한동안 식사에 열중했지만, 결국 얼마 지나지 않아 여느 때처럼 다시 토론이 시작되었다.

"객관적 도덕성에 대한 저의 입증 방식을 상당히 무력화시키신 것 같군요." 그래함이 먼저 테드에게 항변했다.

"저는 단지 문제점들 중의 한 가지만 지적했을 뿐인데요." 그의 말에 테드가 이렇게 답했다.

"아니 그럼 뭔가가 더 있다는 말씀인가요?"

"사실 두 번째 문제가 첫 번 것보다 더 심각하다고 말할 수 있습니다. 아까 당신은 객관적 도덕 기준을 정당화하는 방법으로서 일관성을 사용하시지 않았습니까?"

"그렇습니다만⋯."

"이제 우리가 아는 바와 같이 일관성은 개념 집단의 진실성에 대한 증거가 될 수 없는 만큼, 그에 부수되는 잠재적 문제점들이 항상 도사리고 있거든요."

"어떤 문제점을 말씀하시나요?"

"도덕적 관점 간의 충돌이지요."

"그게 무슨 말씀이시지요?" 이 새로운 개념의 등장이 그래함에게는 과히 달갑지 않아 보였다.

"스스로 한번 질문해 보십시오. 그 자체에 일관성이 있는 두세 개의 도덕 체계나 관점들이 서로 간에 충돌을 일으키고 있는 상황이 가능하지 않겠는가를 말입니다. 개체적 단위로서는 그 내부에 일관성을 가지고 기능하지만 역시 일관성을 소유한 다른 개체와는 서로 충돌하는 경우를 말하는데요, 한 개체적 관점에서 칭찬하는 행동을 다른 개체에서는 비난하는 식이 될 겁니다. 분명히 있을 수 있는 상황이지요."

그래함은 점점 더 고민스러웠다. 적어도 그런 것이 존재할 수 있다는 점만은 인정해야 하리라는 생각에 이런 질문이 나왔다. "예를 하나 들어 주시겠습니까?"

테드는 깍지 낀 손을 탁자 위에 올려놓고 앞으로 기울여 앉으며 "아돌프 히틀러 통치하에서 유대인들에게 가해진 나치의 잔학한 행태에 대해 생각해 보십시오"라고 심각한 어투로 답했다. "그 잔혹함은 믿기 어려울 정도였지요. 그런데 그런 끔찍한 행위를 어떻게 수많은 사람들이 함께 범할 수 있었을지 생각해 보신 일이 있습니까?"

"좋은 질문이군요," 그 말에 그래함이 이렇게 답했다. "저에게는 항상 그 점이 의문이었거든요."

테드가 이야기를 이어 갔다. "그들의 그러한 행위는 완전히 잘못된 개념들을 진실이라고 스스로에게 납득시키는 방법을 통해 가능할 수 있었습니다. 그러니까, 유대인들은 다른 인종에 비해 열등한 종족이라는 식의 생각 말입니다. 이런 개념 형성을 통해 그들에게 유대인들은 인간 이하의 존재로 간주되게 되었던 것이고, 한번 그런 생각을 믿게 되자 전혀 새로운 도덕 체계 혹은 관점이 더불어 생겨났습니다. 달리 말해 그 관점 내부에 일관성이 조성되었다는 뜻이지요. 유대인들은 인간으로서의 존엄성이나 가치, 중요성에 있어서 다른 사람들의 하위에 있기 때문에 인간이 본래 어떻게 다루어져야 하는가의 원칙은 그들에게 더 이상 적용될 필요가 없다는 생각이 일반화되었습니다. 이로써 결국 유대인을 대량으로 학살하거나 다른 사람들의 유익을 위해 고문 실험 등에 이용하는 일도 완벽하게 정당화될 수 있었던 것입니다."

"하지만 그건 불합리한 일입니다! 정말 말도 안돼요! 그건…." 그래함이 들고 있던 컵을 탁자에 내리쳤다.

"문제는 저나 당신이 그러한 도덕적 관점에 동의를 하는지의 여부가 아닙니다. 독일인들 모두가 그에 동의했었는지 역시도 중요한 게 아니고요. 실제로 당시의 많은 독일인들은 그러한 만행에 반대하는 입장이었습니다. 하지만 그건 여기에서 중요한 문제가 아닙니다."

"그럼 뭐가 중요하단 말입니까?" 그래함은 점점 인내심을 잃는 듯 했다.

테드가 대답했다. "물론 당신이 제안한 논리으니 정확히 아셔야겠지요. 지금 우리에게 문제가 되는 것은 이 도덕 체계가 일관성을 가지고 있는가라는 한 가지뿐입니다. 기억하십시오, 만약 도덕 체계에 일관성이 있기만 하다면 그것은 객관적으로 진실된 도덕 체계가 된다고 본인이 하셨던 말씀을 말입니다."

"하지만 저는 이 도덕 체계에 일관성이 없다고 주장합니다. 제 말씀은, 한 인간 집단만을 따로 떼어서 열등한 부류라고 낙인찍는 것은 분명히 일관성 없는 자의적(恣意的) 행동이라는 겁니다. 그 자체가 상호 모순 아니겠습니까? 그들도 우리와 같은 인간이므로 인간에게 적용되는 모든 도덕 규칙이 그들에게도 똑같이 적용되어야 마땅할 테니까요." 그래함이 항의했다.

"물론 그런 식의 논쟁을 시도하고 싶으시겠지만 논리적으로는 사실 의미가 없는 일입니다," 테드가 대답했다. "모든 인간에게 공통된 기본적 특질이 있는 것은 사실입니다. 우리 모두는 합리적, 도덕적, 감각적, 생식적, 영양학적, 그 외의 여러 가지 능력을 가지고 있으니까요. 하지만 모든 사람이 다 똑같지는 않다는 것도 사실이지요. 지적 능력이나 피부색, 성별, 운동 능력, 그리고 그 외의 다른 영역들에서 말입니다."

"하지만 그런 특질들은 중요한 게 아닙니다!" 그래함이 여전히 흥분한 채 소리치다시피 말했다.

"그러나 실제로 정중한 처우를 누릴 자격이 정확하게 어떤 특질이나 특성 등에 주어져야 하는가의 문제는 현재까지도 꾸준히 제기되어 오고 있는 질문입니다. 철학자인 피터 싱어(Peter Singer)를 비롯해 몇몇 학자들은 이 '권리 부여 특질(rights-giving feature)'을 '고통과 쾌락을 느끼는 능력'으로 보고 있습니다. 이 이론, 즉 싱어의 주장에 따른다면 당연히 동물도 인간과 똑같은 대우를 받을 동등한 권리가 있다는 이야기가 됩니다. 동물이 여러 가지 면에서 인간과 다르기는 하지만, 동시에 인간처럼 고통과 쾌락을 느낄 수 있고 또 실제로 느끼고 있다는 점에서, 싱어가 주장하듯 의미 있는 유사성을 가지고 있다는 것도 틀린 이야기는 아니니까요."[3]

사실 동물 실험 연구는 그래함이 오랜 기간 특별히 혐오해 온 분야였기에 싱어의 논의도 관심 있게 읽은 적이 있었다. "네, 저도 싱어에 대해서는 연구한 적이 있습니다," 그가 말했다. "그리고 그의 의견에 동의하기도 하고요."

"하지만 모든 사람들이 그렇지는 않거든요," 테드가 그 말을 받았다. "싱어와 견해가 다른 학자들의 경우에는 그런 중요한 권리를 부여할 수 있는 특성이 오직 이성적 능력에만 국한된다고 주장하니까요. 이런 입장의 사람들은 동물이 아닌 인간만을 그 논의에 포함시키고 있습니다.[4]

게다가 또 다른 관점에서 이 권리 부여 특질을 '목적론적 생명 중심체(teleological center of life)'로서의 특성에 주어질 수 있는 것으로 이해하는 사람들도 있습니다."

"뭐라고요?" 프랜신이 전혀 갈피를 잡지 못한 채 물었다.

"이 개념은 '나름의 방법으로 자신의 목적을 추구하는 능력을 가진 존재'를 일컫는 말로, 여기에는 인간과 동물, 심지어 식물까지 모든 생명체가 포함됩니다. 이것 역시 몇몇 철학자들이 지지하고 있는 관점인데, 인간과 동물은 그 본질에 있어 결코 식물보다 우월하지 않다는 주장을 할 때 이 이론이 사용되기도 합니다. 식물도 나름의 방법으로 자신들의 목적을 추구할 수 있다는 이유에서 말입니다."[5]

"그래도 그건 좀 지나치게 극단적인 입장 아닐까요?" 프랜신이 어이없어 하며 말했다.

"그럴 수도 있겠지만 지금 우리의 요점은 그것이 아니지요. 이 모든 견해들이 각각의 내적 일관성은 있지만 서로 간에는 상충하고 있다는 문제에 대해 논하는 중이니까요. 만약 히틀러가 한발 더 나아가 유대인을 제외한 다른 민족들의 일정 특질을 우월한 것으로 내세우며 그들을 탄압하는 정책을 썼더라도 그것 역시 똑같이 일관성은 있었을 겁니다. 혹은 다른 민족에게는 없는 유대인만의 어떤 특질을 찾아내어 그들을 탄압할 정당한 명분으로 이용할 수도 있었을 것이고 말입니다. 그 특질이라는 것이 단지 남다른 역사와 문화에 의해 생긴 그들만의 어떤 특성이라 해도 말이지요."

"그렇다면 저는 그가 잘못된 특질을 선택했다고 반박하겠는데요." 그래함이 더욱 분개해서 말했다.

"그럴 수 없을 겁니다. 일관성이 우리의 기준인 한은 말입니다. 우리가 그것을 잘못 선택된 특질이라고 말할 수는 있겠지요. 근거 없고 임의적인 선택이라고 생각할 수도 있고요. 하지만 적어도 일관성은 있지요. 즉, 자기 모순이 아니라는 말인데, 실상은 그것이 당신의 이론이 요구하는 전부 아닙니까?"

그래함은 실망스러운 표정이 역력했다.

"여기에서 결정적인 질문이 제기됩니다. 우리가 일관성을 객관적 도덕 가치의 정당화를 위한 기준으로 채택했을 경우, 히틀러와 같이 자신의 도덕 체계를 마음대로 실행할 수 있는 힘을 가진 사람에게 어떻게 반박할 수 있겠습니까? 그것이 일관되기만 하다면 당신의 검증 절차를 당연히 통과할 수 있을 테고, 우리의 일반적 도덕 체계와 상충한다는 문제에도 불구하고 정당한 것으로서 인정해야 할 텐데 말이지요."

한동안 모두들 잠잠하다가 잠시 후 그래함이 다시 입을 열었다. "그런 경우 우리는 히틀러까지도 비난할 수 없다는 거군요. 정말 내키지 않는 일이지만요."

"맞습니다," 테드도 얼굴을 찡그린 채 말했다. "게다가 일관성이 유일한 기준이라면 우리는 일관성을 가지고 있는 두 개 이상의 도덕적 견해가 서로 상충할 때 그 사이에서 판단을 내릴 수 있는 방법을 찾을 수도 없게 됩니다. 실제로 그런 일이 종종 벌어지기도 하고 말입니다."

"그 말씀은 인정해야겠군요." 그래함이 조용히 대꾸했다.

"이를테면, 어떤 사람이 와서 당신의 도덕적 견해와 상충되는 자신의 견해를 제시했는데 그 두 개가 똑같이 일관성이 있을 경우, 어떤 견해가 보다 우월한지의 결정을 내려 줄 수단이 없어진다는 겁니다. 설령 그 견해가 형편없는 것일지라도 상황은 마찬가지겠지요. 하지만 실제로 두 개의 개념이나 견해가 서로 충돌하는 경우라면 그 중의 하나는 — 두 개가 동시에 다 맞을 수는 없는 일이므로 — 반드시 틀린 걸로 판별되어야 합니다. 논리의 가장 기본이 되는 원칙, 즉 '비모순율(the law of noncontradiction)'에 위배되지 않으려면 말이지요. 그때에도 일관성이라는 기준을 통해서는 그들 간에 판단을 내려 줄 방법이 제시될 수 없습니다."

"그래도 우리는 더 낫거나 그보다 못한 도덕 견해를 실제로는 구분합니다," 그래함이 강조를 위해 두 팔까지 벌려 가며 말했다. "히틀러의 도덕성은 테레사 수녀의 것보다 열등하지요. 보세요, 방금 제가 구분하지 않았습니까."

"네, 우리가 그렇게 하기는 하지요. 하지만 그런 경우에는 그 구분을 위해 더 이상 당신의 일관성 기준을 사용하는 것이 아닙니다. 일관성 기준으로만 본다면 테레사 수녀와 히틀러의 견해 모두, 일관성이 있는 한은 똑같이 옳은 것이니까요. 아마도 자신의 마음속에 잠재되어 있던 어떤 다른 기준을 근거로 그런 구분을 하신 거겠지요."

그래함이 다시 생각에 잠기면서 무거운 침묵이 모두를 감쌌다. 지금 나누고 있는 그들의 대화가 상당히 난해한 개념들을 다루는 내용이기 때문이었다. 비록 인정하기는 싫었지만 그래함은 이제 객관적인 도덕 진리를 정당화하는 자신의 방법에 점차 자신감을 잃어 가고 있었다.

입맛을 돋우는 패스트리 접시가 커피와 함께 차려져 나왔지만 토론은 여전히 끝날 줄 몰랐다.

테드가 다시 덧붙였다. "이 논리에 대한 검토를 마치기 전에 저는 그것의 문제점 하나를 더 지적해야 할 것 같습니다."

"아직도 뭔가가 더 있단 말입니까?" 그래함이 기막히다는 표정으로 테드를 바라보았다.

"그런 것 같군요. 그런데 이 부분은 사실 가장 기초적이고 또한 아주 간단한 문제이기도 합니다. 아까 당신은 객관적 도덕 가치의 존재를 입증하기 위해 널리 받아들여지고 있는 도덕적 공리라는 개념으로 논의를 시작하면서, 그것을 하나의 일관성 있는 틀 안에 포함시켜 보겠다고 이야기하셨지요?"

"그렇습니다."

"그렇다면 당신은 그 작업을 통해서 얻게 될 결과를 미리 생각해 보셨어야 합니다. 지금 우리가 기대하는 것은 객관적 도덕 기준의 존재 근거를 설명해 줄 적절한 논리법이라는 사실을 기억하십시오. 그것이 우리가 이러한 탐구 과정을 시작하게 된 이유였으니까요. 하지만 당신이 하신 일은 단지 도덕적 공리, 즉 객관적 도덕 가치 *자체*에 대한 설명을 찾으려는 노력이었을 뿐입니다. 우리가 현재 다루어야 할 사안은 그 공리의 존재와 *관련된* 문제들인데 말입니다. 왜 도덕적 공리와 같은 실체가 존재하는가, 다시 말해 다른 사람들의 생각이나 느낌과 관계없이 우리 대부분이 본능적으로 진실이라 믿고 있는 기본적 도덕 개념이 어째서 존재 하는가라는 문제 말입니다. 도덕적 공리를 기정사실화하고 나서 논의를 전개하는 일은, 우리가 처음에 제기했던 '그 공리들이 애초에 어떻게 해서 존재하게 되었는가'라는 본질적 질문의 회피에 불과하게 되니까요."

그래함은 신중하게 생각했다. "지금 얘기는 일관성이라는 기준으로는 그와 같은 정당화 작업이 불가능하다는 말씀입니까"

"그렇습니다. 도덕적 공리를 이미 검증된 진리처럼 당신 논의의 출발선상에 놓은 것은 그들의 존재 근원을 설명해야 하는 원래 임무에 역행하는 일입니다. 그렇게 함으로써 가장 결정적인 질문, 즉 어떻게 해서 그들이 처음에 존재하게 되었는가의 문제는 생략되어 버렸으니까요."

"그렇다면 알겠군요!" 결국 불쾌해진 그래함이 언성을 높였다. "당신들과 이런 이야기를 하지 말았어야 했는데. 어차피 처음부터 이기지 못할 싸움이었는데 말이지요."

"아니, 잠깐만요!" 테드도 목소리를 높였다. "지금까지 우리 모두가 진실을 알아내기 위해 함께 노력해 왔다고 생각했는데요. 누가 이기고 지는 싸움을 하는 것이 아니고 말입니다. 만약 우리가 진리에 조금이라도 더 가까워진다면, 저는 그것을 다함께 승리의 길로 가고 있다는 의미로 받아들이겠습니다."

"그렇지만 자신의 생각을 갑자기 바꾸는 것은 결코 간단한 문제가 아닙니다. 더구나 지금까지 믿어 왔던 것들을 모두 폐기 처분하면서까지 말입니다."

"네, 압니다. 하지만 그것이 배움의 과정 중 하나인걸요. 이런 토론의 과정에서 피할 수 없는 일인데다가, 우리 모두가 언젠가는 겪고 넘어가야 할 절차이기도 하니까요. 사실상 자신의 생각을 변화시키려 하지 않는 사람은 스스로 배움의 기회에 상당한 제약을 가하는 셈이 되지요."

그래함은 그리 유쾌해 보이지 않는 얼굴로 말 없이 한참을 앉아 있더니 겨우 들릴 만한 작은 소리로 혼자 중얼거렸다. "결국 일관성 모델은 객관적 도덕 진리의 근원을 적절히 증명할 수 없는 거였군."

테드가 긍정의 표시로 고개를 끄덕였다. 그래함은 아직도 기분이 풀리지 않는 모양이었다.

"그럼 대체 무엇이 객관적 도덕 진리의 존재 원인을 증명하는 거지요?" 다시 의자를 앞으로 당기면서 프랜신이 모두의 주의를 환기시켰다.

"아, 다시 우리의 주요 질문이군요." 테드가 말을 받았다.

"이제 제가 답변하고 싶은 내용이기도 하고요." 갑자기 이안이 끼어들었다.

"네? 하지만 당신은 비종교적 인본주의자가 아닙니까!" 윌리엄이 놀란 듯 말했다.

"맞아요. 그렇습니다만, 그게 무슨 문제라도 됩니까?"

"그런데도 객관적 도덕 기준에 대한 근거를 제시하시겠다는 건가요?"

"그래요, 아마도 당신은 인본주의자가 훌륭한 도덕적 시민이 될 수 없다고 생각하시는가 보군요!"

"그건 아닙니다만, 비종교적 인본주의의 입장에서 보는 도덕성의 근거라니…. 어쨌든 재미는 있겠군요. 하지만," 윌리엄이 자신의 손목시계를 들여다보았다. "다음 번 모임까지 기다려야겠습니다. 객관적 도덕 기준이라는 주제를 논의할 때 시간이 어찌나 빨리 지나가는지 말이지요."

모두들 제공된 차편을 이용하여 각자의 목저지를 떠났다. 격렬한 토론에 이어지는 짧은 휴식을 즐길 새도 없이, 이안의 인본주의적 근거라는 것이 과연 어떤 식의 논리일까 하는 새로운 궁금중에 그들 모두 사로잡혀 있었다.

8. 인간이 도덕성의 근본이 될 수 있는가:
인본주의자의 근거 1

 이제 점심 식사 모임을 자기 삶의 한 중요한 부분으로 생각하고 달력에 크게 표시까지 해 두었던 테드에게 그 다음 주의 모임 역시 시작은 여느 때와 별 다를 바 없었다. 하지만 차에서 내리는 동안 그는 이 모임의 모호한 이유와 익명의 주최인에 대해 오늘만은 무엇이든 알아내겠다고 다짐했다. 그날따라 경비원에게 "우리가 이곳에 모이게 된 이유와 이 모임을 주최하신 분에 대해 좀 말씀해 주시겠습니까?"라고 질문할 용기를 낼 수 있었던 것도 바로 그 때문이었다.

현관을 가로질러 가는 동안 테드의 질문에 대해 대답을 미루고 있던 경비원은 "곧 아시게 될 겁니다. 하지만 지금의 모임에 분명한 이유가 있다는 점만은 확실히 말씀드릴 수 있습니다. 계속 참석해 주신다면 모든 사실이 조만간 밝혀질 겁니다. 그럼 오늘 모임도 즐기시기 바라겠습니다"라고만 말하고는 이내 자리를 떠 버렸다.

방으로 들어가 동료들과 반갑게 인사를 주고 받으면서, 당분간은 자신의 궁금증을 그대로 묻어 둘 수 밖에 없겠다고 테드는 결론지었다. 곧 그들의 이야기는 지난주의 토론 내용으로 이어졌다.

"제가 생각을 해 보았는데요," 이안이 그래함을 바라보며 말했다. "자신의 생각을 바꾸는 일에 대해 당신이 지난번에 하셨던 말씀 말입니다. 저는 그것을 왜 그렇게까지 어려운 일이라고 하시는지 잘 모르겠던데요."

"당신의 입장에서야 그렇게 말할 수 있겠지요." 그 말에 화가 난 듯 그래함이 답했다. "당신 자신의 견해가 반박되는 것이 아니었잖습니까?"

"옳은 말이군요." 테드도 동의했다.

그 말에 이안은 "물론 맞는 말씀입니다만, 사실 저는 그 개념이 처음 언급될 당시부터 당신의 일관성 논리가 그다지 설득력이 있다고는 생각하지 않았습니다. 제가 보기에는 객관적 도덕 기준의 근거를 설명할 수 있는 더 나은 방법이 있는 것 같아서 말이지요"라고 답했다.

"네, 지난주에 이미 들었지요. 그렇다면 비종교적 인본주의자의 입장에서는 객관적 도덕 기준의 근원에 대해 어떤 말씀을 하실 예정인가요?" 그래함이 불쾌해하는 말투로 이렇게 물었다.

"대체 *비종교적* 인본주의자라는 말이 무슨 뜻입니까?" 프랜신이 끼어들며 질문을 가로챘다. "모든 인본주의자를 비종교적이라고 해야 하는 것 아닌가요?"

"사실은 그렇지 않습니다." 테드가 답했.

"성격이 다른 인본주의 집단이 하나 더 있거든요. 바로 기독교 인본주의자들이지요."

"네? 제게는 그 말이 모순처럼 들리는데요."

"크리스천이면서 동시에 인본주의자가 될 수 없다고 생각하신다면야 그렇게 느끼시겠지요. 하지만 그 집단의 사람들은 그것이 가능하다고 생각한답니다."

"당신은 크리스천이신데," 프랜신이 호기심을 보이며 질문했다. "스스로를 인본주의자라고 말씀하시는 건 아니겠죠?"

"사실은 그렇답니다. 하지만 기독교 인본주의는 대부분의 사람들이 '인본주의'라는 단어를 들었을 때 떠올리는 개념과는 상당히 다른 입장을 택하고 있습니다. 사실 그런 선입견 때문에 어떤 크리스천들은 스스로에게 인본주의자라는 호칭을 붙이는 일조차 꺼리는 것입니다만."

"당신은 아니란 말씀이시지요?"

"네, 아닙니다. 모든 인본주의자들이 가장 중요하게 여기는 인간의 가치와 존엄성에 대해 가장 정확하고 확실한 기반을 제시하는 것이 기독교 인본주의라고 저는 확신하고 있으니까요. 기독교 인본주의에서는 하나님의 모든 피조물 중 가장 고등하고 가치 있는 존재는 바로 인간이라고 가르칩니다. 우리 인간은 하나님의 형상으로 창조되었기 때문에 다른 피조물이 갖지 못한 능력들을 소유하고 있는데, 창조하고, 사랑하고, 의견을 주장하고, 과거와 미래에 대해 성찰하는 등의 일을 말하는 것입니다. 이 사실이 인간에게 동물은 갖고 있지 않은 본질적 존엄성을 부여해 주지요.

더구나 기독교 인본주의자들이 믿는 바에 따르면, 인간은 하나님 아래에 자리하는 자신들의 지위를 늘 인식해야 하는 동시에, 각자에게 주어진 잠재력 또한 끊임없이 개발해야 하는 존재입니다. 그래서 기독교 인본주의자들은 나름의 성명서도 작성하여 공유하고 있습니다."[1]

이안이 즉각 반박했다. "테드 씨의 견해가 무엇이든 간에 저는 제 자신을 비종교적 인본주의자로 부름으로써, 다른 어떤 종교적 견해와도 입장을 분명히 구분하고 있습니다. 신이나 종교 등은 저의 삶이나 제가 가진 견해와는 도무지 양립할 수가 없는 요소들입니다. 저는 인간만이 모든 것의 척도이며 우리 인간보다 더 위대하고 중요한 것은 아무 것도 없다고 믿으니까요."

"그렇다면 다시 저의 질문으로 돌아가서," 그래함이 말했다. "비종교적 인본주의자께서는 객관적 도덕 가치에 대해 어떤 말씀을 하시겠습니까?"

"제가 기대했던 질문이군요," 이안이 반갑다는 듯 답했다. "사실 이 주제는 항상 저에게 흥미로운 대상이었습니다. 비종교적 인본주의자가 도덕 원칙의 근거에 대해 관심을 가지고 있다는 사실이 많은 사람들에게 놀라운 일이라는 것은 잘 알고 있지만 말입니다."

"그럼에도 당신은 나름대로의 근거를 가지고 계시다는 말씀인가요?"

"네, 게다가 더할 나위 없이 확실한 근거지요." 이안이 자신있게 대답했다.

"그 점은 이제부터 확인해 봐야겠군요," 테드가 말을 받았다. "물론 당신이 제안하는 도덕성의 근거에 대해 철저히 검토함으로써 말입니다."

이안은 의자 뒤편으로 기대앉더니 자신의 습관적 손동작에 대비해서인지 커피잔을 한쪽으로 밀쳐 놓았다. "만약 지난번 그래함 씨의 설명법을 일관성 모델이라 일컫는다면 저의 설명은 인간 본성 모델이라 부를 수 있을 겁니다."

그래함이 호기심에 가득 차서 물었다. "무슨 모델이라고요?"

"인간 본성 말입니다. 저는 객관적 도덕 가치란, 분명히 존재하는 것인 동시에 인간의 본성 자체에 뿌리박고 있는 것이라고 생각합니다. 그것은 우리의 모든 행동에서 옳고 그름의 판단을 도와 주는 안내자의 역할을 하고 있으니까요."

"바로 그 사실을 당신이 설명할 수 있기 바랍니다!" 그래함이 압박을 가했다.

"물론 그럴 겁니다. 객관적 도덕 가치가 인간의 본성에 뿌리박고 있다는 전제하에서는, 어떤 행동이 인간 본성에 위배된다면 그것은 자연스레 잘못된 행위로 판단됩니다. 그리고 그에 위배되지 않는 행동은 도덕적으로 좋거나, 그렇지 않더라도 최소한 중립적인 것이 되지요. 이것이 바로 각기 다른 시대와 장소에서도 기본적인 도덕 개념이 공통되게 나타나는 이유입니다. 시대와 장소가 달라지더라도 인간 본성만은 본질상 변하지 않은 채 일정하게 유지되는 요소이니 말입니다. 오늘날의 '인간됨'이란 말의 뜻은 수백 년 전 사용되던 그 개념과 같은 의미인 겁니다. 그러니 한 시대와 장소에서 인간의 본성에 위배되는 행동이라면 다른 시대와 장소에서도 마찬가지일 수밖에 없겠지요."

윌리엄이 반갑다는 표정으로 말했다. "정말 놀라운 이론이군요! 예를 좀 들어 주시겠습니까?"

이안이 잠시 생각한 후 대답했다. "노예제도를 예로 들 수 있겠지요. 인간을 마치 소유물인 양 다루는 것은 인간 본성에 위배되는 일이라는 데에 모두들 동의하지 않으십니까?"

"물론 저도 그렇게 생각은 합니다," 윌리엄이 일단 동의를 표했다. "하지만 인간의 본성이란 말이 정확하게 어떤 의미인가요?"

"인간의 본성을 다른 말로 하면 '인간은 어떤 존재인가'라는 표현이 될 수 있을 겁니다. 인간 본성이란 개념의 뜻을 묻는 일은 인간됨이란 무엇인가에 대해 질문하는 것과 같은 의미이니 말입니다. 그 본성에 있어 인간은 합리적, 사회적, 도덕적이며 자유로운 존재로 정의될 수 있습니다, 그렇지 않습니까?"

"물론 그렇지요." 윌리엄이 다시 그의 의견에 동의했다.

"그리고 그 말은 결국 우리 인간은 생각하고, 기억하고, 결정하고, 행위를 유발하며, 미리 계획을 세운 후 그 계획에 따라 살 수 있는 능력을 가지고 있다는 의미가 됩니다."

"그렇다면 기독교 인본주의에 동의하시는 건데요?" 윌리엄이 다시 미심쩍은 듯 물었다.

"어떤 면에서는 그렇겠지요. 하지만 우리 비종교적 인본주의자들은 신이나 종교와 전혀 관계없이 이 모든 사실들을 설명한다는 점에서 분명한 차이를 갖고 있습니다. 저는 인간의 본성을 위배한다는 말을, 마치 인간을 인간이 아닌 무언가처럼, 다시 말해 더 저급하고 덜 가치 있는 존재처럼 다룬다는 뜻으로 사용합니다. 그것은 또한 인간이 자신들의 독특한 인간적 능력을 발휘하지 못하도록 압제하는 경우를 의미하기도 하지요. 그것을 통해 우리가 인간으로서 마땅히 누려야 할 존엄성과 가치를 무시하는 모든 상황 말입니다."

"그러니까 당신 말씀은," 윌리엄이 재차 질문했다. "노예제도가 그와 같은 위배 행위를 인간에게 자행한다는 사실 때문에 잘못된 것이라고 본다는 거지요?"

"맞습니다. 노예제도는 인간됨의 본질을 무시하는 관습입니다. 인간은 누구나 그 본질에 있어 합리적이고 도덕적이며, 사회적이고 또한 자유로운 존재라는 사실 말입니다. 하지만 그 제도는 인간을 동물과 비슷하거나 심지어 동물과 똑같은 수준의 가치와 지위를 가진 존재처럼 다루는 처사입니다. 노동력을 제공하는 동물처럼 인간을 소유하고 이용하는 행위는, 그것이 인간의 본성에 위배되는 일이라는 바로 그 점에서 옳지 않은 거지요. 그러한 삶의 방식은 결코 인간의 품격과 역량에 어울릴 수가 없습니다."[2]

이안의 주장이 끝나자 윌리엄이 평했다. "훌륭한 설명이군요, 이안 씨! 자, 이 의견에 대한 각자의 생각을 들어 보기로 하지요. 객관적 도덕 가치의 존재에 대한 무척 적절한 설명 아닙니까?"

"퍽 인상적입니다!" 프랜신도 동의했다. "저에게는 아주 명확한 논리로 들리는군요."

"고맙습니다! 당신의 지지 의견을 잘 접수하지요." 이안이 익살스럽게 말했다.

"꼭 정치인처럼 말씀하시는군요." 그 말에 프랜신도 웃으며 답했다. 사실 이안과 가까운 사람이라면, 지역 내 인본주의자 모임에서 현재 맡고 있는 직책뿐 아니라 그에게는 꾸준히 키워 온 또 다른 정치적 야심이 있다는 것을 다들 잘 알고 있었다. 프랜신의 말에 이안의 생각은 자신이 조만간 내려야 할 결정, 즉 궁극적으로 어느 당에 가입해 본격 정치 활동을 시작할 것인가 하는 문제에 잠시 머물렀다. 지금까지 사회적, 도덕적인 문제에 깊은 관심을 가져 온 이유가 바로 그 때문이었던 이안으로서는, 최근의 토론 역시 앞으로 있을 자신의 결정에 하나의 지침이 되어 줄 것을 내심 희망하고 있었다.

테드의 목소리가 다시 그를 현실로 불러들였다. "이 인간 본성 모델에 스스로 무척 만족하고 계시다는 걸 잘 알겠습니다." 그리고는 프랜신을 향해 물었다. "이 모델의 어떤 점에 그렇게 깊은 인상을 받으셨나요?"

"우선 한 가지는, 무척 간결하고 이해하기 쉽다는 거지요." 그녀가 대답했다.

"하, 프랜신 씨가 저의 설명에 대해서도 비슷한 평가를 내렸었다는 사실을 혹시 기억들 하시는지 모르겠군요." 그래함이 불평조로 말했다.

"네, 그랬었지요. 하지만 이번 모델은 당신의 일관성 모델이 갖고 있던 몇 가지 문제점으로부터 자유로운 것 같은데요."

"어떤 점이 말인가요?"

"첫째로는 이 모델이, 당신이 진실로서 전제하고 출발한 도덕적 공리로 시작하지 않았다는 점이지요. 인간 본성 모델은 어떤 행동이 '*왜*' 잘못된 것인가'라는 질문에, 그것이 '인간 본성에 위배되기 때문'이라는 이유를 들어 설명해 주니까요."

"맞는 말입니다," 테드도 인정했다. "일관성 모델에 비교해 볼 때는 확실한 장점이지요."

"그리고 그 점이 또 다른 사실로도 연결되는데요," 칭찬에 들뜬 이안이 덧붙였다. "저의 모델은 그릇된 행동들에 대한 *이유*를 말해 줌으로써, 비난받거나 칭찬받아야 하는 행동들의 근거를 일관성 여부와의 관련 없이 제시하고 있다는 점입니다. 일관성 모델을 가지고는 그러한 일이 불가능하지 않았습니까? 그 모델에서는 두 개의 견해가 서로 일관성이 있는 한 동등한 가치를 지닌 것으로 평가되었지만, 제 모델의 경우는 어떤 행위가 인간 본성에 어긋나면 그것의 일관성이나 다른 어떤 장점에도 불구하고 잘못된, 즉 나쁜 행동으로 판단됩니다."

"무척 통찰력 있는 의견이라고 말씀드려야겠군요," 테드가 본격적인 평을 시작했다. "하지만 그래함 씨의 지난번 모델과 당신의 것을 비교하는 데에 너무 열중하시느라 일관성 모델과는 다른 한 가지 문제점을 간과하신 것 같습니다."

"그게 뭔가요?"

"지난 모임에서 이미 논의되었던 문제인데요, 기억하실지 모르겠지만 일관성 한 가지만으로는 진실을 입증할 수 없다는 사실에 우리 모두 동의했었습니다. 서로 간에 일관성은 있지만 각자가 다 그릇된 것인 개념들의 집단이 존재할 수 있기 때문에 말입니다."

"물론 기억합니다. 그런데 왜 지금 그 이야기를 하시나요?"

"왜냐하면 저는 당신이, 그래함 씨의 일관성 모델에 우리가 사용했던 검증 방식을 당신의 인간 본성 모델에도 적용하는 일에 반대하지 않으시리라 생각하기 때문이지요."

이안은 자신감에 가득 차 있었다. "물론입니다. 저는 아무 것도 거리낄 바가 없는 걸요!"

그 말에 그래함이 투덜댔다. "아, 자신감이 대단하신데요."

"그렇다면 당신의 모델에도 같은 질문을 제기해야겠군요." 테드가 덧붙였다.

"공평하다고는 생각합니다만 어떤 질문을 말씀하시는지 모르겠네요."

테드는 앞으로 몸을 기울이고는 다들 자기에게 가까이 다가앉으라는 손짓을 해 보였다. 그들이 그의 말에 따르자 테드는 부드러운 어조로 말을 시작했다. "우리는 일관성이라는 기준 하나만으로는 어떤 도덕적 견해의 옳음을 증명하기에 불충분하다는 사실을 이미 알고 있습니다."

모두들 고개를 끄덕였다.

"그렇다면 인간 본성을 위반했다는 단 한 가지 사실이 어떤 도덕적 관점의 그릇됨을 증명하기에 충분한지도 따져 봐야 마땅할 일입니다. 그리고 만약 실제로 그렇다면 왜 그런지의 이유도 생각해 봐야 할 거고요."

잠시 동안 침묵이 흘렀다.

테드가 말을 이었다. "아시다시피 그것이 인간 본성 모델이 가진 총체적 기반입니다. 일관성 모델이 도덕적 공리를 진실인 것처럼 전제하고 시작했다면, 인간 본성 모델은 인간 본성의 위배가 잘못된 것이라는 단순한 개념을 전제로 논의를 시작한 경우니까요."

"그러면, 그렇지가 않다는 건가요?" 이안이 당당한 태도로 물었다.

"그럴 수도 있겠지만 우리가 명심해야 할 사실 하나는, 어떠한 논의이든 그 시작 이전에 그것을 통해 하려는 바를 명확히 하는 작업이 반드시 선행되어야 한다는 점입니다. 실상 지금의 우리는 사전에 입증된 적 없는 어떤 것을 전제로 하고 있습니다. '만약 무언가가 인간 본성에 위배되었다면 그 이유로 인해 그것은 부도덕한 것이다'라고 하는, 검증되지 않은 전제 말입니다. 하지만 그러한 전제에 동의하지 않는 사람들에게는 뭐라고 얘기하겠습니까? 게다가 그것은 현재 어디까지나 가정일 뿐이라는 사실을 잊지 마십시오."

이안은 이 역습에 다소 당황한 것 같았다. "하지만 그 전제에 동의하지 않는다는 건 말도 안 되지 않습니까!"

"물론 당신과 저는 그렇게 생각할 수 있겠지요. 하지만 어떤 사람에게 말도 안 된다고 생각되는 것이 또 다른 사람에게는 완벽하게 합리적일 수도 있는 일이거든요. 그런 생각들은 단지 개인적 소견일 뿐이기에 사람에 따라 얼마든지 다를 수가 있는 거지요. 따라서 그러한 개인적 소견들은 실제 그 개념의 진실 여부와는 아무런 관계가 없습니다.

또한 과거의 어떤 사람들이 당신의 그 전제를 무시한 도덕적 입장을 이미 천명한 일이 있다는 사실 역시 잊지 마셨으면 합니다. 자신들의 행동이 인간 본성에 위배되었다는 점은 *그들에게* 전혀 문제가 되지 않았습니다. 누군가가 그와 같은 확고한 견해와, 또 그 견해를 실행할 충분한 권력을 가지고 있을 경우, 그 사람에게는 뭐라고 말씀하시겠습니까?"

"아돌프 히틀러 말인가요?" 이안은 지난주 논의했던 히틀러의 만행이 자신의 모델에서도 역시 비난받지 않는 것일 수 있다는 생각에 잔뜩 신경이 곤두섰다.

"맞습니다. 히틀러는 유대인이나 집시 같은 사람들을 소유물처럼 취급하는 여러 가지 끔찍한 짓을 범했지요. 게다가 그는 자기 민족 중 많은 사람에게도 이런 행동들을 옳은 것이라 믿게 만들었습니다. 분명 인간 본성에 위배된다는 사실은 그나 그들에게는 전혀 문제가 되지 않았을 겁니다. 히틀러뿐 아니라 그 외에도 여러 인물들이 있지요, 이디 아민, 조셉 스탈린, 네로 황제 등등. 또한 그들 만큼의 권력과 유명세를 얻지 못해서 그렇지, 그 문제에 관해 비슷한 관점을 갖고 있던 다른 사람들도 상당수 있었을지도 모릅니다. 제가 하고 싶은 말은 그러니까, 이러한 견해들의 분명한 존재가 역사적인 사실이라는 건데요, 그런 견해를 갖고 있는 이들에게 자신들이 옳지 않다는 것에 대해 어떻게 증명해 보일 수 있을까요?"

"제가 하고 싶은 말은 그러니까," 그래함이 갑자기 끼어들며 말했다. "지금 몹시 배가 고프다는 건데요, 그들에게 자신들이 옳지 않다는 것은 일단 식사를 한 후에 증명해 보입시다!"

모두들 웃음을 터뜨렸고 토론의 긴장감도 다소 누그러졌다. 모두들 테이블로 향해 가고 있을 때, 지금의 이 중단 상황을 누구보다도 다행으로 여기던 사람은 바로 이안이었다. 사실 아까의 질문에 대해 뾰족이 대답할 말을 찾지 못하고 있었기 때문이었다.

모두의 식욕이 충족되고 나자 다시 모두의 지적 욕구가 고개를 들었고, 조금 전 중단되었던 논의에 대한 테드의 문제 제기가 그것의 자극제 역할을 했다. "사실은 말입니다 이안 씨, 인간 본성에 대한 당신의 전제가 증명 불가능할 뿐 아니라 근거 없고 잘못된 것이라고 주장할 수 있는 두 가지 방법이 있습니다."

"인간 본성에 위배되는 행위는 모두 그릇된 것이라는 저의 전제를 말씀하시는 건가요?"

"그렇습니다."

"대체 누가 그런 식의 주장을 한다는 거지요?" 이안은 눈에 띄게 방어적인 태도로 말했다.

"우선 그에 관한 첫 번째 질문부터 해 보겠습니다. 왜 인간이지요?"

"네? 무슨 말씀인지 모르겠군요."

"애초에 당신은 만약 어떤 행동이 '그것'을 위반했을 경우 그릇된 행동이 된다는 전제를 만들면서 '그것'으로 인간 본성을 선택해 사용하셨지요. 하지만 왜 꼭 *인간* 본성이어야 하는 건가요? 무엇이 인간으로 하여금 도덕성이 그 뿌리를 내릴 만큼 특별하고 가치 있는 하나의 종(種)일 수 있게 만들어 주는가 말입니다."

"제 생각에는 인간을 선택해야 할 완벽한 이유가 있다고 보는데요," 이안이 대답했다. "인간은 다른 것들 — 말하자면 식물이나 동물 혹은 돌과 같은 — 이 가지고 있지 않은 능력과 역량을 가지고 있는 존재 아닙니까? 그러니까, 여러 종류의 생명체 중 고등 생물에 해당한다는 말입니다. 우리는 다른 생물들보다 이성과 창의성, 그 외의 여러 측면에 있어 훨씬 우월한 능력을 가지고 있는 종(種)임이 분명하지요. 따라서 동물이나 혹은 다른 어떤 생물의 본성이 아닌 인간의 본성이 객관적 도덕성의 근원이 되었다는 전제는 충분히 논리에 맞는 것이라고 봅니다."

"시도는 좋습니다," 테드가 답했다. "하지만 그 답변이 오히려 우리의 논의를 한 발 더 뒤로 퇴보시킨 것 같군요."

"어째서 그렇다는 겁니까?"

"당신은 이성과 창조성 등에서 동물이나 다른 생물보다 월등한 능력을 가지고 있다는 이유로 인간을 선택하셨던 거지요?"

"그런데요?"

"하지만 우리가 당신에게 왜 그런 특정 능력을 선택한 거냐고 질문한다면 어떤 대답을 하시겠습니까? 왜 이성과 창조성이냐고 말입니다. 하필 그런 능력을 높은 수준으로 소유한 존재가 객관적 도덕성의 근원이 될 만큼 중요해야 할 특별한 이유가 뭐지요? 왜 시각이나 후각, 청각과 같은 감지 능력이어서는 안 되는 겁니까? 그 같은 특질의 소유에 있어서는 많은 동물들이 인간보다 훨씬 우월한데 말입니다.

그와 같은 입장에 대해 '참 편리하기도 하군'이라며 반박하는 사람도 있을지 모르지요. '자신의 종(種)이 가지고 있는 특질만을 포함시키고 다른 특질들은 배제하다니. 이건 정말 임의적이고 편향적인 기준이라고 밖에 볼 수 없어. 인종차별주의와 성차별주의를 능가하는, 종(種)차별주의라고 이름 붙일 수 있는 견해니까'라고 말입니다.

"종차별주의요?"

"네, 지난주에 그래함 씨가 철학자인 피터 싱어의 글들을 읽은 적이 있다고 말씀하셨었지요? 싱어는 그 단어를 이안 씨께서 주장하시는 관점을 설명하기 위해 — 사실은 비판하기 위해 — 사용합니다. 우리와 같은 종의 구성원들은 특별 대우를 하면서, 그 외의 종들은 우리가 갖고 있는 일정한 특질이 결여된, 즉 우리와 다른 종이라는 이유만으로 함부로 대하거나 무시한다는 의미에서 말입니다.[3]

그러니까 이안 씨, 지금 제가 지적하는 것은, 당신이 제안하신 모델에서는 왜 하필 인간의 본성이 특별한 본성으로 선택되어서 그것에 위배되었을 때 그릇된 행동으로 치부되어야 하는지의 이유가 전혀 제시되지 않고 있다는 문제입니다. 그것이 당신의 가장 기본적 전제 아니었습니까? 당신의 전체 모델이 그에 기반을 두고 있고요."

모두들 아무 말이 없는 가운데, 가장 할 말을 찾지 못하고 있는 사람은 역시 이안이었다.

테드가 침묵을 깨며 말했다. "그리고 제가 아까, 인간 본성 위배 여부를 도덕적 옳고 그름의 판단 기준으로 보는 전제에 반론을 제기할 수 있는 논점이 두 가지라고 말씀드렸는데요."

"그러셨지요. 결국 한 가지가 더 있다는 뜻이 되네요." 이안의 말투에서 모두들 그의 낙심을 충분히 느낄 수 있었다.

"다른 사람의 입장이 되어 보는 것이 생각했던 만큼 좋은 기분은 아니지요?" 그래함이 떠보듯 물었다.

이안은 흘깃 돌아보기만 할 뿐 아무 대답이 없었다.

그래함이 좀 미안했던지 "그나저나 커피가 더 있겠지요? 아까부터 한 잔

더 마시고 싶었는데"라며 커피 주전자를 찾아 들고 슬며시 곁으로 다가가자, 이안도 마지못해 웃음을 보이면서 그에게 자신의 잔을 내밀었다. 커피를 받아 든 이안은 이제 준비가 되었다는 듯 테드를 향해 말했다. "좋습니다 테드 씨, 한번 들어 보기로 하지요."

"네, 인간 본성 위배가 그릇된 일이라는 전제의 두 번째 문제는 논리적인 부분입니다." 테드가 설명을 시작했다.

"철학자들 사이에서는 '사실-가치 문제(fact-value problem)'라는 이름으로 알려진 것이지요. 어떤 사람들은 '실재-당위 문제(is-ought problem)'라고도 부르고 말입니다. 본래 철학자들이 만들어 낸 구분법으로, 데이빗 흄(David Hume)이라는 철학자에 의해 처음 주장된 방식으로 알려져 있습니다."[4]

"저에게는 낯선 개념인데요," 이안이 말했다. "우리 인본주의자들은 확실한 사실만을 다루기 위해 노력하지요. 그런데 그 개념은 지나치게 이론적인 것으로 들리는군요."

"이 구분법이 실제로는 그렇게 어려운 개념이 아닐 뿐더러 조금만 설명을 들어 보신다면, 윤리적인 논의를 접할 때 누구나 매번 마주치는 문제라는 점도 아마 금방 깨닫게 되실 겁니다. 인본주의자들이 가지고 계신 견해에도 윤리성은 내포되어 있겠지요?" 테드가 물었다.

"그야 물론이지요," 이안이 대답했다. "그래서 그 구분법이 어떻다는 겁니까?"

"제 설명에 귀 기울여 주십시오." 다시 앞으로 기대앉아 사람들에게 한 번 더 가까이 오라는 손짓을 하면서 테드가 당부했다.

"사람들에 의해 거의 일반적으로 받아들여지고 있는 한 가지 특정 개념부터 먼저 반박해야 할 것 같군요. 사실상 많은 사람들이 순수한 사실 서술문으로부터 의견이 개입되는 가치판단 서술문으로 곧바로 넘어가도 되는 것처럼 행동하곤 하지요."

"잠깐만요!" 이안이 테드의 말을 막았다. "지금 그 사실 서술문, 가치판단 서술문이라는 게 다 무슨 뜻입니까?"

"네, 그럼 이렇게 설명해 보겠습니다," 테드가 대답했다. "이 구분법은 단순히 서술문의 종류를 두 가지로 분류하는 건데요. 첫 번째 종류인 순수한 사실 서술문이라는 것은 '하늘은 파랗다' 혹은 '여기에는 다섯 사람이 있다'와 같은 문장들입니다. 이러한 서술문은 있는 사실을 그대로 기술할 뿐 그 이상의 의미는 없습니다. 그저 단순히 무언가를 있는 그대로 서술해 주는 문장이지요."

"거기까지는 알겠습니다."

"두 번째 종류는 가치판단으로 구성된 서술문으로서, '우리는 여기 있으면 안돼'라든가 '거짓말하는 건 나쁜 짓이야'와 같은 문장들이지요. 이 서술문들은 한 걸음 더 나아가 무언가가 꼭 그렇게 되어야 한다는 당위성을 제시합니다. 이러한 문장들을 가치판단 서술문이라고 부르는 겁니다.

여기에서 중요한 사실은 이 두 종류의 문장이 근본적으로 다르다는 점입니다. 이 둘 사이에는 논리적인 괴리가 있기 때문에 그를 위한 적절한 디딤돌, 즉 그 간격을 메워주는 징검다리가 필요하며, 그것 없이는 어느 하나에서 다른 하나로 곧바로 넘어갈 수 없습니다. 우리는 이것을 '전제의 다리(bridge premise)'라고 부르지요."

"당연한 얘기처럼 들리는데요."

"그런데도 이 사실이 종종 간과되곤 합니다. 실상은 그 디딤돌을 무시하고 하나에서 다른 하나로 건너뛰는 일이 흔히 나타나거든요."

"다른 분들은 어떤지 모르지만 저에게는 생소하게 들리는 개념들이군요," 이안이 반복해서 말했다. "조금 더 설명해 주시지요. 우리가 정확히 어떻게 사실에서 가치로 건너뛴다는 건가요?"

잠시 생각해 보던 테드가 말을 이었다. "병을 앓고 있는 자신의 사촌에게 골수를 기증해 줘야 한다는 말을 들었던 어떤 사람의 기사를 읽은 적이 있습니다. 그가 이유를 물었을 때 만약 그렇게 하지 않으면 그의 사촌이 죽게 된다는 답변이 돌아왔다더군요."

"그래서, 거기에 무슨 문제가 있다는 겁니까?"

"네? 잠깐만요," 프랜신이 끼어들며 말했다. "뭐가 문제냐면 말이죠, 그가 처음 들었던 얘기가 바로 가치판단 서술문이란 말입니다. 그는 자기가 골수 기증을 *해야 한다*는 말을 들었다고 하잖아요."

"그건 그렇지요." 이안이 이맛살을 찌푸렸다.

"그런데 그걸 왜 해야 하느냐는 질문에 대한 대답은 단순한 사실 서술문이란 말이지요. 만약 그렇게 하지 않으면 그의 사촌이 죽게 된다는 *사실을* 기술하고 있는 문장 말입니다."

"네, 바로 그겁니다!" 프랜신의 설명에 만족해하며 테드가 말했다.

"그래서, 그 이유가 뭐가 문제라는 겁니까?" 이안이 답답한 듯 다시 물었다. "그가 꼭 해야 할 의무에 대한 이유로서는 완벽하게 들리는데요."

"하지만 사실은 그렇지 않습니다," 테드가 설명했다. "최소한 그 상황만을 가지고는 말입니다. 이 사람에게 골수 기증을 제안했던 분은 가치판단 서술문의 당위성을 설명하는 이유로서 사실 서술문으로 곧장 건너뛰고 있는데, 아마도 그는 이런 식의 사실 서술문에 의한 답변으로 자신의 가치판단 서술문이 입증된다고, 또한 그럼으로써 자신의 권고가 당연스레 사실로 판명되는 거라고 생각한 모양입니다."

"아니, 그럼 그렇지 않다는 겁니까?" 이안이 고집스레 질문을 반복했다.

"아니지요. 당신 역시 그들 사이에 뭔가를 전제하셨기 때문에 그런 답변이 당연한 이유인 듯 느껴지시는가 봅니다." 테드가 답했다.

"허 참, 내가 갖고 있는 전제에 대해 남이 내게 알려 주고 있는 형편이군," 이안이 실소를 터뜨리며 말했다. "안 그래도 철학자와 토의를 하면 이런 일이 생길 수 있다는 경고를 미리 받았었는데 말이지요."

"아, 물론 전제라는 것은 중요합니다," 테드가 그 말을 받았다. "의식을 하든 못하든 우리가 하는 말의 대다수가 어떤 전제를 가지고 있으니까요. 그 전제의 대부분이 워낙 사고 과정에서 기초적인 것들이기 때문에 우리가 그에 대한 의문을 가져본 적이 없을 뿐이지요. 사실 그 전제의 본질에 대해서도 때때로 살펴봐야 마땅한 일인데 말입니다. 말씀드렸듯 당신 역시 어떤 중간 단계를 지금 전제하고 계신 거고요."

"제가 그런 것을 전제했단 말인가요?"

"그렇습니다. 조금 전에 만약 그가 사촌에게 골수를 기증하지 않으면 사촌이 죽는다는 사실이 기증을 위한 합당한 이유라고 하시지 않았나요?"

"그랬지요."

"그렇다면 당신은 그 사촌이 살게 되는 것이 죽게 되는 것보다 좋은 일이라는 전제를 이미 하셨다는 뜻입니다."

"그야 당연한 것 아닌가요?"

"아니지요, 당연한 것이 아닙니다. 그것은 단지 전제이기 때문에, 그런 제안의 이유로 제시된 사실 서술문과 당신의 전제가 서로 결합될 경우에만,

원래의 제안이었던 가치판단문을 옳은 것으로 생각할 타당성이 생기는 겁니다. 다시 말해서 만약 그 사촌이 사는 것이 정말로 죽는 것보다 좋은 일이고 그러한 상황에서 골수 기증을 하지 않을 경우 그가 죽게 된다면, 그때는 골수 기증은 의당 해야 할 일이 되겠지요.

하지만 그 가치판단문은 순수한 사실 서술문으로부터 자연스레 도출되었던 것이 아님을 한번 유념해 보십시오. 골수 기증을 하지 않으면 사망이 유발된다는 단순한 사실이 어떤 결정을 해야 하는가의 판단을 위한 정보를 제공하는 것은 아니니까요. 해야 할 행동을 판단하는 일에는 중간 전제가 꼭 필요한 법이지요."

이안은 골똘히 생각한 후 말했다. "그러니까 만약 제가 다른 전제를 했다면 나중에 이유로 말한 사실 서술문이 처음의 가치판단문을 옳지 않은 것으로 판별되게 할 수도 있었다는 말씀입니까?"

"그렇습니다." 테드가 긍정을 표했다.

"하지만 어떻게 그럴 수가 있겠습니까? 그런 전제는 너무나 당연한 건데요."

"다른 관점에서 한번 생각해 보십시오. 그 사촌이 상당히 드문 어떤 상황에 처해 있어서 이 사람으로서는 그가 평안하게 죽는 편이 더 낫겠다고 결론 내린 경우라고 말입니다. 즉, 그가 치유 불능의 견디기 힘든 통증을 갖고 있다거나, 혹은 살아남을 경우 수많은 사람들을 계속 고통스런 죽음으로 내몰 잔인한 지도자라고 말이지요. 이유야 어떻든 당신과 다른 전제, 즉 사촌이 죽는 것이 더 낫다는 전제를 가지고 있는 사람에게는 그 사실 서술문이 더 이상 골수 기증을 해야 할 이유가 되지 않습니다. 오히려 그와 반대로 하지 말아야 할 이유가 되는 거겠지요. 이 사실이 바로 원래의 가치판단문을 그릇된 것일 수도 있다고 봐야 하는 이유입니다. 만약 사촌이 죽는 편이 더 나은데 골수 기증이 그를 죽지 못하게 한다면 그럴 경우 그 사람은 골수 기증을 *하지 말아야* 할 테니까요."

이안이 한숨을 쉬었다. "그러니까 모든 것이 사실 서술문과 가치판단 서술문 사이에 놓인, 디딤돌로서의 전제에 달린 거란 말이군요."

"모든 것이 거기에 달렸지요." 테드도 확인해 주듯 반복해서 말했다.

갑자기 프랜신이 깔깔거렸다.

"프랜신 씨가 뭔가 혁신적인 발견이라도 한 모양이군요," 이안이 말했다. "아마도 학문의 세계에서 얻어 낸 특별한 통찰 방식인가 보지요?"

"아, 저는 그저 몇 년전 저의 아버지와 있었던 일이 생각나서 웃었던 건데요, 그때 아버지는 제게 의미 있는 삶을 살 수 있는 한 방법으로 대학 진학을 권하셨거든요. 제가 아버지께 그 이유를 물었더니 만약 대학을 가지 않는다면 그럴듯한 사무 직종의 일은 절대 하지 못할까봐 그러는 거라고 답하셨어요. 식당 종업원이란 직업을 평생 갖게 될 것이 걱정스러워서라고요. 그 당시 저에게 둘 중의 어떤 쪽이 더 매력 있게 보였을지 상상이 되시겠지요. 저는 당시 철이 없었고 관심 있는 거라곤 두둑한 팁이 전부였으니까요. 더구나 저는 지루한 사무 업무는 정말이지 싫었거든요."

"완벽한 실례(實例)군요," 테드가 평했다. "당신과 당신의 아버지는 서로 다른 전제를 가지고 있었고, 이유의 설명인 그분의 사실 서술문이 당신이 갖고 있던 전제와 결합됨으로써, 당신에게 아버지의 가치판단문을 잘못된 것으로 결론짓게 만들었으니 말입니다."

"맞아요. 그때 제가 어떤 생각을 했었는지 기억이 나는데요, '만약 대학 진학이 나를 사무직으로 이끄는 길이라면, 내가 결코 원치 않는 것이 바로 그런 직종의 일이니까 나는 대학에 가면 안 되겠구나'라는 거였답니다. 결국 아버지께서 제게 해야 한다고 말씀하신 것에 정확히 반대가 되는 결심이었지요."

"하지만 지금의 프랜신 씨를 보세요," 그래함이 장난스럽게 말했다. "완전히 공부로 성공한 사람 아닙니까."

"내 참, 이곳은 민주주의 국가랍니다. 제가 원하면 저의 전제도 바꿀 수 있는 거지요."

"자, 이제 이 이야기들로부터 알게 된 내용을 한번 정리해 봅시다," 테드가 모두의 주의를 다시 집중시켰다. "사실 서술문 그 자체는 관련된 가치판단문에 대해 우리가 옳다고 판별할 만한 적절한 이유를 제시하지 못합니다. 그래서 그 사이에 항상 전제의 다리, 즉 연결 전제를 필요로 하게 되지요. 따라서 어떤 가치판단 서술문이 옳은 것임을 입증하려 한다면 그와 연관된 사실 서술문이 진실임을 증명하는 일만으로는 충분하지 않습니다. 그거야 그저 간단한 일일지 모르니까요. 오히려 이 경우에는 사실 서술문과 가치 서술문 사이의 연결 전제가 진실임을 입증해 내는 작업이 그보다 훨씬 중요해지는 겁니다."

"이제 슬슬 걱정스러워지기 시작하는군요." 이안이 한숨을 내쉬었다.

"이런 약간의 검증만으로도 훌륭하고 정제된 모델이 단박에 뒤얽히는군요, 그렇지요?" 그래함이 다시 이안의 신경을 건드렸다.

"좋습니다. 하지만," 이안이 항변했다. "당신의 일관성 모델도 그 검증을 통과할 때 대단한 성공을 거두지는 못한 것으로 기억하는데요. 게다가 제가 아직 패배를 인정한 건 아니라는 사실도 기억해 주십시오."

테드가 손을 비비면서 몸을 앞으로 기울인 채 앉았다. "자, 그럼 지금까지 논의했던 내용을 이제 이안 씨의 모델에 적용해 봅시다."

"이것 참, 무척 난처한데요." 이안이 더욱 불편해하며 말했다.

"신중한 검토를 환영한다고 하시지 않았습니까?" 테드가 물었다.

"그야 그랬지요."

"그러니까 말입니다," 테드가 분석을 시작했다. "인간 본성 모델은 어떤 특정 행위를 인간에게 가하면 안 된다, 예를 들어 인간을 노예로 만들어선 안 된다고 주장합니다. 그것이 가치판단 서술문인데요. 그래선 안 되는 이유에 대해 질문을 하면 그 같은 행위가 인간 본성에 위배되기 때문이라는 답변을 듣게 되지요. 이런 답변이 바로 사실 서술문입니다."

"저도 인정합니다. 그런 식으로는 한 번도 구분해 본 적이 없거든요." 이안이 중얼거렸다.

"그럼 지금 한번 해 보시지요," 테드가 응수했다. "그리고 기억하십시오. 우리가 지금 이 일을 하고 있는 것은 승자나 패자를 가리기 위해서가 아니라 진리를 찾기 위해서라는 사실을 말입니다. 그리고 앞서 여러 번 강조했다시피 사실 서술문과 가치판단 서술문 사이에는 전제의 다리 혹은 연결 전제가 반드시 필요하다는 점 역시 잊지 마시기 바랍니다. 언제나 예외 없이 말입니다."

"저는 그 연결 전제가 뭔지 알 수 있을 것 같은데요," 프랜신이 끼어들었다. "그건 바로, '인간 본성을 위배하는 것은 잘못된 일이다'겠지요?"

"맞습니다!" 테드가 칭찬했다. "그리고 그것이 이안 씨 모델의 문제점으로서 제일 처음 지적되었던, 입증되지 않은 전제이기도 합니다."

"이것도 결국은 같은 문제군요." 프랜신이 말했다.

"네, 그렇습니다," 테드가 이를 수긍했다. "여기에서 중요하게 짚고 넘어가야 할 점은, 이 모델을 사용하는 사람들이 그러한 전제를 무의식적으로 *만들어* 놓고 있을 뿐 아니라, 사실은 꼭 *만들어야만* 한다는 것입니다. 그 전제가 사실 주장과 가치 주장 사이에 간격을 메워 주는 역할을 하기 때문에 그것 없이는 이 모델의 제대로 된 기능이 불가능하니 말이지요. 예를 들어, 만약 인간 본성 위배가 진정으로 잘못된 것이고 노예제도가 인간 본성에 위배되는 것이라면, 당연히 노예제도는 잘못된 것이고 우리는 그런 행위를 하면 안됩니다. 이것이 바로 인간 본성 모델의 핵심입니다.

하지만 혹 우리와 다른 전제를 가진 사람, 즉 인간 본성에의 위배가 좋거나 최소한 나쁜 것은 아니라고 생각하는 사람을 우리가 만났다고 가정해 봅시다. 이런 사람에게는 인간 본성에 위배되는 구체적 행위들도 좋거나 적어도 나쁜 것은 아니라는 결론을 도출해 내게 될, 우리와 다른 전제가 이미 있는 겁니다. 그러니 이 모든 상황이 전제의 다리, 연결 전제에 의해 결정되는 것이지요."

"그렇다면 이렇게 볼 수 있겠는데요," 프랜신이 다시 의견을 제시했다. "인간 본성 모델이 해야 하는 기본 작업은 이 연결 전제를 입증하는 일, 즉 인간 본성에의 위배가 잘못된 것이라는 걸 증명하는 일이라고 말입니다."

"잘 보셨습니다," 테드가 답했다. "그것이 기본적인 임무이자 또한 불행히 이 모델의 취약점이기도 하지요."

"지금 그 말씀은, 저의 전제를 입증할 수 있는 방법이 전혀 없다는 뜻인가요?" 이안이 우려되는 표정으로 물었다.

"음, 이렇게 한번 생각해 보십시오," 테드가 표현 방식을 주의하며 조심스럽게 말했다. "어떤 특정 행동이 인간 본성에 위배된다는 걸 아는 것은 그저 문제의 한 부분일 뿐이라고요. 당신이 예로 드신 노예제도와 같이 말입니다."

"그런데요?"

"그 외의 다른 행동들도 있지요. 예를 들면 부정직함과 같은 것으로, 충분하고 정확한 정보를 필요로 하는 사람들에게 그것을 제공하지 않으면서도 마치 그렇게 하는 것처럼 속임으로써, 자신의 목적을 위해 타인을 이용하는 행위 말입니다."

"네, 알고 있습니다."

테드가 설명을 계속했다. "이 모델이 인간 본성에 위배되는 몇몇 행위들을 구체적 예로 제시하는 역할은 할 수 있습니다. 그렇지만," 그는 이 마지막 단어를 특히 강조했다. "그 행위들이 옳지 않다는 것을 입증할 수 있는 유일한 방법은, 인간 본성을 위배한 모든 행위는 그릇되다는 걸 먼저 증명해 보이는 길뿐입니다. 하지만 우리가 이런 정보를 어디에서 얻을 수 있지요? 인간 본성 자체는 그에 위배되는 일이 잘못이라는 걸 알려 줄 아무런 기능이 없으니 말입니다. 그야 당연한 사실 아니냐고 항변해 봐야 역시 의미 없는 일이고요. 앞서 살펴본 바 있듯 누군가가 당연한 사실로 여기고 있는 무언가를 다른 사람은 전혀 그렇게 생각지 않을 수도 있는 거니까요. 이는 전적으로 주관적인 관점일 뿐 더러, 설령 모든 사람들에게 당연한 것처럼 여겨지는 관점이라 하더라도 그 사실만으로 그것이 진실이라는 이유나 근거가 되지는 못합니다. 혹시 우리가 요행히도 인간 본성에의 위배가 그릇된 행위란 걸 알게 해 줄 어떤 요소 하나를 발견했다고 하더라도, 그 한 가지 요소가 객관적 도덕 가치의 존재에 대한 입증의 근거가 될 수 있는 것 또한 아니지요."

갑자기 이안이 턱없는 고집을 부렸다. "그냥 단순하게, 인간 본성에 위배되는 행위는 모두 잘못된 것으로 우리끼리 합의를 하면 되는 것 아닙니까?"

"아, 물론 그럴 수도 있겠지요," 테드가 그 말에 답했다. "하지만 그렇게 되면 우리가 소유하는 것이 더 이상 객관적 도덕 가치는 아닐 겁니다. 그 경우에는 객관적으로 봐서 어떤 것이 도덕적으로 옳거나 그르다고 말할 때 의미하는 내용과 거리가 먼, 단순한 '합의 가치(agreed-upon value)'만을 공유하게 되는 거니까요. 원래의 객관적 도덕 가치란, 어떤 행위는 옳고 어떤 행위는 그르며, 그 그릇됨이란 어느 누구의 생각이나 의견과도 무관하다는 뜻이었는데 말입니다.

이것이 바로, 작년 대학 학보에 성희롱에 대한 학교의 정책을 비난하는 글을 기고하던 당시 당신이 믿었던 바가 아닙니까?" 테드가 프랜신을 행해 물었다. "그때 당신은 다른 사람들이 그 의견에 동의할 것인지의 여부는 그다지 문제 삼지 않았겠지요?"

그녀가 고개를 끄덕였다.

"그것이 잘못된 정책이었다는 사실은 개인 간의 의견 일치 같은 문제와 전혀 관계없는 일이니까요." 테드가 공감을 나타냈다.

"맞는 말씀입니다. 저도 그렇게 생각했거든요." 프랜신이 동의를 표했다.

테드는 다른 동료들을 둘러보면서 말했다. "이제는 우리가 객관적 도덕 가치에 대한 다른 방식의 설명을 찾아봐야 할 때인 것 같군요. 인간 본성 모델로부터는, 객관적 도덕 가치의 근거가 바로 인간 본성임에 틀림없다고 생각할 만한 적절한 이유를 찾아낼 수 없었으니 말입니다. 그 모델은 우리에게 왜 인간 본성에의 위배가 반드시, 그리고 항상 잘못된 것인지를 말해 주지 못합니다. 그렇다면 이것이 도덕적 행위들의 옳고 그름을 판단하는 기준이 될 수는 없겠지요. 더구나 이 모델 안에 세상의 그릇된 행동들 모두가 오로지 인간 본성을 위배했기에 그렇게 판단받게 되었다라고 증명해 줄 특별한 방법이 내포되어 있는 것도 아니고 말입니다."

"결국은 인간 본성이 객관적 도덕 가치의 존재를 설명할 적절한 근거가 되지 못한다는 말씀이네요." 이안이 실망스러워하며 말했다.

"유감입니다만 그런 것 같군요." 테드가 답했다.

"그렇다면 우리가 이 모호한 근거를 어디에서 찾을 수 있겠습니까?" 그래함도 실망스레 물었다.

"사실 우리 비종교적 인본주의자들이 주장하는 또 하나의 근거가 있기는 합니다." 이안이 다시 뜻하지 않은 제안을 내놓았다.

"하지만 저는 당신이 이미 당신의 견해를 피력하신 것으로 생각했는데요." 그래함이 어리둥절해하며 말했다.

"그랬지요. 하지만 비종교적 인본주의자들이 객관적 도덕 가치에 관련한 설명 방식을 단 하나만 가지고 있는 건 아니거든요. 지금까지는 처음의 한 가지를 제시했을 뿐입니다."

"그렇다면 지금까지 우리는 겨우 그 한 가지만의 검증을 위해 이 많은 노력을 쏟았다는 말인가요?" 그래함이 어이없어 했다.

"이안 씨가 또 다른 설명 방법을 가지고 계시다면 저는 그것도 들어 보고 싶군요," 테드가 그 의견에 환영의 뜻을 보였다. "하지만 오늘은 시간이 다 된 것 같습니다. 이안 씨께서는 자신의 견해를 정리할 수 있는 시간을 한 주 더 가지실 수 있겠네요.

짧은 인사를 나눈 그들은 대기 중이던 승용차와 운전기사에 의해 각기 다른 방향으로 흩어졌다. 그러나 이 흥미로운 토론과 풍요로운 환경 속에서도 줄곧 그들의 머릿속을 맴돌며 떠나지 않는 끈질긴 의문이 하나 있었다. 객관적 도덕 기준의 근거는 분명 어딘가에 존재할 것이다. 아니, 존재해야만 한다. 그것 없이는 세상사에 대해 설명할 다른 방도가 없으니 말이다. 그럼에도 불구하고 지금까지 그 근거를 찾아내려는 자신들의 시도는 하나씩 차례로 실패하지 않았던가? 그 이유가 과연 무엇일까?

한편 테드에게는 마음속에서 떠나지 않는 흥미로운 질문이 하나 더 있었다. 차가 정문을 빠져나가는 순간 갑자기 한 가지 생각이 떠올랐던 테드는 문 앞에 붙어 있는 주소를 얼른 훔쳐보고는 잊지 않도록 기억해 두었다.

9. 인간의 필요가 도덕성의 근본이 될 수 있는가:
인본주의자의 근거 2

 강의를 하고, 학생들을 만나고, 또 과제물을 검사하면서 테드의 한 주는 빠르게 지나갔다. 하지만 그동안에도 저택의 문 앞에서 본 주소에 대한 생각만은 그의 머릿속을 떠나지 않았다. 결국 그는 토지 소유자 명부를 찾아보기로 마음먹었다.

그 주소의 건물은 한 남자의 이름으로 등록되어 있었지만, 그에 관해 테드가 확신할 수 있는 거라곤 한 번도 들어 본 적 없는 이름이라는 사실뿐이었다. '이 신비에 싸인 사람은 도대체 누구일까? 그리고 나에 대해서는 또 어떻게 알게 된 것일까?' 그로서는 그저 모든 일들이 궁금하기만 했다.

경비원에게 그 이름에 대해 언급해 볼까도 생각했지만 참견하기 좋아하는 사람으로 비치기는 싫다는 것이 그의 결론이었다. 이 토론을 주선한 사람이 누구인지 빨리 알고 싶은 자신의 솔직한 심정에도 불구하고 거북한 상황이 야기되는 것만은 어쨌든 피하고 싶었다. 더구나 오늘은 이안이 객관적 도덕 기준에 대한 비종교적 인본주의자의 두 번째 견해를 제시하는 날이었다. '지난주 자신의 의견이 완전히 묵살되고 난 후 한 주 동안 분명 더 열심히 준비했겠군.' 이런 생각이 들어 테드는 혼자 웃음지었다.

경비원은 테드를 응접실로 신속히 안내하면서 최대한 말을 나누지 않으려 애쓰는 빛이 역력했다. 방 안쪽 멀리로 이안과 다른 동료들이 모여 있는 모습이 보였는데, 음식이 놓인 테이블에 가까이 서있던 프랜신은 테드를 보자 "뭘 좀 드릴까요? 커피 괜찮으세요?"라며 다정히 말을 건넸다.

"오늘의 일정을 제대로 시작해야겠지요." 테드도 미소를 지으면서 그녀에게 잔을 내밀었고, 다른 이들 역시 커피를 즐기며 서로 인사를 나누었다.

"추운 날씨에는 역시 커피가 참 좋네요." 윌리엄이 말했다.

"당신 같은 영국분들은 차를 더 좋아하시는 줄 알았는데요." 이안이 윌리엄을 보며 말했다.

"아, 아닙니다!" 윌리엄이 즉각 대답했다. "로마에서는 로마법을…."

"아, 네, 네."

모두들 제법 기분이 좋아 보였다. 이안까지도 객관적 도덕 가치의 근거에 대한 첫 시도 실패 후의 실망감에서 많이 회복된 모습이었다. 가벼운 대화가 몇 마디 오간 다음 논의는 다시 원래의 주제로 돌아갔다.

"자, 그럼 우리의 연구를 계속하실까요?" 그래함이 먼저 제의했다. "우리는 현재까지 무척 모호하고 손에 잡히지 않을 듯한 개념을 찾기 위해 노력하는 중입니다. 그렇지만 그것의 중요성만은 아무리 강조해도 지나치지 않겠지요."

"객관적 도덕 가치의 근원에 대한 설명을 말씀하시는 거죠?" 프랜신이 이렇게 그의 말을 확인했다.

"그렇습니다. 우리들 중 누구도 그 가치의 존재를 부인할 수 없다는 사실은 지금까지 충분히 검증되어 왔습니다. 그러한 가치 없이 산다는 것의 의미를 정확히 깨닫는다면 그 존재로부터 벗어나기를 바라는 사람은 별로 없을 거라는 점도요. 또한 테드 씨의 말씀처럼 세상의 모든 것은 존재의 근거에 대한 설명을 반드시 필요로 한다는 사실도 고려해야겠지요." 그래함은 그 질문에도 이와 같이 답하며 토론 주제에 대한 적극적인 관심을 드러냈다.

"다시 말해, 객관적 도덕 기준에 대한 적절한 설명이 분명 어딘가에 존재할 거라는 말씀이신데요." 프랜신이 재차 확인했다.

"당연합니다," 이쯤에서 테드도 대화에 동참했다. "그것이 무엇인지는 아직 밝혀내지 못했지만요."

"그렇긴 해도 인간 본성 모델이 그것을 설명하는 일에 적합하지 못하다는 사실만은 이미 밝혀냈지요." 그래함이 짓궂게 말했다.

"꼭 그 일을 상기시켜 주셔야 했나요!" 이안이 반격했다. "몇 주전에 우리가 밝혀낸 다른 사실에 대해서도 잊지 마시기 바랍니다. 당신의 일관성 모델 역시 그리 훌륭한 것은 못된다는 점이 검증을 통해 판명되었던 사실 말이지요."

"글쎄요, 저는 그냥 잊고 싶은데요."

"자, 이제 다시 당신 차례군요," 테드가 그들의 대화를 끊으면서 특유의 반짝이는 눈빛을 이안에게 보냈다. "제 기억이 틀리지 않다면 지난주 모임에서 객관적 도덕 가치에 대한 또 하나의 설명을 시작하시려던 참이었지요. 그 주제에 대해 충분히 숙고해 보실 시간이 한 주 더 있으셨을 것 같지만 말입니다."

"그렇지요," 그래함이 마디마디마다 비꼬는 듯한 분위기를 풍기며 덧붙였다. "부디 저희에게 당신의 주옥같은 지혜의 말씀을 선사해 주시지요."

"여전히 비위가 상하신 모양이군요?" 이안도 지지 않고 맞받았다.

"아, 저는 그저 들을 준비가 완벽히 되었다는 뜻입니다."

똑바로 앞을 향해 앉은 이안은 각 단어에 힘을 주어가며 이야기를 시작했다. "저의 첫 번째 이론을 인간 본성 모델이라고 말한다면, 이 두 번째 이론은 인간 필요성 모델이라고 이름 붙일 수 있겠습니다."

"재미있군요!" 그래함이 말했다.

"하지만 또한," 이안이 개의치 않고 이야기를 계속했다. "사회계약 모델이라고 부를 수도 있지요."

"확고하시기까지 하군요!" 그래함이 다시 끼어들었다.

전혀 동요하지 않은 채 이안이 말을 이었다. "저의 설명을 다 들으시면 그 두 가지 개념이 모두 사용되는 이유를 아실 수 있을 겁니다." 이안은 지금 객관적 도덕 가치의 근거를 설명하는 일에 흔히 사용되는 방식 중 한 가지를 제시할 참이었지만, 그 방식에 인간의 필요성과 사회적 합의라는 두 개의 개념이 함께 포함되어 있다는 사실이 그에게는 오히려 문제였는데, 둘 중의 어느 것을 제목으로 정해야 보다 신뢰감을 줄지 쉽게 판단이 서지 않았기 때문이었다.

그래함이 참을성 없이 말했다. "그러니까 그 설명법이 어떻다는 겁니까?"

"이 모델은 객관적 도덕 가치가 인간의 본성이 아니라 인간의 필요성에 뿌리를 두고 있다고 설명합니다. 자, 생각해 보십시오. 인간은 생존을 위해서 — 번영까지는 아니더라도 — 충족되어야 할 몇 가지 기본 욕구를 가지고 있다는 사실을 말입니다." 이안이 말했다.

"말하자면 어떤 것이지요?" 그래함이 여전히 재촉했다.

"우리는 정직성을 필요로 합니다. 또한 신뢰나 공정한 대우, 인간 생명에 대한 존중 등도 필요로 하지요. 그런 것들이 존재하지 않는데도 함께 어울려 살아가는 집단을 상상할 수 있습니까? 의도적 고문과 살인 등을 아무도 이상하거나 잘못된 것으로 생각하지 않으며 타인을 속이고 기만하는 것이 정상적인 삶의 방식인 양 생활하는 사람들을 말입니다."

"참 끔찍하겠군요." 그래함이 얼굴을 찡그렸다.

"그 이상입니다! 그들은 서로 의사소통조차 할 수 없을 겁니다. 서로 믿거나 의지할 수는 더욱 없을 거고요. 상대방에게 해를 끼치지 않겠다고 말해 놓고는 등을 보이는 순간 바로 악한 짓을 범하는 일이 전혀 이상할 것 없는 사회이기 때문에 인간의 수명도 극히 단축될 수 밖에 없을 겁니다.

제가 말하고자 하는 바는, 인간이 모여 사는 집단이라면 자신들의 생존을 위한 일정한 행동 기준이 자연히 정립될 수 밖에 없었다는 겁니다. 저의 사회계약 모델에서는 인간 스스로 인식한 이 같은 필요가, 특정 행위에 대해 옳거나 그르다고 함께 동의하는, 합의 내용의 바탕이 된 것이라고 전제합니다. 집단의 사회적 유익과 깊이 연관되는 중요한 행동들에 도덕적이다 혹은 비도덕적이다라는 꼬리표를 붙이게 된 것이지요."

"무척 흥미롭군요!" 프랜신이 관심을 보이며 말했다. "제 생각에는 이 모델이 지역과 시대를 막론하고 유사한 도덕규범이 실재하는 이유에 대해 잘 설명해 줄 수 있을 것 같은데요. 테드 씨가 인용했던 국제연합의 인권 선언문을 보더라도 말입니다."

"또한 고대의 도덕규범도 그렇고요." 아까보다 훨씬 덜 냉소적이 된 그래함도 덧붙였다.

"바로 그겁니다!" 이안은 지난번처럼 다시 흥분한 어조가 되었다. "인간의 필요라는 것은 언제 어디에서나 기본적으로 같기 때문에 그러한 필요성에서 유래된 도덕 법칙 또한 서로 공통점을 가질 것으로 기대할 수 있겠지요. 실제로 그렇다는 것을 우리가 이미 관찰했지만 말입니다."

"그렇다면 지금 말씀이," 테드가 질문을 시작했다. "그 같은 필요에 기반을 둔 사회적 합의가 객관적 도덕 가치의 근원에 대해 설명할 수 있다는 건가요?"

"네, 바로 그겁니다." 더욱 대담해진 태도로 이안이 답했다. 하지만 곧 비판과 검증이 뒤따를 것이라는 사실을 잘 알고 있던 그에게 테드의 다음 이야기는 긴장을 완화해 주는 제안이 되었다.

"이안 씨의 견해에 대해 살펴보기 전에 먼저 식사 시간을 갖기로 하지요. 아마도 치열한 토론을 위한 영양소 공급이 필요할 것 같으니까요."

"아드레날린 공급은 물론이고요." 프랜신도 농담으로 그 말을 받았다. 하지만 오히려 이안 자신은 자신의 새로운 주장에 대해 꽤 낙관적인 모습이었다.[1]

점심 식사 후 테드가 먼저 입을 열었다. "방금 이안 씨로부터 객관적 도덕 가치의 근원에 대한 새로운 설명법을 들었습니다. 물론 지금까지 살펴보았던 다른 이론들보다 더 성공적인 것으로 판별될 수 있을지 정확히 따져 봐야 하겠지만요," 그러고는 이안을 향해 물었다. "질문을 허락하시겠지요?"

"네, 물론 공평해야 하는 거니까요." 이안이 흔쾌히 답했다.

적절한 표현을 찾기 위해 노력하면서 프랜신이 말을 시작했다. "이 접근법이 저에게는 상당히 설득력 있는 것으로, 그리고 합리적인 방식으로 보입니다. 우리 인간이 특정한 조건들을 필요로 함은 분명한데 우리의 도덕 기준이 그 필요에 의해 존재한다는 것을 전제로 하고 있으니 말입니다."

"마음에 드는 반응이군요!" 이안이 기뻐하며 답했다. "하지만 당신은 도덕적 상대주의자인 것으로 알고 있었는데요. 객관적 도덕 가치 따위는 존재하지 않는다고 믿고 계신 것 아니었나요? 그렇다면 그에 대해 설명한다는 건 어리석고 쓸모없는 짓일 텐데요."

"아, 오해는 하지 마시지요. 사실 저는 몇 가지 질문들을 가지고 있거든요!" 금새 태도를 바꾸며 그녀가 답했다.

"그러실 것 같았습니다."

"제 말씀은," 프랜신이 이야기를 계속했다. "여러분들 모두의 생각이 맞다고 가정하고요, 그러니까 그런 가치가 존재한다고 말이지요. 당신의 접근법이 *객관적* 도덕 가치에 대해 정말로 설명할 수 있다고 확신하시나요?" *객관적*이라는 단어를 유난히 강조하면서 그녀가 이렇게 질문했다.

"왜 안 된다는 거지요?" 이안이 반문했다.

테드 쪽을 바라보며 프랜신이 질문을 던졌다. "객관적 도덕 기준이라는 것이 정확히 어떻게 정의되었었지요?"

"상당히 중요한 질문이군요." 테드가 대답했.

"우리가 지금까지 검토했던 두 가지 접근법 모두 이 부분에서 허물어졌었지요. 그 방식들이 설명하려 한 도덕 가치는 사실상 *객관적* 도덕 가치가 아니었습니다." 그 역시 같은 단어에 힘을 주며 말했다.

"잠깐 내용 정리가 좀 필요할 것 같은데요," 그래함이 갑자기 끼어들었다. "우리는 지금 어떤 집단 — 두 명, 세 명, 혹은 열 명이나 그 이상이든 — 이 한데 모여 일정한 행위에 대해 옳다거나 그르다고 합의하는 것을 상정하고 있지요?"

"그렇습니다."

"그리고 우리는 그들의 합의만으로 그 행동을 객관적인 의미에서 옳다거나 그르다고 할 수 있는지를 질문하고 있고요."

"바로 그렇습니다."

"그렇다면 저는 그 부분에서 문제가 발생한다고 말할 수 밖에 없군요," 이번에는 프랜신이 끼어들었다. "객관적 도덕 가치가 어떤 행위를 옳다거나 그르다고 말할 때는 어느 누구의 의견이나 믿음에도 의존하지 않는다는 사실을 우리는 이미 확인했습니다. 그런 것들에 의존하는 도덕적 가치는 *주관적 도덕 가치*라고 비교, 정의했고요. 어떤 행위의 도덕성이 그와 관련된 사람들이 갖고 있는 믿음이나 의견에만 의존하는 경우를 일컬어서 말입니다."

"옳은 말씀입니다," 테드가 말을 받았다. "어떤 행동이 *객관적으로* 옳지 않다는 말은 그 행위의 그릇됨에 어느 누가 동의하든 하지 않든 아무런 차이가 없다는 의미임을 기억해 주십시오. 그것이 바로 객관적이라는 말이 품고 있는 뜻이며, 또한 그것이 인종차별이나 성폭행, 부정직성, 탈세 등과 같은 특정 행동들은 다른 사람의 생각이 어떻든 비난받아 마땅한 행위라고 우리가 느끼게 되는 이유입니다. 만약 이런 일들이 주관적으로만 그릇된 행위라면, 그 그릇됨이란 일부 개인들이나 집단의 의견에 불과할 것입니다. 다른 사람들의 의견도 그들의 것과 동등한 가치가 있기 때문에 그에 반대되는 의견 역시 똑같이 옳을 수도, 그리고 정당화될 수도 있는 거고요."[2]

자신의 논리가 공격을 받고 있다는 생각에 이안이 되물었다. "그렇다면 제 모델이 객관적 도덕 가치와 관련된 설명이 아니라 단지 주관적 도덕 가치에 대한 설명 방식일 뿐이라는 말씀인가요?"

"그렇게 볼 수 밖에 없을 것 같습니다." 테드가 답했다.

이안이 표정을 찌푸렸다.

"내용을 한번 정리해 보겠습니다," 테드가 말을 이었다. "처음 시작 부분에서 인정하셨듯 어떤 행동을 그릇된 것으로 단정하는 이유가, 바로 사람들이 그것을 그릇된 행동이라고 합의했기 때문 아닙니까?"

"그렇습니다," 이안이 대답했다. "하지만 그들이 그 행동을 그릇되다고 합의한 이유는, 그렇게 판단하는 것이 인간의 필요성에 잘 부합되기 때문입니다."

"네, 그렇다 하더라도 여전히, 사람들의 합의에 의해 옳고 그름의 판단이 결정된다는 사실에는 변함이 없는 것 아닌가요?"

"물론 저도 압니다. 그러나 다시 말씀드리지만 그런 결정이 인간의 필요성에 도움이 되기 때문에 그렇게 합의하는 것이란 말입니다." 이안이 고집스레 반복했다.

"잘 알겠습니다," 테드가 답했다. "그렇지만 그것은 어떤 행동들이 객관적 의미에서 진정으로 옳거나 그르다는 의미는 아닙니다. 당신의 설명법에 따르면, 구성원들의 필요성과 긴밀히 연관되는 주요 행위들을 사회가 선택하여 그 도덕적 옳고 그름을 사회적 동의하에 결정한다는 말인데, 그렇다면 결국 사회적 합의로 선별된 행위들에 대해 사회적 합의로 판단을 내리게 되는 것 아닌가요?"[3]

이안은 고개만 끄덕일 뿐 아무 말이 없었다.

테드가 말을 이었다. "당신이 언급하지 않은 것은 ― 분명히 언급하시지 않았는데요 ― 거짓말이나 성폭행, 그리고 타인에게 해를 끼치는 행동이 그 자체로서 잘못된 일이라는 점과, 그래서 우리가 그 행위들을 자연히 그릇된 것으로 보게 된다는 명백한 사실입니다. 아시다시피 그것이 바로 객관적으로 옳고 그르다는 말의 의미인데 말이지요. 만약 어떤 행동이 객관적으로 옳지 않은 행위라면, 이는 결코 우리가 그 행동을 그릇된 행위로 정하자고 합의해서 그런 것이 아닙니다. 오히려 그 반대지요. 우리는 누군가의 지정이나 합의와 관계없이 그것이 잘못된 행동이라는 걸 자연스럽게 인식합니다. 그럴 때만이 그와 같은 행위를 범한 사람에 대한 비난을 스스로 정당하다고 느낄 수 있는 거고요."

"다시 말해서," 이안이 말을 받았다. "이 설명법이 인간 본성 모델과 같은 문제점을 가지고 있다는 말씀이신가요? 그 '합의 가치(agreed-upon)'라고 하는 것만을 설명할 수 있다는…."

"그렇게 말할 수 있을 겁니다," 테드가 답했다: "합의 가치는 우리가 설명하려 노력하고 있는 객관적 가치와는 상당한 거리가 있습니다."

모두들 이 새로운 국면에 대해 곱씹어 보는 사이 잠시 침묵이 흘렀지만, 오래지 않아 그래함이 또 다른 질문을 제기했다. "이 설명법대로라면 한 집단이 자신들에게 필요한 행동이면 무엇이든 옳다거나 혹은 그르다고 합의 하에 결정할 수 있게 되는 것 아닙니까?"

"조금 위험하게 들리는데요." 프랜신이 말했다.

"사실 위험한 정도가 아니지요," 테드가 우려를 표시하며 말했다. "더구나 그런 상황은 우리가 합의 가치를 다룰 때마다 발생할 수 있습니다. 함께 합의 과정에 참여하는 사람들은 말 그대로 아무 도덕규범에나 동의할 수 있는 데다가, 오직 합의라는 절차만이 어떤 규범의 올바름을 결정한다면 합의 과정을 거친 모든 규범은 무조건 옳은 걸로 인정될 테니 말이지요."

테드가 말을 이어 갔다. "상당히 이상하게 들리겠지만 현재의 논의를 위해 이렇게 한번 가정해 봅시다. 모든 대학교수가 무기징역의 처벌을 받는 것이 그 나머지 사람들에게 유익하다고 합의를 한 어떤 집단이 있다고 말입니다."

프랜신이 빙긋 웃으며 말했다. "사실 저도 그런 생각을 해 본 적이 있거든요."

"그런 분들이 많을 거라 생각합니다," 테드도 가볍게 말을 받았다. "하지만 만약 그런 일이 실제로 일어난다 해도, 합의된 규범을 다 옳은 것으로 보는 사회라면 교수들의 입장에서 할 수 있는 일이 무엇이겠습니까? 그런 결정은 말도 안 된다고 불평해 봐야 아무 소용없겠지요. 만약 이안 씨의 설명이 맞다면, 다시 말해 오직 합의만으로 무엇이 옳은지를 정해야 하는 거라면, 그땐 그런 결정 역시 옳은 일이 될 겁니다. 어쨌든 그 집단의 구성원들이 동의한 사항이니까요. 어차피 행동 자체에 옳거나 그름이 내포되어 있는 것이 아니라면 사람들이 무엇에 동의했는지는 전혀 문제가 안됩니다. 도덕성이란 엄격하게 그 집단의 합의 내용에 의해 결정되는 것일 뿐이지요."

이때 프랜신이 눈썹을 치켜올리고는, 냉철히 따지고 드는 특유의 태도로 물었다. "그러한 행동의 도덕성을 누가 결정하는지 질문해도 될까요?"

이안은 당황한 듯 보였다. "아마도 제가 뭔가 놓치고 넘어간 부분이 있나 보군요," 그가 더듬대며 말했다. "방금 하신 질문의 의미를 잘 이해 못했거든요."

프랜신이 반복해 물었다. "행위의 옳고 그름을 결정하는 사회적 합의에 대해 이야기하고 계시지요?"

"그렇습니다."

"그리고 그 합의가 어떤 행위에 대한 *사람들의* 동의라고 말씀하셨고요."

"그렇지요."

"그러니까, 그게 어떤 사람들인가 말입니다."

이안은 묵묵부답이었다. 이런 종류의 질문에 대해서는 미처 생각해 본 적이 없었기 때문이다. 처음 시작 때만 했더라도 '모든 사람'이 동의한다고 답했겠지만 이제 그런 대답으로는 이 사람들을 설득시킬 수 없다는 걸 그도 잘 알고 있었다. 어느 사회에서나 사람들 사이에 의견 갈등이 일어나는 것은 당연한 현상이며, 완벽한 의견의 일치란 결코 있을 수 없는 일일 것이다. 그렇다면 과연 누구의 동의가 필요할 것인가?

"지금 프랜신 씨의 질문은 상당히 중요한 내용입니다," 테드가 말했다. 지난번 제 강연을 통해 인류 전반에 걸쳐 나타나는 도덕 개념의 유사성에 대해 살펴보았지만, 동시에 거기에는 어느 정도의 불일치 또한 존재할 수 있다는 점도 언급된 바 있습니다. 그것이 다수와는 다른 소수 집단의 의견 차이든 국가적 차원에서 상이한 도덕적 입장을 채택한 나라의 경우이든 말이지요."

"히틀러의 독일을 말씀하시는 건가요?" 프랜신이 확인하듯 물었다.

다들 고개를 끄덕였다.

"이제 우리가 제기해야 하는 질문은, 만약 사람들 간의 합의가 어떤 행동을 옳거나 그른 것으로 판단하는 기준이라면 과연 어떤 사람들로부터의 동의가 필요한가 하는 문제입니다. 이 경우 대다수의 동의가 필요할까요, 가장 현명한 사람들의 동의가 필요할까요? 아니면 힘이 강한 사람들이나 최고의 권력을 가진 사람들의 동의가 필요한 걸까요? 과연 그들 중 누구의 동의가 필요하게 될까요? 게다가 결정 방법은 또 어떤 것이어야 할까요? 당신의 설명과 함께 그 기준도 제시하실 수 있나요?" 테드는 이안을 똑바로 바라보며 이 마지막 질문을 던졌다.

이안은 고개를 저으면서 입 안에서만 뭐라고 우물거렸다.

사람들이 이 문제에 대해 충분히 숙고할 수 있도록 잠시 기다리던 테드가 다시 입을 열어 말했다. "하지만 지금 이것은 그 모델이 갖고 있는 문제점 중의 하나일 뿐입니다. 다른 것이 또 있으니까요."

이 말에 이안이 움찔했다.

"각각의 두 집단이 서로 다르고 상충하는 도덕규범에 합의할 경우에는 어떻게 되지요? 다시 말해 그들이 옳다거나 그르다고 합의하는 내용이 서로 다를 경우 말입니다. 누가 그들 사이에서 판단을 내리나요? 예를 들어 아까 제가 언급했던 대학교수들이, 자신들을 감옥으로 보내면 안 될 뿐 아니라 오히려 공적 자금으로 숙식까지 제공해 주는 것이 공공의 이익에 도움이 된다고 합의한다면 말입니다. 이런 대우가 나중에 어떤 보상적 결과로, 즉 사회의 지적 발전에 도움이 되는 정기적 대중 강연 등의 공헌으로 나타날 수 있다는 이유를 들면서 말이지요."

그래함은 테드의 이 지적에 "그런 문제도 있을 수 있다는 생각은 미처 못 했네요"라고 말했다.

"하지만 그들 역시 동등한 권리가 있는 한 집단의 구성원으로서, 자신들 사이에서 합의된 하나의 규범을 제시할 수 있는 거니까요."

그리고 나서 테드는 다시 자세를 바꾸며 신중하게 덧붙였다. "만약 합의만이 필수적인 조건이라면 그때는 양쪽 집단의 합의 사항을 동시에 옳다고 해야 할 겁니다. 하지만 그 둘의 내용이 상충하고 있다는 점에서 당연히 둘 다 옳을 수는 없는 일이지요."

이안이 고개를 끄덕였다. 이제 자신의 모델로는 이 중 어떤 질문에도 명확한 답변을 제시할 수 없다는 것이 분명한 사실로 느껴졌다.

그러나 그 상황에서도 아직은 실패를 인정하고 싶지 않던 이안이 갑자기 태도를 바꾸면서 입을 열었다. "좋습니다. 제 사회계약 모델의 중대한 약점들을 지적하셨는데요, 제 모델이 객관적 가치가 아닌 합의 가치만을 설명하는 거라고 하시면서요. 그리고 그것이 아무 도덕규범이나 옳다고 허용할 위험성이 있는 데다가 서로 상충하는 도덕규범 간에 판단의 근거도 제시할 수 없다고 하셨고요."

"무척 열심히 경청하셨네요." 그래함이 비아냥대며 말했다.

"하지만," 이안은 그를 무시한 채 계속 말했다. "이제 제가 반론을 제기할 차례인 것 같군요. 왜냐하면 저의 모델은 그저 아무 도덕규범이나 허용하는 것이 아니니까요. 특별히 인간의 필요성에 위배되는 행위만을 그릇된 것이라고 합의한다는 점을 저는 아까 분명히 말씀드렸습니다. 옳은 행위란 그에 부합되는 것들이고 말입니다. 그러니까 결국 저는 판단의 기준을 제시한 것이지요."

"의미 있는 지적이군요." 테드가 고개를 끄덕였다.

"그렇게 말씀하시니 저도 기쁩니다."

"하지만 너무 기뻐하시기 전에 당신의 그 기준에 대해 질문을 해야겠는데요."

"그러실 줄 알았습니다."

"제 질문은 이겁니다, 그 생각을 어디에서 얻게 되셨지요?"

"네? 다시 한번 말씀해 주시지요." 이안은 무척 혼란스러워 보였다.

"질문을 바꿔보겠습니다," 테드가 다시 말했다. "왜 *그러한* 기준이지요?

정확히 표현하면, 어떤 행위의 그릇됨 여부를 결정하는 기준이 왜 *인간의 필요성*이지요?"

이안은 신속한 답변이 제시되어야 한다는 생각에 빨리 대답을 찾아내려고 애썼다.

"분명히 인간의 필요가 당신의 기준입니다," 테드가 질문을 계속했다. "하지만 무엇을 근거로 한 것입니까? 왜 어떤 집단이 당신의 기준이 아닌 다른 기준을 선택하거나 심지어 그 기준 자체를 거부해서는 안 되는 건가요? 그들이 당신의 기준을 꼭 선택해야 할 특별한 이유가 있습니까?"

이러한 질문을 막연히 예상은 했었지만, 지금 와서 이들에게 자신이 생각해 낸 답변이 제대로 용납될지 이안은 알 수 없었다. 그렇다고 대답을 안 할 수도 없었기에, "그 기준 또한 모두가 함께 동의한 것이라는 점이 이유가 될 수 있겠지요"라고 조심스럽게 한마디했다.

테드가 미심쩍다는 듯 눈썹을 치켜세웠지만 다른 말이 없는 것을 본 이안은, "어떤 행위가 옳은지 그른지의 판단에 합의하는 사람들이, 그 판단의 지침이 되는 기준 역시도 합의를 통해 결정한 것입니다. 인간의 필요에 위배되는 행동은 그릇된 것으로 정하고 그 반대의 행동은 옳은 것으로 정하는 기준에 그들 모두가 동의했던 거지요. 여기에 무슨 문제가 있나요?"라며 반격을 시도했다.

"한 가지 문제가 있답니다," 테드가 대답했다. "그리고 제시하신 답변이 무척 창의적이긴 하지만 실제적인 도움은 되지 못한 것 같습니다."

"왜 그렇다는 겁니까?"

"잘 생각해 보십시오. 만약 당신의 기준 역시 단순히 합의에 의해 생겨난 거라면 그것 또한 지금까지 살펴봐 온 문제들과 동일한 문제점을 갖게 되지 않겠습니까? 결국 그것도 합의 가치만을 갖게 된다는 말이니까요."

"하지만 저는 기준을 제시하고 있질 않습니까!" 이안이 화를 내며 반박했다.

"네, 압니다. 하지만 도덕 규칙에 대한 당신의 기준 역시 합의된 내용 중의 한 부분일 뿐입니다. 그것에 동의했던 사람들이 어쩌면 다른 기준을 두고, 똑같이 옳은 것이라 인정하면서 동의할 수도 있었겠지요."

그에 대해 달리 부인할 말이 없는지 이안은 그저 잠잠히 있었다.

"좀 전에 하신 말씀은 어떤 한 집단이 애초의 기준을 정함에 있어서도 아무 도덕규범에나 합의할 수 있다는 의미가 됩니다. 만약 기준 자체도 그들이 합의할 내용의 일부라면, 그들은 인간 필요성과 관련된 것이 아닌 다른 기준을 마음대로 선택할 수 있을 겁니다. 그렇다면 그때는 또 그들이 임의대로 정한 그 기준을 위배하는 행위가 옳지 않은 것으로 판단되겠지요. 만일 객관적 도덕성의 근거에 요구되는 것이 기준에 대한 합의뿐이라면 그때는 합의된 기준들이 모두 똑같이 타당하게 된다는 사실을 기억하시기 바랍니다."

그래함이 눈빛을 빛내며 말을 시작했다. "게다가 우리는 합의의 내용이 누구에 의해서 결정되는지와 서로 다른 합의 사항을 갖고 있는 두 집단 간에 어떤 판단을 내려야 하는지의 문제도 아직 해결하지 못한 것 아닙니까?"

"네, 그렇습니다," 테드가 수긍했다. "방금 제기하신 두 가지의 문제가 '기준'이라는 측면에도 ― 그것 역시 합의에 근거하는 한 ― 똑같이 적용되지요."

이안은 한발 물러선 듯 보였다. "결국 이 모델도 객관적 도덕 가치가 아닌 합의 가치만을 설명하는 것으로 봐야 된다는 말이로군."

테드가 인정의 의미로 고개를 끄덕였다. "지금으로서는 그렇게밖에 볼 수 없겠습니다."

커피를 마시다 말고 몇 마디 조롱의 말을 던지려고 이안을 바라보던 그래함은 오히려 그의 얼굴에 미소가 번지고 있는 모습에 흠칫 놀라며 말했다. "이안 씨가 남모르는 새로운 뭔가를 깨닫게 되었나 본데요."

이안이 미소를 띈 채 답했다. "아마도 그런 것 같습니다."

"그렇다면 저희들에게 지혜를 좀 나누어 주시지요." 그래함은 환영한다는 듯 양팔을 벌리며 말했다.

"지금 막 생각난 건데요, 어쩌면 저의 설명이 설득력을 얻을 방법이 있을지도 모르겠군요."

갑작스런 역습에 당황한 그래함이 물었다. "그럼 지금까지 우리가 다루어 온 객관적 가치라는 것에 대해 설명할 수 있는 방법을 찾았다는 말씀이신가요?"

"그런 것 같습니다," 이안이 대답했다. "모든 것이 저의 인간 필요성 기준과 관련이 있겠지만 말입니다. 아까 테드 씨께서 저의 기준에 어떤 근거가 있는지 질문하셨던 걸 기억하시지요?"

"물론이지요, 그리고 당신은 그것 또한 사회적 합의의 한 부분으로서 역시 동의된 내용이라고 대답하셨지요."

"네, 그랬지요. 하지만 아마도 그 질문에는 다른 답을 했어야 할 것 같습니다."

"말하자면 어떤 답을 말입니까?"

"저의 인간 필요성 모델의 기준은, 인간의 필요성에 위배되는 행위라면 어느 누구의 생각이나 느낌과 관계없이 진정으로, 그리고 객관적으로 그릇된 것이라고 보는 관점에 근거하고 있다고 말입니다. 그렇다면 저의 모델은 이 기준을 바탕으로, 인간의 필요성에 위배되는 행위들은 바로 그 이유로 인해 객관적으로 그릇된 것이라고 말할 수 있게 되지요. 이는 또한 집단 내의 사람들이 아무 기준에나 임의로 동의할 수 있을 거라던 당신들의 주장에도 정면으로 배치하는 조건이 됩니다. 만약 그런 식의 동의를 한다면 그들이 잘못된 행동을 하고 있다는 의미일 뿐이니까요. 인간의 필요성에 위배된다면 그 행위는 그릇된 것, 즉 객관적으로 그릇된 것이다라고 판단하는, 이것이 바로 제 모델의 기준인 겁니다."

"상당히 흥미로운 진전이군요," 테드가 말했다. "제가 제대로 이해했는지 한번 보겠습니다. 그러니까 지금 말씀은, 사회적 합의라는 것만으로는 어떤 행위가 객관적으로 옳거나 그르다고 결정할 수 없다는 점에 대해서는 인정하신 거지요?"

"네, 그렇습니다. 저는 그것이 객관적 가치가 아니라 합의 가치만을 갖는다는 사실은 인정합니다. 하지만 지금 말씀드리는 내용은 사회적 합의를 가치 판단의 기준으로 보는 입장에서가 아니라, 우선 인간의 필요성을 객관적 도덕 가치의 기준으로 정한 뒤 사회적 합의에 의해 선별된 인간 필요성 위배 행위들에 적용하는 방식을 이야기하고 있는 겁니다."

테드가 다시 물었다. "그러니까 이제는 인간 필요성에의 위배를 객관적인 의미에서 옳지 않은 것이라고 말씀하시는 거군요?"

"그렇지요."

"또한 사람들은 그 같은 기준을 인정한 뒤 그것을 근거로 행동들의 옳고 그름을 결정하여 합의를 이룬다는 거고요?"

"맞습니다."

"상당히 독창적이군요!" 테드가 평했다.

이안의 표정이 밝아졌다. "좋게 보셨다니 다행입니다."

"게다가 그것은 사회적 합의 모델이 내포했던 이전의 문제점들도 해결했고 말입니다." 테드가 다시 이안을 부추겼다.

"네, 계속 말씀해 보시지요!"

"하지만," 이 시점에서 갑자기 테드가 손을 들어 올렸다. "불행히도 그것 역시 또 다른 일단의 문제점들을 야기합니다."

"아, 결국 무엇에든 문제가 따르는군요," 이안이 불평했다. "다시 새로운 문제들이라니…."

"사실 새로운 것은 아닙니다. 그 중의 하나는 그래함 씨의 일관성 모델에서 지적되었던 문제와 같은 것이니까요. 지난번의 논의를 다들 기억하시겠지요?"

"어떻게 잊을 수가 있겠습니까?" 그래함이 못마땅한 듯 중얼댔다.

"그렇다면 그 설명법의 문제점 중 하나가 그러한 도덕 원칙들을 왜 객관적 진리라고 볼 수 있는지를 설명하지 않았기 때문이라는 것도 기억하시겠지요. 그 모델에서 도덕적 공리라고 불리던 객관적 도덕 가치들을 그래함 씨가 기정사실로 전제하고 논의를 시작함으로써 말입니다. 그 가치들이 엄연히 존재하고 있다고 주장하는 것과 애초에 그것들이 왜 존재하게 되었는지에 대해 설명하는 일은 전혀 다른 차원의 문제라고 말씀드렸었지요."[4] 테드가 말했다.

"그러니까 제가 그와 똑같은 실수를 범했다는 겁니까?" 이안이 물었다.

"그렇다고 봅니다."

"어째서 그렇다는 겁니까?"

"지난번 모델에서 당신은 인간 본성에 위배되는 행동이 객관적으로 그릇된 것이라는 논리로 설명을 시작하셨었지요?"

"네."

"그런 전제는 왜 그 행동이 객관적으로 옳지 않은가에 대한 이유를 말해주는 것과는 다르다는 점을 이미 지적한 바 있습니다. 물론 당신은 처음부터 그래함 씨의 개념을 차용해서 - 도덕적 공리라는 설명법을 참고해서 - 자신의 논리를 나름대로 정립하시고는 거기에서 당신의 도덕규범의 나머지 부분을 도출해 냈지만 말입니다. 그러나 인간 본성 모델에서의 도덕적 공리, 즉 '인간 본성에 위배되는 모든 행동은 객관적으로 그릇된 것'이 무엇을 근거로 생겨난 개념인지는 제시되지 않았었습니다."

이안은 눈살을 찌푸린 채 말없이 앉아 있었다.

갑자기 프랜신이 말문을 열었다. "그러니까 이안 씨의 이 새로운 제안도 결국 인간 본성 모델에서 우리가 봤던 것과 같은 문제에 부딪히는 것 아닌가요?"

"어떤 문제 말입니까?" 이안이 떨떠름한 태도로 물었다.

"무엇이 인간 본성의 위배를 객관적으로 잘못된 것으로 만드는가 하는 질문이었지요. 사실과 가치의 구분에 대해 논의했던 내용 말입니다. '사실-가치 문제(fact-value problem)'[5]라고 불린다는 구분법을 이용해서요."

"상당한 기억력이시군요!" 테드가 칭찬했다.

"그럼 저의 인간 필요성 모델도 마찬가지로 '사실-가치 문제'에 부딪친다는 말입니까?" 이안이 다시 물었다.

"피할 수는 없을 것 같은데요," 프랜신이 대답했다. "어떤 행위가 인간 본성에 위배된다는 사실을 증명하는 것과 그런 위배 행위가 그릇된 행동이라는 사실을 입증하는 것은 엄연히 다른 일이라고 들은 걸로 기억하거든요."

"맞습니다," 테드가 인정했다. "인간 본성 내부에는 그것에의 위배가 잘못된 행위임을 말해 주는 어떠한 요소도 존재하지 않는다는 사실 역시 당시에 살펴본 바 있었지요. 더구나 일정한 근거 없이 인간이라는 종을 도덕성의 요체로 선택한 것은 상당히 자의적이고 편향적 해법이라는 점 역시 함께 논의했었습니다.

하지만 지금의 이 인간 필요성 모델에서도 거의 같은 문제점이 발견됩니다. 어떤 행동이 인간 필요성에 위배되는 행위라고 기술하는 사실 서술문의 진실성을 증명하는 일과, 그런 식의 모든 위배 행위가 그릇된 행동이라고 단정하는 가치 서술문의 진실성을 입증하는 일은, 엄연히 구분되는 별개의 작업입니다. 그렇기 때문에 지금의 상황에서도, 인간 필요성 위배 행위는 모두 그릇된 행동이라는 가치 판단의 타당성을 입증할 수 없을 경우, 어떤 구체적 위배 행위를 그릇된 행동으로 전제하는 서술 역시 실증 불가능하다는 문제가 생기지요."

"게다가," 그래함도 한 마디 덧붙였다. "인간 필요성 위배 행위가 옳지 않은 행동이라는 걸 증명하는 일은, 인간 본성 위배 행위의 경우에서와 마찬가지로 결코 쉽지 않은 작업일 겁니다."

"네, 어려운 일이지요. 그때와 동일한 이유로 말입니다." 테드가 수긍했다.

"다시 한번 말씀드리지만, 인간 본성이나 인간 필요성의 자체 안에는 그들에 대한 위배 행위가 잘못된 것임을 알려 줄 어떠한 단서도 존재치 않습니다. 역시 지난번에 언급되었듯, 그런 식의 관점을 자명한 것이라 우긴다 해도, 누군가에게 자명한 사실이 다른 사람에게는 전혀 그렇지 않을 수 있다는 점에서 역시 소용없는 일이 될 뿐입니다. 설령 모든 사람이 그 관점을 자명한 사실로 본다 할지라도 그런 식의 합의로 위배 행위들의 그릇됨에 대한 입증을 대신할 수는 없는 것이고요. 만약 이와 전혀 별개인 무언가가 그러한 위배 행위가 잘못이라는 사실을 명확히 증명할 수 있다면야 우리가 그 제3의 어떤 것을 객관적 도덕 가치의 근거로서 고려해 볼 수도 있겠지만 말입니다. 결국 우리는 인간인 우리 자신을 임의로, 그리고 편향적으로 특별 대우한다는 똑같은 문제점까지 다시 안게 된 것이지요. 왜 하필 *인간*의 필요성인가 하는 바로 그 문제 말입니다. '참 편리하기도 하군!'이라며 비난하는 동물 권리 옹호론자들의 목소리가 들리는 것 같지 않습니까?"

"제가 보기엔," 그래함이 말했다. "오늘날 대다수의 사람들이 인간 필요성 위배 행위는 당연히 잘못된 일이라는 관점에 무조건 동의하는 식의 세태로 가고 있는 것 같습니다. 사실 그것은 진정한 객관적 가치가 아니라 우리가 지금 합의 가치라고 부르고 있는 것에 불과할 뿐인데도 말입니다."

"정말 그런 것도 같군요." 테드가 뒤로 기대앉으며 말했다.

이안이 다시 입을 열었다. "그렇다면 안타깝게도 우리가 아직 객관적 도덕 가치에 대한 적절한 설명법을 찾지 못했다는 이야기인데요.

그에 대한 적절한 설명 방법이 실제로 존재한다는 확신을 과연 가져도 되는 것인지 이제는 의심스러운 생각마저 드는군요. 만약 그런 설명 방식이 애초에 존재하지 않았다면 어떻게 하지요? 지금 우리가 처한 상황을 한번 보십시오. 우리는 이미 세 가지 시도를 해 보지 않았습니까?"

테드가 어이없다는 듯 웃음을 터뜨렸다. "이안 씨, 조금 놀랍군요. 지금까지 이렇게 길고 진지한 토론의 시간을 가져 놓고 그렇게 말씀하시니 말입니다."

"그렇지만 우리가 만약 존재하지도 않는 어떤 것을 찾으려고 지금까지 헛수고를 한 거라면 이와 같은 식사 모임, 토론, 시간 투자, 이것들이 대체 다 무슨 소용인가 해서 그러는 겁니다." 이안은 절망스럽다는 듯 두 손까지 들어 올려 보였다.

"그렇다면야 헛수고일 수도 있겠지요. 하지만 걱정하실 필요는 없을 것 같습니다. 만약 그렇다면 적절한 존재의 이유 없이도 무언가가, 이 경우 객관적 도덕 가치가 존재할 수 있다는 뜻일 테니까요."

"하지만 그 문제는 우리가 이미 확인하고 넘어온 것 아닙니까!" 이번에는 그래함이 흥분해서 말했다. "적절한 존재의 이유 없이는 어떤 것도 새롭게 생겨나거나 계속해서 존속할 수 없다는 사실을 우리 모두 분명히 확인했다고 보는데요."

"그리고 실제로," 그 말에 테드가 덧붙였다. "그 사실에 대해 설명하는, 널리 수용된 원리도 있습니다. '충족이유율(principle of sufficient reason)'이라고 불리는 것이지요. 무(無)가 다른 무언가를 생성하지는 못한다는 원리 말입니다."

그 말을 듣고서야 그래함은 "그야 당연한 일이겠지요!"라며 안심되는 듯한 표정을 지었다.

테드가 다시 이야기를 이었다. "모든 것의 존재에는 반드시 이유가 있어야 합니다. 객관적 도덕 가치를 포함해서 말이지요."

이안이 한숨을 쉬었다. "하지만 저는 좀 실망이 되는군요."

"아직은 실망하지 마십시오!" 테드가 힘주어 말했다. "우리는 이제서야 겨우 일반적으로 제기되는 세 가지의 설명 방식을 살펴보았고 그들이 옳지 않다는 사실을 확인한 것에 불과하니까요. 계속 전진해 왔다는 말이지요."

"새로운 가치관이 등장했군요." 냉소적인 투로 그래함이 답했다.

"지치지 않는 낙관주의자가 여기 계시는군요." 이안도 함께 빈정거렸다.

그런 그들에게 테드가 말했다. "하지만 저는 현실을 무시하려는 낙관주의적 입장에서 지금 이런 말을 하는 게 아닙니다. 제가 이렇게 긍정적으로 생각할 수 있는 이유는 실제로 지금까지 우리가 상당한 진보를 이루었기 때문이거든요. 게다가 앞으로도 그 이상의 진보가 가능하리라는 점 또한 의심의 여지가 없고 말입니다."

"그렇다고 해도, 결국 우리의 목적이 이루어질 수 있다고 보시나요?" 이안이 여전히 의심스러운 기색으로 물었다. "우리가 정말 객관적 도덕 가치에 대한 적절한 설명법을 발견할 수 있을 것인가 말입니다."

테드는 이안을 똑바로 쳐다보며 말했다. "그렇지 못하리라고 생각할 이유는 전혀 없다고 보는데요."

그때 잠시 주저하던 윌리엄이 얼굴빛을 밝히면서 말했다. "사실 아직까지 다루어지지 않은 다른 설명법도 있으니까요."

"아, 진화론 분야를 통해 습득하신 새로운 통찰력인가 보지요?" 이안이 과장된 반가움을 표했다.

"네, 사실 그렇습니다. 지금까지 여러분들이 제시한 설명 방식 중 적절한 것을 찾지 못했기 때문에 이번에는 저의 의견을 개진해 보고자 합니다. 제가 대학 시절에 배웠던 내용인데, 어쩌면 그 이론이 지금까지 살펴본 어떤 것보다 가장 적절한 근거일지 모른다는 생각이 갑자기 들어서요. 물론 먼지 쌓인 예전의 강의 노트를 꺼내 다시 검토해 봐야 할 것 같지만 말입니다."

"무척 참신한 이론이겠군요." 이안이 비아냥대며 말했다.

"진리라는 것을 시계나 달력을 기준으로 판단해서는 안 된다는 사실에 우리 모두가 이미 동의한 걸로 알고 있었는데요," 윌리엄이 테드의 말을 모두에게 상기시켰다. "우리의 첫 모임에서 테드 씨가 일깨워 주셨던 점 말입니다. 그렇지요, 테드 씨?"

"물론입니다!" 테드가 각 음절마다 힘을 주어 답했다.

"저의 설명 방식이 당신의 것보다 오래된 논리라는 사실은 그것의 진실성 여부와는 전혀 관련 없는 문제입니다. 저의 견해를 듣고 나서 판단해 보시지요." 윌리엄이 다시 강조했다.

"네, 네, 알겠습니다," 이안이 항복한다는 듯 두 손을 들어 올렸다. "제 표현을 정정하기로 하지요."

테드가 시계를 보며 말했다. "오늘 시간은 다 되었습니다만 적어도 다음번 모임에서 우리가 나눌 주제는 이미 정해진 것 같군요."

대기하고 있던 승용차에 올라 저택을 떠나면서 테드의 생각은 이리저리로 맴돌았다. 그로서는 다른 동료들이 이제 자신들의 모임을 당연한 것인 양 받아들이면서, 이 토론의 배후에 누가 있고 그 사람이 원하는 것이 무엇인지에 대해 더 이상 의문을 갖지 않는다는 사실이 신기하게까지 생각되었다. '많은 경우 우리는 충분한 숙고나 타당한 이유 없이도 얼마나 쉽게 상황을 받아들이곤 하는가.' 이것이 그때 그에게 불쑥 든 생각이었다.

10. 도덕—생존의 관건:
진화론자의 근거

베일에 싸인 주최인을 밝혀내기 위해 다음으로 할 수 있는 일이 무엇일지 테드로서는 도무지 감이 잡히지 않았다. 이런 종류의 상황에 대해 뭔가를 파헤치고 알아낸다는 것이 그에게는 도무지 익숙치 않은 일이기 때문이었다. 건물 소유자 명부에서 찾아낸 이름을 두세 명의 동료 교수들에게 물어보았지만 그들 역시 아는 바가 없기는 매한가지였다. 전화번호부도 찾아보았으나 그런 이름은 등재되어 있지 않았다.

하지만 그를 가로막는 이유가 실상 그것만은 아니었다. 무엇보다 자기가 그 문제를 계속 추적해야 할 것인지에 대해 좀처럼 확신이 서지 않았다. 이런 식의 흔치 않을 모임을 누가 주최했는지 알고 싶다는 생각이 마음 한편에 크게 자리 잡은 만큼이나, 다른 한편으로는 어느새 익숙해진 현재 상황에 불필요한 갈등을 야기하고 싶지 않다는 생각 또한 그에 못지않았다. 그 주 들어 더욱 바빠진 학교 일을 핑계 삼아, 그 문제에 대해 더 이상 생각하지 않겠다고 테드는 마음먹었다.

한편 그 시간 윌리엄도 저택을 향해 가고 있는 길이었다. 지난 몇 주간의 토론 내용에 대해 생각해 볼 수록, 자신이 이제부터 제시하려는 진화론이야말로 지금까지 객관적 도덕 가치의 근거로 제시된 어떤 이론보다 우월하고 신뢰할 만한 논리임을 자신할 수 있었다. 이제껏 제시된 관점들을 실패로 내몬 여러 반론들에 대해서조차 자신의 설명법이 가지고 있는 해답은 명확하고 적합한 것이란 확신이 들었다. 그러나 동시에 자신의 주장이 몇 가지 신중한 검토를 거쳐야 한다는 사실도 그가 모르는 바는 아니었다. 동료 토론자들의 분석은 늘 가차 없는 것이어서 그동안 제시된 모든 설명법이 연이어 반격되고 무효화되는 부끄러움을 당했으니 말이다. 하지만 지금까지의 토론 과정 동안 주로 말없이 듣고만 있던 자신이 이제 나름의 이론을 본격적으로 제시하려는 참이고, 또 모든 준비가 충분히 되어 있기에, 별 문제는 없으리라는 자위도 마음 한 켠에 있었다. 이런 상념들이 오고 가는 가운데 차가 저택 입구 도로를 통과했다.

윌리엄이 저택에 들어섰을 때는, 토론을 위해 다시 모인 동료들이 낯익은 방에서 그를 기다리던 중이었다. 의자가 둥그렇게 배열되고 벽난로의 따스한 불길이 타오르면서 실내의 분위기는 훈훈함을 더하고 있었다. '토론을 위한 최적의 환경이군,' 만족스러운 마음으로 그는 이렇게 생각했다. '모두들 너그러운 태도를 유지했으면 좋겠는데.'

의례적인 가벼운 대화가 오고 간 후의 잠잠한 틈을 이용해 테드가 먼저 입을 열었다. "제가 기억하기로는 오늘 윌리엄 씨께서 객관적 도덕 가치에 대한 새로운 설명을 제시해 주기로 하셨는데요."

"네, 그렇습니다."

"자신감이 절로 느껴지는군요," 이안이 끼어들었다. "기대가 무척 큽니다."

"우리는 지금까지 일관성 모델, 인간 본성 모델, 그리고 인간 필요성 모델을 살펴보았습니다만," 테드가 본격적 논의의 시작을 알렸다. "당신의 설명 방식은 뭐라고 이름 붙이시겠습니까?"

"아, 네, 좋습니다," 윌리엄이 조금 긴장되는 듯 손을 비비며 말을 시작했다. "제 이론은 진화론적 모델이라고 이름 짓지요."

"무척 창의적이군요," 이안이 다시 비집고 들어섰다. "우리를 전혀 새로운 방향으로 이끌어 가실 것 같습니다. 제가 진화론에는 능통하지 못해서 저 자신의 의견을 확실히 정립하지 못할까봐 걱정스럽긴 합니다만."

"굳이 그러실 필요도 없을 겁니다," 윌리엄이 시원스레 답했다. "아시겠지만 진화론은 인간을 포함해 식물과 동물 등 모든 종(種)이 원래의 가장 원시적인 형태로부터 발전되어 왔다고 보는 이론입니다. 단순한 존재에서 보다 특화된 존재로의 이 같은 변화는, 사소하지만 계속적인 변형들을 통해 진행되면서 한 세대에서 다음 세대로 전이됩니다."

이안이 고개를 끄덕였다. "또한 진화론은 수백만 년의 진화 기간 동안 많은 종들이 멸종되기도 했다고 가르치지 않습니까?"

"네, 맞습니다. 방금 이 이론에 능통하지 못하다고 하시더니요," 윌리엄이 웃으면서 덧붙였다. "그런 과정 중에 살아남지 못한 식물이나 동물들은 모두 멸종되어 사라져 버렸는데, 이런 현상을 적자생존이라고 부르는 겁니다."

"알겠습니다," 이안이 생각에 잠기며 말했다. "그리고 그것이 변화가 개입되는 부분이라는 거겠지요? 그들이 생존을 위해 적응하고 변형됨에 따라 새로운 생명 형태가 계속해서 생성된다는 것일 테고요."

"역시 맞는 말씀입니다. 그리고 현재 살아남아 있는 모든 종들은 진화 과정의 결과로서 생존에 필요한 요소들을 갖게 된 거지요."[1]

"하지만," 테드가 윌리엄의 말을 중단시켰다. "이 이론이 어떤 식으로 객관적 도덕 가치의 존재를 설명할 수 있을까요? 제 생각엔 진화의 과정 자체가 그것에 대한 설명을 제시할 수 있다고 저희에게 말씀하실 것 같습니다만."

"물론 그렇게 할 수 있습니다."

"하지만 그 일을 시작하시기 전에," 프랜신이 그의 말을 가로챘다. "한 가지 질문을 드리지 않을 수 없군요. 진화론을 인정하지 않는 사람의 경우는 어떻게 하지요? 사실 저는 그 이론에 문제가 많다고 생각하기 때문에 인정하지 않는 입장이거든요. 하나의 조상으로부터 모든 생명체가 생겨났다면 그 최초의 생명체는 대체 어디에서 온 겁니까? 우리는 이미 무(無)로부터는 아무 것도 생겨날 수 없다는 사실을 확인했는데 말입니다. 그리고 화석 자료라는 것에 대해서도 좀 생각해 보십시오. 제 생각이 틀렸다면 고쳐 주시기 바랍니다만 제가 보기엔 그것이 *정말 중요한* 문제인 것 같거든요. 만약 진화 과정이 실제로 일어났다면 서로 같은 기원을 가지고 있는 다양한 생명 형태간에 수백만 번의 변환 과정이 있었어야 할 텐데 그런 과정은 사실상 발견되지 않았으니까요."

"잠깐만요!" 윌리엄이 소리를 높여 그녀의 말을 막았다. "저는 당신이 이 이론을 반드시 받아들여야 한다고는 이야기하지 않았습니다. 사실 받아들이지 않아도 되는 거고요. 적어도 지금은 말입니다."

프랜신이 고개를 절레절레 흔들었다. "조금 혼란스럽군요. 우리가 당신의 모델을 가지고 분석을 하려면 생물들이 실제로 진화를 통해 존재하게 되었다고 가정할 수 있어야 하는 것 아닌가요?"

"네, 그렇습니다."

"그러니까 제가 혼란스럽다는 겁니다." 그녀가 입을 삐죽거렸다.

"이건 그냥 단순한 문제입니다. 지금까지의 설명 방법들 모두 어떤 것을 전제했지만 사실은 토론이라는 목적을 위해서 그렇게 한 것뿐이니까요. 예를 들면 이안 씨의 경우에는 도덕성을 집단 내 구성원들의 합의에 의해 시작된 것이라고 전제했습니다. 우리 역시 논의의 전개를 위해 그런 식으로 도덕성이 시작되었다고 가정했고, 그러한 가정을 토대로 현재 우리가 알고 있는 도덕성이 제대로 설명될 수 있는지를 따져 보는 방식으로 그 이론을 검증했던 겁니다. 그리고 그 전제가 기대했던 역할을 할 수 없다는 걸 알고 난 후에는 결국 그걸 폐기하게 되었던 거고요."

"그 일을 새삼 상기시켜 주실 필요는 없었는데요." 이안이 볼멘소리를 했다.

프랜신이 다시 질문했다. "진화론에서 말하는 방식으로 세상이 시작되었다는 당신의 전제가 오로지 논의를 위한 최초 단계로서의 가정일 뿐이란 말씀인가요?"

"맞습니다. 제 모델은 현존하는 모든 것이 진화의 오랜 과정을 통해 발생한 결과물이 맞다면 그런 진화 과정이 객관적 도덕 가치 역시 설명해 줄 수 있지 않겠는가라는 질문이니까요. 다시 말해 객관적 도덕 가치도 진화 과정이 낳은 산물이 아닐까 하는 질문이란 겁니다."

"하지만 저로서는 여전히, 만약 이 논리가 객관적 가치에 대해 적절한 설명을 제시한다면, 그 사실이 결과적으로 진화론 자체를 입증하는 일이 된다는 점에 더 주목할 수 밖에 없는데요." 프랜신이 달갑지 않다는 듯 말했다.

"무척 예리하시군요. 물론 여러 가지 이유에서 볼 때 그것이 더 중요한 문제이긴 합니다."

테드가 목소리를 가다듬고는 윌리엄을 향해 말했다. "다시 여쭤보겠습니다만, 이 진화 과정이 정확히 어떻게 객관적 도덕 가치를 설명해 준다는 말씀인가요?"

"설명드리겠습니다," 윌리엄이 답했다. "우리는 이미 지구상 어느 곳에 살든 인간이라면 누구나 일정한 도덕 개념을 가지고 있다는 사실에 동의했습니다. 다시 말해 그와 같은 도덕 개념은 세상 모든 사람들이 공통적으로 옳거나 그르다고 판단하는 개념이란 거지요."

모두들 말없이 고개를 끄덕였다.

"즉, 인간에게는 보편적인 도덕적 지식 혹은 도덕적 자각이 있다는 겁니다."

"맞습니다," 테드도 인정했다. "그것이 바로 지금까지 우리가 줄곧 설명하려 노력해 온 개념이고 말이지요."

윌리엄이 이야기를 계속했다. "저의 모델은 이 도덕적 자각이 생물학적 적응, 즉 우리가 지금 말하고 있는 진화 과정의 부산물이라고 주장합니다. 이 자각이 생물학적으로 가치 있는 것이기에 모든 인간은 이것을 공통적으로 가지고 있는 거고 말이지요."

"무척 독창적인 이론이군요!" 그래함이 끼어들었다. "어떻게 제가 진작 그런 생각을 못했을까요? 저도 진화론을 믿는 입장인데 말입니다. 우리 무신론자들 역시 세상의 기원을 설명하는 이론으로서 진화론을 가장 적합한 것으로 보고 있거든요."

"그러시다면 제가 제시하는 근거가 분명히 마음에 드실 겁니다. 이 관점은 인간이 소유하고 있는 도덕적 지각을 우리의 손이나 발 또는 치아와 같다고 간주하는 입장인데요, 자, 한번 보십시오," 윌리엄은 한 손으로 자신의 치아를 가리키고 다른 손은 흔들어 보이면서 말을 이었다. "진화론에 따르면 우리의 손과 발 그리고 치아는 생존을 돕는 적응 방법으로서의 진화 과정을 통해 긴 시간 동안 발달한 기관들입니다. 이들 없이는 지금까지 우리가 살아남을 수 없었을 테니 그렇다면 결국 인간도 멸종된 생물들 중 하나로 끝나고 말았겠지요."

"음," 그래함이 잠시 생각하다가 물었다. "그런 내용들은 저도 이미 잘 알고 있는 것입니다만…. 진화론에 관한 다른 새로운 개념을 소개하시려는 게 아니었나요?"

"네, 그렇습니다. 하지만 그것 역시 당신이 이미 알고 계시는 개념들과 같은 맥락의 내용일 겁니다. 제가 덧붙이고자 하는 유일한 논점은 우리의 손, 발, 치아와 마찬가지로 도덕적 자각 역시 우리가 생존하는 데에 필수적이라는 사실뿐입니다. 생각해 보십시오. 특별한 이유 없이 타인을 살해하는 행위를 도덕적으로 문제 삼지 않으면서 계속해서 공존하는 집단을 상상할 수 있겠습니까? 혹은 부정직을 정상적인 생활 방식으로 간주하거나 늘상 불공정한 행위들을 일삼으면서도 문제없이 함께 살아가는 집단이 과연 세상에 존재하겠습니까?"

"전에 우리가 이와 비슷한 이야기들을 이미 하지 않았었나요?" 귀에 익은 이야기로 생각되던 그래함이 이렇게 되물었다.

"그랬지요. 이안 씨의 인간 필요성 모델에서도 같은 질문이 제기되었습니다. 하지만 당시 이안 씨는 인간이 생존하고 번영하기 위해 도덕적 지침이 필요한 것이며 그래서 다 함께 일정한 기준에 합의하게 되는 거라고 주장했었지요."

"아, 그리고 결국 그 이론은 불합격으로 판명되었던 거고요?" 그래함이 껄껄댔다.

"네, 그래요, 잘 알고 있습니다," 이안이 응수했다. "하지만 저의 이론에서 인간이 함께 생존하고 기능하기 위해 도덕성을 필요로 한다는 주장은 틀린 것이 아니지 않습니까?"

"저도 그렇게 생각합니다," 윌리엄이 대답했다. "그리고 그것이 또한 저의 이론의 기본적 논리이기도 하고요. 우리가 도덕성을 필요로 하는 이유는 그것이 인간의 생존과 번식에 도움을 준다는 사실 때문입니다. 우리가 함께 어울려 살아가는 일에 유용한 것이니까요. 게다가 우리 모두가 도덕적 자각을 가지고 있는 것만은 틀림없는데 그 개념이 단순히 합의에 의해 만들어진 것이 아니라면 — 지난주 모임에서 확인되었듯 — 뭔가 다른 방식을 통해 생겨났다고 보아야 마땅하겠지요. 그렇기에 제가 제안하는 이론에서는 도덕적 자각 역시 다른 신체적 기관들과 마찬가지로 생물학적 진화를 통해 발달했다고 보고 있습니다. 만약 우리와 유사하면서도 도덕적 자각을 갖지 않은 어떤 존재가 있었다면, 생존을 위해 필수적인 부분이 결여됨으로써 멸종되고 말았을 것이 확실하지요.[2]

조금 더 실질적인 예를 들어 설명해 보겠습니다. 자기 자녀에 대한 부모들의 헌신적 사랑은 인간이 가지고 있는 가장 기본적인 도덕 성향으로, 이것 없이는 어린 아이가 결코 생존해 나갈 수 없을 텐데요, 이러한 사랑을 받은 아이들은 자신들도 그에 상응하기 위해 부모님을 기쁘게 해 드리고 싶다는 보상적 욕구를 갖게 됩니다. 이와 같은 관계를 통해 아이들의 공감, 공정, 자기 통제 등의 감정이 개발되면서 책임감을 가지고 행동하도록 이끄는 양심 또한 발달하지요. 시간이 지남에 따라 이 의식들이 확대됨으로써 부모가 아닌 타인에게까지 그러한 도덕 성향을 적용시키는 결과를 낳는 겁니다."[3]

"상당히 흥미로운 접근법이군요." 테드가 평했다.

자신의 설명 방식이 이전의 다른 것들보다 신뢰할 만하다는 사실을 확신한 윌리엄은 여유 있는 태도로 의자에 기대앉았다. '이들이 나의 모델을 인정하기만 한다면 결국 그 배경이 되는 진화론 역시 받아들여야 할거야. 게다가 적지 않은 사람들이 이미 그 이론을 믿고 있지 않은가 말이다.'

테드의 다음 말이 그의 생각을 멈추게 했다. "잘 설명해 주셨습니다, 윌리엄 씨. 명확할 뿐 아니라 논리적이기까지 하군요. 하지만 그것이 객관적 도덕 원칙의 근거로서 우리의 검증을 통과할 수 있게 될까요? 자, 이제부터 시작해 보지요."

프랜신이 의자에 똑바로 앉더니 윌리엄을 정면으로 바라보며 물었다. "이 모델이 무척 독창적이긴 하지만 이런 질문을 던지지 않을 수 없군요. 당신의 모델은 진정 *객관적인* 것으로서의 도덕 가치를 설명하고 있나요?"

윌리엄은 프랜신을 응시하면서 미간을 약간 찡그린 채 말했다. "제 답변에 놀라실 것 같습니다만, 사실 그렇지 않습니다."

그 말에 다들 무척이나 놀라 보였다.

"아니 그렇다면, 이 이론은 무의미해질 수 밖에 없는 것 아닌가요? 우리는 지금 객관적 도덕 가치에 대한 적합한 설명 방법을 찾고 있으니 말입니다. 만약 당신의 설명법이 그 일을 하고 있는 게 아니라면 우리가 찾고 있는 방법으로서 적합하지 못한 것 아니겠습니까?"

"꼭 그렇지는 않습니다!" 단호한 태도로 윌리엄이 대답했다. "오히려 그

점이 저의 모델을 다른 것들보다 더 흥미롭게 만들어 주는 부분이지요.

 만약 저의 모델이 말을 할 수 있다면 이렇게 얘기할 겁니다, '나는 당신들이 기대하듯 객관적 도덕 가치의 존재에 대해 설명하려는 목적을 갖고 있는 게 아니야. 사실 나는 인간과 상관없이 저 먼 어딘가에 존재하는 뭔가가 있다고는 결코 생각하지 않거든'이라고요."

 그래함은 영문을 몰라 하며 말했다. "하지만 제 생각에는…."

 "제 말씀을 끝까지 들어 보십시오."

 "아니, 이미 오래 전에 우리 모두가 객관적 도덕 가치의 근거를 찾는 일에 동의한 것 아니었나요? 그런데 당신은 이제 와서 그런 것이 있다고도 생각하지 않는다니요. 존재하지도 않는다고 생각하는 객관적 가치에 대한 근거라는 게 도대체 무엇일 수 있겠습니까?" 그래함이 혼란스러움을 감추지 못한 채 물었다.

 "말씀드렸다시피 저의 모델은 객관적 도덕 가치를 설명하고자 하는 시도가 아닙니다. 오히려 객관적 도덕 가치라는 것이 외부의 어딘가에 있을 것 같다고 믿게 하는 인간의 느낌과 감각에 대해 설명하려는 것이지요. 실상 저의 모델은 *객관적 도덕 가치* 그 자체와, 객관적 도덕 가치가 존재한다라고 느끼는 *우리의 도덕 감각* 사이에 구분을 두고 있습니다."

 "그러면 지금 당신은 객관적 도덕 가치가 존재하지 않는다는 주장을 전면에 내세우고 계신 건가요?" 그래함이 재차 물었다.

 "그렇습니다."

 "그리고 또 당신의 모델은, 모든 인간이 이러한 도덕적 감각, 다시 말해 객관적 도덕 가치가 외부 어디엔가 존재한다는 의식을 왜 갖게 되었는지에 대해 설명한다는 거지요?"

"맞습니다. 제가 보기에는 진정으로 설명을 필요로 하는 것은 객관적 도덕 가치가 아니라, 오히려 우리의 도덕적 감각, 즉 '객관적 도덕 가치가 저 먼 어딘가에 있으니 그에 대해 반드시 설명해야 한다'라고 느끼는 그 생각입니다. 따라서 우리가 제기해야 할 질문은 '왜 객관적 도덕 가치가 존재하는가'라기 보다 '왜 그러한 보편적 도덕 감각이 인간 내면에 존재하는가'여야 할 것입니다. 그리고 저의 진화론 모델은 우리의 정신 내면에 존재하는 이러한 도덕적 감각에 대해 설명하려는 시도입니다."

그 말에 그래함이 감탄을 섞어 답했다. "이것이야말로 우리의 질문에 대한 철저히 새로운 접근법이라는 사실을 인정하지 않을 수 없군요."

"이 모델이 제 몫을 다해 주기만 한다면 우리가 원하던 모든 답변을 제시해 주리라고 저는 확신하고 있습니다." 윌리엄이 미소를 지었다.

그때 프랜신이 대화를 잠시 중단시켰다. "물론 토론이 우리의 정신 개발에는 유익하겠지만 육체적인 필요 또한 무시해선 안 되겠지요. 그 둘 중 어느 하나라도 결핍되면 균형을 유지할 수 없을 테니까요."

그 말이 떨어지자마자 모두들 기다렸다는 듯 여느 때와 마찬가지로 여러 종류의 음식들이 먹음직스럽게 차려져 있는 테이블로 다가가 점심 식사를 즐겼다.

잠시 후 프랜신이 윌리엄을 건너다 보며 말했다. "당신의 근거에 대해 제가 우려하게 되는 또 한 가지가 있군요."

"말씀해 보시지요."

"제 생각이 틀리지 않다면, 이 도덕 의식의 발전으로 인해 인간이 하나의 종으로서 생존하고 번식할 수 있었다는 말씀이신데요. 그렇다면 사실상 당신은 생존에 대한 필요성 혹은 욕구가 우리의 도덕적 신념을 유발하는 동기라고 보시는 것 아닙니까?"

"네, 그렇습니다."

"그러니까 다시 말하면," 프랜신이 질문을 계속했다. "오랜 시간을 거치면서 인간 종족의 생존에 기여하는 행동이나 풍습에 대해 우리가 도덕적 중요성을 부여하게 된 것이지요?"

"맞습니다."

"우리의 생존을 불가능하게 하거나 방해하는 행위들은 부도덕한 것으로, 그리고 그것을 증진하는 행위는 도덕적인 것으로 간주하기 시작한 거고요."

윌리엄이 웃음을 터뜨렸다. "당신이 저보다 더 설명을 잘하시는군요. 그래, 그런데 대체 뭐가 문제란 말씀입니까?"

"문제는 말이지요, 만약 정말로 우리의 도덕적 신념이 인간 종족의 생존에 기여하는 행동을 옳은 일로 권장해야 할 필요에서 나온 거라면, 우리는 환자나 노인, 그리고 장애인 같은 분들을 세상에서 몰아내는 일이 옳다고, 심지어 우리의 의무라고 보는 도덕적 신념을 가져야 마땅한 것 아닌가요?"

이 질문에 윌리엄은 순간 당황한 듯 했다.

"꽤나 가혹한 이야기로군요!" 그가 소리쳤다. "도대체 왜 저의 모델이 그런 논리로 이어진다는 거지요?"

"자, 한번 생각해 보세요. 우선 제가 언급했던 그러한 분들이 인류의 생존력 증진에 결코 기여하지 못한다는 사실에는 동의하실 텐데요, 도리어 그것에 저해된다고 말하는 게 실제로는 더 맞겠지만요. 그분들이 인간 생존에 필요한 자원들을 소모는 하지만, 종족의 생존을 위한 어떤 실질적 기여를 하고 있는 것은 아니니까 말입니다. 게다가 종족 생존만이 유일한 목적이라면 유전자 연합을 약화시키는 — 다시 말해 유전자 염색체에 결함이 있는 —사람들 역시 세상에서 제거해 버리는 일이 우리의 최우선 임무가 되어야 하는 것 아닐까요? 그렇지 않다면 최소한 그들이 생식하는 걸 막기라도 해야겠지요. 하지만 우리는 결코 그같이 잔인한 처사를 인간으로서의 의무로 간주하거나 실행하지 않을 뿐더러, 오히려 그와 반대되는 신념을 가지고 있는 것이 사실입니다. 그런 짓을 자행하는 사람들은 엄중하게 처벌을 받으니까요."

"저는 그 말에 동의하지 않습니다." 윌리엄이 내뱉듯 말했다.

"그러시다면 대체 어느 부분에서 제 이야기가 틀렸는지 가르쳐 주시지요." 프랜신도 지지 않고 맞섰다.

"저는 한 종으로서의 생존을 위한 필요 때문에 생겨난 도덕성이 반드시 그런 잔인한 행동을 의무로 생각하게끔 만드는 건 아니라고 믿습니다. 사실상 우리는 그런 식으로 생각하지 않고도 지금까지 생존하지 않았습니까. 대부분의 사람들이 약자와 노인, 장애인들에게 동정심을 느낍니다. 게다가 설령 유전자 연합을 약화시키는 사람들이 있다고 해도 여전히 그들 모두가 생식할 수 있도록 용납하고 말입니다. 우리가 그러한 일들을 허용하더라도 계속적 생존이 가능하다는 뜻이 되지요."

프랜신은 잠시 생각하더니 "그야 물론 그렇지요. 하지만 제가 묻고 있는 것은 과연 당신의 진화론 모델이, 그러한 분들에 대하여 우리 모두가 갖고 있는 현실적인 도덕 신념을 설명할 수 있는가 하는 문제입니다. 결국 우리 인간이 실제로 가지고 있는 도덕적 신념에 대해 설명하는 일이 당신의 모델이 표방하는 기본 작업 아닙니까?"라고 다시 물었다.

"맞습니다."

"그러니까 말이지요," 프랜신이 질문을 반복했다. "당신의 모델이 약자나 노인, 장애인 등에게 해를 끼치는 일을 극히 잘못된 것으로 판단하는 우리 인간의 강한 도덕 의식에 대해 설명할 수 있는 겁니까?"

윌리엄은 아무 대답도 못한 채 그저 듣고만 있었다.

"프랜신 씨의 이야기는 말입니다," 테드가 그녀의 말을 정리하기 시작했다. "이 생존 기반 도덕 원리 내에서는, 비록 인류 생존에는 해가 될 망정 그런 가혹하기 이를 데 없는 행위에 대해 반대하는, 우리가 실제로 갖고 있는 강한 도덕적 신념을 창출해 낼 만한 그 어떤 것도 발견되지 않는다는 뜻일 겁니다."

"그것이 바로 제 이야기의 정확한 핵심입니다."

무거운 침묵이 방 안을 감쌌다. 벽난로 속의 거의 다 타 들어간 불에 테드가 장작을 더 집어넣었다. 윌리엄을 바라보던 프랜신이 별안간 그의 얼굴에 번지는 미소를 보고 놀라 말했다.

"당신이 미소짓고 계시리라고는 전혀 기대 안 했는데요!" 그녀가 어이없어하며 말했다. "지금 뭐가 재미있으신 거지요?"

그의 미소는 더욱 분명해졌다. "어쩌면 그럴 수도 있겠군." 그가 혼잣말처럼 중얼거렸다.

"뭐가 그럴 수도 있다는 건가요?" 프랜신이 다시 재촉했다.

"테드 씨가 방금 저의 생존 기반 도덕 원리에서라면 인간 종에 소모적 요소인 사람들도 보호하고자 하는, 즉 우리 대부분이 실제로 가지고 있는 그 강력한 도덕적 신념을 만들어 낼 어떤 것도 찾을 수 없다고 말씀하셨지요?"

"네, 모두들 그렇게 이해했지요."

"하지만 그런 신념에 대해 설명할 방법이 혹 있을지도 모르겠군요." 윌리엄이 선포나 하듯 이렇게 말했다. 한마디 한마디를 해 나가는 동안 그의 자신감은 점점 더 커지는 모양이었다.

"어떻게 그럴 수 있다는 거지요?"

"자, 이런 식으로 한번 생각해 보십시오. 도움이 필요한 사람들, 연약한 구성원들에 대한 동정심 역시 우리 종의 생존에 반드시 필요한 것이라고 말이지요. 누가 알겠습니까, 저나 여러분이 나중에 그런 병들고 무기력한 상황에 처하게 될지 말입니다."

"정말 신나는 일이겠군요." 이안이 투덜거렸다.

"하지만 사실이지요!" 윌리엄이 확신에 찬 어투로 말했다. "우리의 연약한 구성원들을 돌보는 일은 아마도 생존을 위한 노력의 한 측면일 겁니다. 그럴 경우 진화론적 진보의 입장은 그런 일을 도덕적 의무로 지정하겠지요."

"무척 재치 있는 생각이시군요," 테드가 그의 말을 끊었다. "하지만 그것은 방금 우리가 지적한 문제점에 대한 해답일 수가 없을 것 같습니다."

"어째서 말입니까?"

테드가 답했다. "설명해 드리지요. 당신은 방금 인간 종의 번성에 저해 요소가 될 수 있는 이들에 대한 동정적 행위가 오히려 우리의 생존에 도움이 될지도 모른다는 주장을 펴셨지만, 실제로 그 의견에는 쉽게 동의할 수 없는 문제점이 있습니다. 물론 그러한 친절이 연약한 구성원들의 삶을 보다 안전하고 편안하게 해 주며, 또한 이후에 그들과 같은 입장이 될지 모를 다른 사람들에게도 미래에 대한 보장을 제공함으로써 위안의 요소가 된다는 점만은 인정합니다.

"저 역시 그렇게 생각한다는 겁니다." 윌리엄이 말했다.

"하지만," 테드가 말을 이었다. "그것은 인간의 생존에 필수적인 요소가 아닙니다. 우리는 그런 부분 없이도 하나의 종으로서 아주 잘 생존할 수 있습니다. 만약 우리가 생각하는 것이 오직 생존의 문제라면, 사실 우리는 그러한 동정심이 없어야 더 잘 살 수가 있는 거지요. 모든 자원과 재정 그리고 에너지를 건강한 다른 사람들이 더 마음껏 사용할 수 있을 테니 인간의 장기적 생존 기회 역시 훨씬 증가할 거고 말입니다.

하지만 프랜신 씨가 지적했듯, 실제 우리의 태도는 그렇지 않습니다. 사실상 우리는 궁핍한 사람들을 위해 자원을 사용하는 것을, 우리 종의 생존에 반하는 행위임에도 불구하고, 좋은 일이라 여기며 행하고 있습니다. 그들을 위해 우리는 나머지의 건강한 사람들이 사용할 수 있을 자원을 소모하고 많은 시간과 돈을 소비합니다. 심지어 우리가 돌보는 그분들이 인간의 생존력 증진에 아무런 도움이 되지 않는 경우라고 해도, 다시 말해 혼수상태에 있거나 정신적 장애를 가진 경우에도 마찬가지로, 기꺼이 그런 보살핌을 제공하고 있는 것입니다. 그리고 만약 특수한 처치 방법으로 인위적인 생명 연장을 도모하는 것보다 그냥 돌아가시도록 하는 편이 더 낫다고 결정되었을 때조차 그런 일을 무척 괴로운 마음으로, 또 깊은 고민을 가지고 하게 되지요. 그렇기에 진화론적 설명법에서는 이같이 강력한 인간의 도덕적 정서를 설명할 방법을 찾을 수 없다는 겁니다."

윌리엄은 손을 모으고 말없이 생각에 잠겼다. 자신의 진화론 모델로는 인간이 현재 가진 도덕적 신념이 애초에 어떻게 생겨난 것인가에 대해 설명하기가 결코 쉽지 않다는 사실을 이제 그도 인정해야 할 것 같았다. 그것이 바로 객관적 도덕 가치에 대한 적절한 설명법이 담당해야 하는 일이라는 점 또한 부인할 수 없는 사실이었다.

갑자기 그래함이 의자에서 일어서서 서성거리기 시작했다. "당신의 진화론 모델의 뭔가 다른 부분에 갑자기 신경이 쓰이기 시작했습니다." 그는 윌리엄 쪽으로 고개를 돌렸다.

윌리엄이 올려다 보며 물었다. "무엇에 신경이 쓰인다는 거지요? 이 논리가 당신의 무신론적 가치관에는 완벽하게 들어맞을 텐데요."

"아, 저의 도덕적 공리 모델은 이미 살펴보았으니 그것과는 전혀 상관이 없습니다. 제가 신경 쓰이는 이유를 한번 설명해 보지요. 당신의 모델을 과연 진심으로 믿을 사람이 있을까 하는 의문이 갑자기 생긴다고나 할까요?"

"제가 믿지 않습니까?" 윌리엄이 강경하게 말했다. "그리고 또 제 친구들 중 많은 사람들이 믿고 있고요. 하지만 혹 그렇지 않다 해도 그게 무슨 문제가 됩니까? 진실은 다수결 투표로 결정되는 것이 아니까요. 설령 아무도 믿지 않는 무언가라고 해도 그것이 진실일 수는 있지 않습니까?"

"한 번에 한 가지씩만 다루어 봅시다," 그래함이 대꾸했다. "그러한 설명법에 대하여 당신과 당신의 동료들이 믿는다고 *말하고 있다*는 것은 저도 잘 압니다. 하지만 그것을 실제 사실로 여기면서, 기꺼이 받아들이고 살아간다는 의미에서, 진심으로 믿는다는 말씀입니까? 이건 정말로 중요한 문제입니다. 만약 당신이 그런 방식으로 믿고 있는 게 아니라면 당신의 믿음은 그저 머릿속에만 존재하는 학문적 이론에 불과하니까요. 마치 중력을 믿지 않는다고 늘 공언했으면서도 막상 3층 건물의 창문에서 뛰어내리지는 않으려 했다는 어떤 사람과 같은 경우가 되겠지요. 자신이 말하고 있는 신념과 실제의 삶은 전혀 다른 모습인 겁니다."

"무슨 말씀인지는 알겠습니다만 제가 저의 모델을 정말로 믿는다는 사실을 왜 의심하시는 건가요? 제 스스로가 지금 그것을 주장하고 있지 않습니까?"

그래함은 생각을 정리하려는 듯 손으로 턱을 받치고는 건조한 어투로 말했다. "이유는 말입니다, 만약 당신의 진화론 모델이 옳은 것이라면 그때는 인간의 어떤 행동에 대해서든 비판을 가할 근거가 없어진다는 사실 때문입니다."

윌리엄은 깜짝 놀란 모양이었다. "뭐라고요?" 그가 말을 더듬거렸다.

그래함이 다시 말했다. "세상에는 우리 모두가 실제로 혐오하는 행동들이 있지 않습니까. 절도, 폭력, 사기, 혹은 성폭행 등과 같이 누구나 비난하는 행위들 말입니다."

"물론 그렇지요!" 윌리엄이 목소리를 높여 대답했다.

"하지만 당신의 모델을 가지고 어떻게 그 행위들을 비난하겠습니까?"

"왜 못한다는 건가요?"

"이렇게 한번 가정해 보십시오," 그래함이 답했다. "어떤 다른 행성에서 온 생물을 우리가 발견했다고 말입니다."

윌리엄이 고개를 끄덕대며 말했다. "그러니까 당신도 외계인 드라마를 즐겨 보시는군요?" 자신도 가끔 외계인의 존재 여부를 궁금하게 여기곤 하던 그가 이런 질문으로 그래함의 말을 받았다.

"그들에게 성폭행이 잘못된 일일까요?" 그래함이 느닷없는 질문을 던졌다.

"그야 그렇겠지요. 성폭행은 끔찍한 짓이니까요." 윌리엄이 별 생각 없이 그 말에 답했다.

"하지만 당신의 모델에서라면 그러한 존재들은 우리와 진화의 역사가 완전히 다를 거라는 사실을 기억하십시오. 제가 이런 질문을 하는 것은 당신처럼 진화론 모델을 주창하는 철학자, 마이클 루즈(Michael Ruse)라는 사람이 같은 예를 사용했기 때문입니다. 위의 질문에 대한 그의 대답은, 다른 행성에 사는 존재들에게라면 성폭행이 반드시 잘못된 일은 아닐 수도 있다는 거였는데요, 만약 그의 말이 옳다면 성폭행의 부도덕성이 인간에게 당연한 것이라고 해서 다른 유기체나 외계 생물에게도 그러리라고 확신할 수는 없는 일이겠지요."[4]

"좋습니다. 저도 그 견해에는 동의하는 걸로 하겠습니다." 윌리엄이 대답했다.

"물론 저 역시도 그렇습니다," 그래함이 말했다. "진화론 모델에서는 외계 생명체의 도덕성이 우리의 것과 같다고 가정할 수 없으니까요."

"설령 그렇다 하더라도 그것이 *우리의* 도덕성과 무슨 상관이 있단 말입니까?" 윌리엄이 반박하고 나섰다.

"좋은 질문입니다," 테드가 끼어들며 말했다. "제 생각에는 그래함 씨가 무척 중요한 점을 지적하신 것으로 보입니다. 이 사례가 도덕성의 모든 부분과 관련이 있다는 점에서 말입니다. 이러한 외계 생명체가 지구에 착륙했는데 우리와 상당히 유사해서 우리 인간과 성적 관계를 맺을 수 있다고 가정해 봅시다."

"아, 사양하겠습니다!" 이안이 급히 내뱉었다.

"네, 물론 잘 압니다. 정말 내키지 않는 일이지요. 저는 그저 '만약'이라고 말씀드리는 겁니다. 어쨌든 제 질문은 그럴 때 그들이 우리를 어떻게 대우하게 될까라는 건데요, 그들이 인간을 의도적으로 성폭행하기로 결정했는데, 우리는 그것이 옳지 않은 행위라며 당장 멈추라고 요구할 경우를 가정해 보겠습니다. 그들에게는 분명 손쉬운 대답이 있겠지요. 이렇게 말하면 그뿐일 테니까요, '당신들의 도덕 개념은 우리의 그것과 전혀 다른 당신네 진화 과정의 산물일 뿐이야. 당신들의 다른 여러 적응 방식들과 마찬가지로 말이지. 그러니까 무슨 특별한 의미나 있는 것처럼 굴지 마. 우리와는 아무 상관 없는 일이니까'라고요. 게다가 만약 도덕성이 진화의 결과물임이 확실하다면 이것을 결코 틀린 말이라고 할 수도 없겠지요.

혹은 그들이 우리보다 상위에 있는 생물이라고 가정해 봅시다. 우리 인간이 가축보다 상위인 것처럼 말이지요. 그래서 그들이 우리를 음식이나 노동력을 제공하는 동물로서 사용하기 시작했다고 합시다. 그럴 경우 이 진화론 모델을 근거로 그것이 옳지 않은 행위라는 걸 증명할 수 있는 방법이 있을까요? 그들은 그들 나름의 도덕 체계, 즉 자신들의 진화적 발전의 산물을 바탕으로 행동하는 것뿐일 텐데 말입니다. 그들이 굳이 인간의 도덕 기준을 따라야 할 어떤 이유가 있겠습니까?"

"그러니까, 지금 말씀하시고자 하는 요점이 뭡니까?" 테드로부터 대답을 끌어내기라도 할 듯 윌리엄이 손을 휘저어 가며 물었다.

"제가 하고자 하는 이야기는, 만약 도덕성이 정말로 진화의 산물이라면, 당신의 말씀과는 달리 살인이나 성폭행 같은 행위도 진정한 의미에서 잘못된 행동으로 볼 수 없다는 것입니다. 우리는 단지 어떤 느낌이나 *자각*을 갖는 것에 불과하니까요. 그것도 잘못된 느낌이나 자각을 말입니다. 그럴 경우 그 외계 생물들은 자신들이 편한 대로, 게다가 정당하다고 믿으면서, 우리의 도덕적 정서를 얼마든지 무시할 수 있을 테고요. 그럴 때 우리는 그들에게 아무런 말도 할 수 없을 겁니다.

하지만 지금 우리가 간과하고 있는 또 한 가지 사실은, 당신의 모델을 근거로 본다면 외계 생명체에게 그리 문제가 되지 않는 행위가 우리에게라고 특히 더 잘못된 행동일 수도 없다는 점입니다. 우리가 인간이라는 사실이 같은 행위를 본질적으로 더 나쁜 것으로 만들지는 않으니까요. 이는 단지 우리가 우리 나름의 진화적 발전 과정으로 인해 그 행위가 옳지 않다는 느낌을 갖게 되었단 사실만을 의미하겠지요.

여기에서 더 중요한 질문 하나가 제기됩니다. 왜 우리가 성폭행이나 절도, 사기뿐만 아니라 그 외에도 여러 가지의, 때로 하고 싶다는 충동을 느끼는 행위들을 해서는 안 되는 거지요? 단지 우리가 그 행위들이 옳지 않다는 느낌을, 그것도 아주 강한 느낌을 가지고 있는 건지는 모르겠지만, 이 설명법에 따르면 그 느낌은 그저 생물학적 적응 방식이 수백만 년 간 우리에게 주입시킨 감각에 불과합니다. 그것은 단지 느낌일 뿐 그 이상의 의미가 없기 때문에 어떤 행동을 정말로 옳거나 그르다고 간주할 아무런 근거가 되지 못하지요. 사실상 당신의 진화론 모델이라면, 종을 번식시키는 일이라는 이유에서 성폭행조차 윤리적으로 좋은 행위라고 말할 수 있을지 모릅니다."

윌리엄이 펄쩍 뛰었다. "성폭행이요! 좋은 행위라고요?" 그가 격분했다. "저는 절대 그런 이야기를 한 적이 없습니다. 앞으로도 마찬가지일 거고 말입니다."

"물론 당신은 하신 적이 없지요," 윌리엄의 격노에 다소 놀란 테드가 말했다. "하지만 당신의 논리는 그렇게 말할 수 있고, 그 점이 바로 여기에서 문제가 되는 부분입니다. 당신의 진화론적 견해로는 제가 방금 예로 든 어떤 행위도 정말로 잘못된 행동으로서 비난할 방법이 없습니다. 심지어 그런 끔찍한 짓들을 수용하거나 지지할 수도 있고 말입니다."

방금 제기된 이 개념을 모두들 숙고하는 동안 잠시 정적이 이어졌다. 얼마 후 프랜신이 입을 열었다. "결국 우리는 주관적 도덕성에 불과한 개념으로 다시 퇴보한 건가요?"

"그렇게 보이는군요," 테드가 수긍했다. "그리고 저의 질문은, 이런 끔찍한 행위가 정말로 잘못된 것이 아니라는 듯 살아가는 그런 삶을 기꺼이 원하시는가 하는 겁니다."

자리에 앉으며 그가 말을 이었다. "사실 이것은 다른 모든 접근법에도 적용되는 아주 중요한 질문입니다. 학문적으로는 일정한 개념에 대해 관념적 믿음을 가질 수 있겠지요. 하지만 그것을 실제적인 의미에서 믿고 그에 따라 일관되게 사는 일은 완전히 다른 문제입니다. 우리가 여태껏 살펴본 바처럼, 진화론적 설명을 믿는다는 말이 살인이나, 폭행, 속임수 같은 것들을 진정으로 잘못된 행위라 여기지 않는다는 의미가 될 수도 있기 때문입니다. 하지만 윌리엄 씨는 이러한 것들이 옳지 않다고, 진정으로 객관적인 의미에서 옳지 않다고 믿고 계시다는 사실을 우리에게 분명히 보여 주셨습니다."

갑자기 이안이 눈썹을 찌푸리면서 말했다. "하지만 윌리엄 씨나 다른 누군가가 자신의 이론을 진정으로 믿지 않는다고 해서 그 이론이 옳지 않다는 의미는 아니지 않습니까? 제 말은, 윌리엄 씨도 언급했듯 그 이론은 여전히 진실일 수 있다는 거지요."

"있을 수 있는 지적이라고 봅니다," 테드가 답했다. "물론 그런 경우가 있을지도 모르지요. 하지만 이 부분에서 꼭 짚고 넘어가야 할 사실이 있습니다. 첫째로, 어떤 것을 진실이라고 믿을 이유가 전혀 없고, 또 실제로 우리가 그것의 진실성을 믿지 않음이 행동을 통해 드러나고 있는데도, 그것이 진실일지 모른다고 말해야만 할 이유가 있을까요?

둘째로, 논리적으로 자기모순에 빠질 위험성을 항상 경계해야 합니다. 상충하는 어떤 두 가지가 다 옳을 수는 없는 일이니 말입니다. 만일 어떤 이론을 믿지 않는다면 '나는 그것을 진실이라고 생각하지 않아'라고 말해야 합니다. 그렇지 않고 '그 이론을 내가 믿지는 않지만 아마도 그건 진실일거야'라고 말한다면 그 자체가 자가당착인 것입니다. 만약 지금 우리의 실제 삶이, 객관적 의미에서 정말로 그릇된 행동이 있다고 믿는 자신의 잠재의식을 반영하고 있다면, 진화론 모델이 옳지 않은 것임을 우리 스스로 증명하고 있는 셈이지요. 그렇다면 당연히 다른 이론을 찾아보려 시도해야 할 거고요."

벽난로의 불이 거의 꺼져 가는 채로 시간은 조용히 흐르고 있었다. 테드는 남은 석탄을 마저 집어넣으려 무릎을 꿇었다. 마지막 빛과 열기까지 태우느라 불길이 서로 옮겨 붙으면서 탁탁거리는 경쾌한 소리만이 실내를 가득 채웠다. 논의에 몰두하던 구성원들은 한 무리가 되어 타오르는 불길을 보면서, 이 모임 안에서 방금 내려졌던 결론에 대하여 자신들도 그처럼 다 함께, 그리고 같은 의미로서 공감했다는 사실을 동시에 깨닫고 있었다.

객관적 도덕 가치의 존재를 인정하지 않는 프랜신을 제외한 그들 모두는, 나름대로 각자의 모델을 제시하며 그 근거에 대한 설명 방법을 찾기 위해 최선을 다해 왔다 — 아직 테드가 남아 있긴 했지만 말이다. 일관성을 근거로 한 설명 방식은 실패임이 곧 밝혀졌다. 인간 본성과 인간 필요성 모델 역시 검증을 통과하지 못했다. 사회적 합의나 계약이 객관적 가치의 근거로서 인정될 수 없는 여러 문제점을 노출했던 것이다. 이제는 진화론 모델마저 그 결정적 취약점을 드러내고 말았다.

그렇다면 이제 객관적 도덕 가치의 근거를 설명할 방법은 더 이상 남아 있지 않다는 것인가? 하지만 분명한 이유 없이도 존재 가능한 무언가가 있지 않는 한 반드시 그 근거와 기준은 발견되어야 마땅할 것이었다. 게다가 그 것의 근거가 존재하지 않는 경우란 '근거충분의 원리'라는 견고한 논리를 위반하는, 정말로 받아들이기 어려운 가능성이기도 했다. 만약 이도 저도 아니라면, 객관적 도덕 가치라는 실체를 설명하는 작업이 그야말로 인간의 영역을 벗어나는, 성취 불가능한 일이라는 말인가? 그럴 경우 그들이 선택할 수 있는 최선의 행동이 있다면, 그 사실에 대해 순순히 인정한 후 탐구를 포기하는 일뿐일 것이다. 소크라테스도 결국 진정으로 현명한 사람을, 자신이 가진 지식의 한계를 깨닫고 스스로의 지적 역량을 넘어서는 일에서는 무지를 인정할 줄 아는, 겸손한 사람으로 정의하지 않았던가?

이 순간 그들 각자는 다른 동료들도 자신과 같은 생각을 가지고 있을 것이라 짐작하고 있었다. 이런 상념에 잠겨 있던 그들에게 불현듯 주의 집중을 요청하며 테드가 이렇게 질문했다. "자, 그럼 이제는 우리가 어디에 와 있는 거지요?"

"막다른 골목이지요!" 그래함이 우울해하며 대답했다.

"아, 그렇게 쉽게 포기하시는 겁니까?"

"지금 '쉽게'라고 말씀하셨습니까? 이제는 저도 객관적 도덕 가치에 대한 설명법이 실제로 존재할 수나 있는 것인가 하는 의문이 들기 시작했는데요."

"그런 생각이 드는 것도 당연하지요." 윌리엄도 동의를 표했다.

테드가 몸을 앞으로 기울이며 뭔가 이야기하려는 듯한 모습을 보이자 나머지 사람들은 다시 조용해지면서 그의 다음 말을 기다렸다. "우리의 토론에서 아직 언급되지 않은 설명 방식이 하나 더 있다는 사실을 여러분 모두 알고 계시겠지요. 지금까지의 탐구를 이대로 포기하기 전에 그것 역시 들어 봐야 하지 않을까요?"

"그렇다면 한번 시작해 보시지요." 그래함이 기다렸다는 듯 말했다.

"아, 하지만 오늘은 시간이 다 됐네요."

"그렇게 말씀하실 줄 알았습니다." 그래함이 불만을 터뜨렸다.

"결국 언제든 듣게 되실 것 아닙니까," 테드가 웃으며 답했다. "우리와 같은 성격의 모임에서 그 설명 방식을 제외한다면 제대로 된 토론이랄 수가 없겠지요."

그 순간 경비원이 들어왔다. 그는 테드의 이야기를 들었는지 반가운 표정으로 "그럼 다음 주에도 다들 오시는 거지요?"라고 물었다.

"테드 씨의 설명을 놓칠 수야 없지요." 그래함의 확신에 찬 이 대답에 아무도 이의를 제기하지 않았다.

모임을 마친 그들은 각자 자신의 차편으로 향했다. 차 안에 편안히 앉은 채 지금까지의 논의에 대한 깊은 상념에 잠겼던 테드는, 객관적 도덕 가치라는 실체를 설명하기 위해 쏟아 온 모두의 노력을 돌이켜 떠올려 보았다. 하지만 그간의 과정에서 겪은 어려움들에도 불구하고 그 실체의 존재는 결코 부인될 수 없으며, 그것을 부인하는 일의 결과란 이전의 논의가 낳아 온 모순들과 지금의 이 막다른 끝이 전부일 것이었다. 물론 그럼에도 여전히 그것의 정확한 근거를 제시하는 일이 난해한 작업이라는 사실은 인정해야 했지만 말이다.

이제는 테드의 차례였다. 자신의 하나님 근거 이론을 동료들이 어떻게 받아들일지 지금의 그로서는 짐작할 길이 없었다. 하지만 자신이 해야 할 임무가 정확히 무엇인지와 다음 주 모임의 성공 여부가 자신의 그 임무에 달려 있다는 사실만은 누구보다도 확실히 느끼고 있었다.

11. 하나님 소개하기:
기독교 신학자의 근거

 늦은 밤이었지만 다음 번 점심 식사 모임에서 자기가 다룰 내용에 대해 심사숙고 중인 테드는 아직 잠자리에 들지 못하고 있었다. 그리고 한편으론 불가사의한 그 모임의 주최인에 대해 알아낼 방법도 함께 모색하던 참이었다.

하루를 마무리하기 전 잠시 뉴스를 시청하려고 텔레비전을 틀었던 그는, 정말 놀랍게도 화면에 등장해 있는 낯익은 경비원의 얼굴을 보았다. 지금껏 그 사람에 대해 가졌던 궁금증들이 단번에 호기심으로 바뀌는 순간이었다. 테드는 앉은 자리에서 벌떡 일어나 경비원의 말을 잘 들어 보려고 볼륨을 높였다.

그가 단순히 경비원이 아니라는 사실을 알기까지는 그리 오랜 시간이 걸리지 않았다. 그는 판사였다. 그것도 판사 협회의 회장이었다.

"정말 믿을 수가 없군!" 테드가 혼잣말을 했다. 최근의 여러 사례에 대한 까다로운 법적 질문을 받은 그가 막힘없는 능숙한 태도로 훌륭한 답변을 제시하고 있다는 사실은 테드에게도 쉽게 감지되었다.

'저분이 나에게 설명해 줘야 할 일들이 정말 많겠군,' 그는 생각했다. '내가 지금까지 몰랐던 것들이 또 뭐가 있을까?'

화면에 나온 판사의 이름을 재빨리 확인해 본 테드의 머릿속에서, 갑자기 그 저택 소유자의 이름과 경비원의 얼굴, 그리고 판사라는 직책이 한데 뒤엉키면서, 하나의 구체적 실마리가 손에 잡혔다. "아니, 당신! 당신이 바로 그 의문의 주최인이었다니!" 테드가 자기도 모르게 혼잣말로 외쳤다. "그렇다면 이제 내가 당신에게 해야 할 질문이 훨씬 더 많아지겠군요!"

그에 대해 좀 더 자세한 것을 알고 싶었던 테드는 다음날 아침이 되자마자 법률가이자 법대 대학원 교수인 한 동료에게 연락을 해 보았다. "당신의 친구인 그 판사는, 아니, 경비원이던가요?" 그 동료가 껄껄 웃으며 말했다. "전통 있는 부유한 가문 출신의 유능한 사람입니다. 돈으로 살 수 있는 거라면 원하는 걸 모두 다 가질 수 있을 정도지요."

그 말을 듣고 나니 테드에게 이해되는 부분이 있었다. '그래서 그렇게 큰 저택과 호화로운 가구들, 운전기사를 포함한 차편 제공이 가능했던 거구나.'

"한 가지 더 얘기해 드리지요," 동료가 말을 이었다. "어젯밤 당신이 TV에서 본 내용에는 조금치의 과장도 없었을 겁니다. 그분은 법조계에서 탄탄한 경력을 쌓으신 데다가 전문적 법률 분야에서 상당한 명성을 얻고 있는 인물이거든요."

그 말을 들은 테드는 '하마터면 내가 이런 사실들을 전혀 모르고 넘어갈 수도 있었겠군. 하지만 지금이라도 알게 된 것을 다행으로 여겨야겠지'라고 속으로 혼자 되뇌었다.

약속된 모임 날짜가 되자 역시 같은 시각에 차편이 도착했다. '모든 문제가 해결되는 날이 바로 오늘이었으면 좋겠는데,' 그에게 든 생각이었다. '우리 모두 오랫동안 기다려 오던 시간이니까.'

차가 저택에 도착할 때까지 첫마디를 무엇으로 시작할지 고민하던 테드에게, 그날도 역시 빈틈없는 태도로 임무를 수행하고 있는 문제의 그 경비원이 눈에 들어왔다.

"알고 보니 당신은 경비원 이상의 인물이더군요!" 테드가 먼저 말문을 열었다.

눈길이 마주치자 그 인물은 무슨 뜻인지 알겠다는 듯한 몸짓을 해보이면서도 테드가 던진 질문에는 아무런 대꾸를 하지 않았다.

'필요 이상의 이야기는 하지 않겠다는 거군.' 내심 이런 짐작이 들긴 했지만 이제야말로 알아야 할 사실들을 모두 알아내겠다고 결심한 테드였기에, 포기할 수 없다는 생각으로 다시 질문을 계속했다. "제게 설명해 주셔야 할 일들이 있을 텐데요. 어젯밤 텔레비전에서 당신을 보았습니다. 당신은 판사이고 그 분야에서 영향력 있는 인물이시지요. 뭐 더 하실 말씀은 없으십니까?"

다른 사람들이 들을까봐 신경 쓰이는 것이 역력한 태도로 주위를 살피는 그를 아랑곳 않은 채 테드는, "당신은 대체 누구십니까? 왜 우리가 여기에 오게 된 거지요? 이 모임의 목적이 대체 뭡니까? 그리고 초대장은요? 승용차와 운전기사, 지금까지의 토론들, 저 사람들은 다 뭐지요?"라고 응접실 쪽을 손으로 가리키며 질문을 퍼부었다.

"제발 잠깐만요!" 경비원이 간청이라도 하듯 테드를 향해 손을 들어 보였다. "오늘 토론이 끝날 때까지만 참고 기다려 주시면 저에 대해 다 말씀드리겠습니다. 당신이 하신 모든 질문에도 대답해 드리지요. 하지만 지금은 모두들 저렇게 당신의 설명을 기다리고 있다는 걸 아시지 않습니까." 그도 역시 응접실 쪽을 가리키면서 사정했다.

모여 있는 동료들 사이로 걸어 들어가면서 테드는 그들과 인사를 나누었다. 보통 때와 같은 가벼운 잡담조차 나누지 않고 있는 것으로 보아 혹시라도 누가 그 의문의 주최인에 대한 이야기를 꺼낼까봐 신경 쓸 필요는 없을 것 같았다. 다들 오직 한 가지 목적 때문에 이곳에 모였음을 짐작할 수 있었는데, 모임 시작과 함께 던져진 그래함의 질문이 그러한 공동의 목적을 대변하고 있었다.

"그러니까 객관적 도덕 가치에 대한 당신의 새로운 설명 방법은 무엇인가요?"

"좀 성급하다고 생각하지 않으십니까?" 테드가 웃으면서 말했다.

"지난주에 저희들에게 큰 궁금증을 안겨 주셨다는 사실을 인정하셔야 할 겁니다."

"지금 그 말은, 제 이야기를 들을 준비가 충분히 되셨다는 뜻이겠군요."

"준비되었다 뿐이겠습니까!"

"사실상 저의 설명 방식은 한 마디의 단어로 요약될 수 있는 것입니다."

"무척 간결하겠군요," 프랜신이 즉시 말을 받았다. "그래, 그 단어가 대체 뭐지요?"

테드는 잠시 말을 멈춘 채 둘러앉은 동료들을 한 명씩 바라보다가 주저하지 않고 입을 열었다. "하나님이지요." 부드러운 어조로 그가 말했다.

"하나님이라고요!" 그래함이 펄쩍 뛰었다. "제가 뭔가 잘못 들은 것 아닙니까? 지금 우리에게 객관적 도덕 가치에 대한 설명이 결국 하나님이라고 말하시는 건가요?"

테드가 고개를 끄덕이며 담담히 말했다. "그 사실에 문제가 좀 있으신 모양이군요."

그래함은 거의 자제력을 잃은 듯 보였다. "맙소사! 문제 정도가 아닙니다! 무엇보다 저는 신 자체를 믿지 않으니까요. 저는 무신론자라고요!"

"네, 이미 말씀하셨었지요."

"더구나 저는 지금까지 우리가 합리적 설명 방식과 논리에 의거해 의견을 나누어 왔다고 믿었습니다, 종교 같은 게 아니라 말이지요. 세상에서 저와 가장 관련 없는 것이 한 가지 있다면 그게 바로 종교입니다. 결국 이 이야기를 듣기 위해 지금까지의 논의들을 거쳐 왔다니 도무지 믿을 수가 없군요. 혹시 다음 순서는 우리에게 설교할 목사 한 사람을 저 옷장 안에 숨겨 두었다고 이야기하실 차례 아닌가요?"

그래함이 이렇게까지 노골적인 반대를 드러내는 것은 여태껏 아무도 본 적이 없었는데, 아마도 이 사안의 어떤 부분이 그의 예민한 곳을 건드리는 모양이었다.

방 안에는 잠시 정적이 흘렀다. 조금 후 테드가 다시 입을 열었다. "기억해 주십시오. 우리는 지금 함께 진리를 찾아가는 길이라는 사실을 말입니다. 그리고 이 과정에서 우리가 결코 해서는 안 될 일은, 객관적 도덕 가치에 관한 있음직한 설명 방식을 두고 단지 그것이 우리 마음에 들지 않는다거나, 전에 들어 보지 못한 낯선 것이라거나, 종교적인 이야기로 들린다거나, 충분히 합리적이 아닌 것처럼 느껴진다는 이유만으로 받아들이지 않으려 하는 행동입니다. 이러한 이유들 중 어떤 것도 그 설명 방식을 그릇된 것으로 만들지는 않으니까요. 제안된 설명법을 마음 내키는 대로 무시해 버리는 것이야말로 이 방에 있는 사람들 중 어느 누구도 하지 말아야 할 비합리적인 행위라는 사실을 분명히 말씀드리고 싶습니다.

만일 저의 설명법이 부적절하다면 그 사실은 저절로 드러나겠지요. 앞서의 다른 것들과 똑같은 방식으로 저의 설명 역시 우리의 검증 과정을 거치게 될 테니까요."

"정말 재미있겠군." 그래함이 고개를 절레절레 저으며 말했다.

"그럴지도 모르지요," 프랜신이 말을 받았다. "어쨌든 저는 한 가지에 대해서만은 여전히 혼란스럽네요."

"그게 뭡니까?" 테드가 물었다.

"이 설명 방식은 모든 사람들이 신을 믿고 있다는 전제가 기본이 되어야 할 것 같거든요. 하지만 그런 믿음은 오직 신앙이 있는 사람들만 가지고 있는 것 아닌가요? 그러니까 제 말씀은, 자신이 무신론자라는 점 때문에 불평하고 있는 그래함 씨의 말에도 일리가 있지 않은가 하는 거지요." 어휘 선정에 신중을 기하면서 프랜신이 조심스레 말했다.

테드가 손을 들어 보였다. "너무 서두르지는 마십시오. 많은 사람들이 하나님을 믿지 않는다고 *공언*하고 있는 것은 사실입니다. 하지만 그 이야기에는 다른 측면도 포함되어 있거든요."

"그게 뭐지요?"

"어떤 적절한 상황만 주어진다면 훨씬 많은 수의 사람들이 깊고 잠재적인, 자신 안에 거의 내재되어 있는 하나님에 대한 믿음을 드러내리라는 점입니다."

"그러니까 지금, 제가 신을 믿지 않는다고 말하면서도 사실은 믿고 있다고 말씀하시는 건가요?" 그래함이 회의적인 태도로 물었다.

"그거야 물론 다른 사람이 알 수 없는 문제겠지요. 하지만 우선 저의 질문에 답변을 좀 부탁드려도 될까요? 그러니까 제가 드리려는 질문은, 무척 공포스러운 경험을 했다거나 죽을 뻔한 위기 상황에서 벗어난 사람들이 저절로 하게 되는 말이 무엇일까라는 건데요, 예를 들어 고속도로에서 차가 미끄러졌다거나 엔진 결함인 비행기가 가까스로 착륙했다거나 할 때 우리 입에서 나오는 첫마디 말입니다."

"무슨 말씀인지 알겠군요," 프랜신이 대답했다. "물론 '하나님, 감사합니다!' 겠지요."

"맞습니다. 그렇다면, 만약 자신의 아이가 심각한 병을 앓고 있거나 생사를 넘나드는 순간을 겪고 있는 상황이라면 대부분의 사람들이 무엇을 할까요?"

"기도를 하겠지요."

"네, 역시 맞습니다," 테드가 말했다. "이것들은 바로 '전쟁의 참호 속에는 무신론자가 없다'라는 표현이 잘 들어맞는 상황들입니다."

"지금 하신 말씀은," 결국 그래함이 참지 못하고 끼어들었다. "모든 사람들이, 심지어 무신론자라 자칭하는 사람들도, 실제로는 신을 믿고 있다는 이야기인가요? 당신이 예로 드신 그와 같은 행동들은 단지 절망적 상황에서 나오는 자동적인 반응에 불과한데 말입니다. 그런 단순한 반응에 너무 큰 의미를 부여하시는 것 아닙니까?"

"그럴지도 모르지요," 테드가 답했다. "하지만 이것은 전에 우리가 다루었던 것과 같은 맥락의 내용입니다. 우리가 무언가를 믿는다고 말하는 것과 그 말에 따라 일관성 있게 사는 일은 전혀 다르다는 사실 말입니다. 무신론자라고 공언하고는 위급한 상황에서 저절로 기도가 나온다면 그 사람은 자신의 무신론적 믿음에 일치하는 삶을 사는 것이 아니니까요. 그가 행동으로 드러내는 것은 결국 하나님에 대한 믿음에서 완벽히 벗어날 수 없다는 — 아무리 스스로 그러길 원한다 해도 — 사실인 겁니다. 위기에 처했을 때의 우리의 반응은 인간의 가장 본능적인 믿음을 여실히 드러내 줍니다. 제가 말씀드리고 싶은 점은, 만약 위기 상황에 처해 하나님을 찾거나 혹은 감사하거나 심지어 그분을 원망하고 있는 사람들을 만나게 되고, 그들에게 하나님을 믿고 있는가라는 질문을 던진다면, 그때 자신을 무신론자라고 자처할 사람은 별로 없을 것이란 사실입니다.

이것은 C. S. 루이스가 비유한, 옷장 안의 쥐들의 경우와 같다고 할 수 있습니다. 그는 쥐 몇 마리가 숨어 살고 있는 한 옷장을 상정하여 설명했는데요, 그 안의 쥐들은 만약 옷장 문이 갑작스럽게 열리는 예기치 못한 상황을 만난다면 놀라고 당황해서 갈팡질팡하며 숨을 곳을 찾으리라는 겁니다. 하지만 누군가가 시끄러운 소리를 내고 문 앞으로 다가감으로써 미리 경고가 주어질 경우에는 문이 열리기 전에 옷장 안 깊숙이로 숨어 버리겠지요. 그럴 수 있는 충분한 여유가 이미 주어졌으니 말입니다. 따라서 우리가 여기에서 확인할 수 있는 사실은, 갑작스럽게 문을 연 행동이 쥐를 *만들어 내는* 것이 아니고 그들이 이미 거기에 있었음을 *드러낼* 뿐이라는 것입니다."

"그러니까 당신 이야기의 요점은," 프랜신이 덧붙였다. "많은 사람들의 마음 안에 신에 대한 믿음이 숨겨져 있다는 거군요."

"네, 맞습니다. 그러다가 어떤 갑작스럽고 예기치 못한 위급 상황이 닥치면 마음 안에 있던 믿음이 드러나게 된다는 말이지요. 그런 상황이 없었던 믿음을 *만들어 내는* 것은 아니지만 이미 있던 믿음을 드러내도록 돕는 역할은 하니까요."

"그런 식으로는 생각해 본 적이 없었네요," 프랜신이 말했다. "게다가 당신은 그 견해에 대해 지금 우리가 제기하는 반론을 다른 대부분의 사람들은 제기하지 않으리라고 생각하신다는 거지요? 마음속 깊은 곳에서 이미 모두들 신을 믿고 있으니 말입니다."

"그렇습니다," 테드가 답했다. 하지만 다시 우리의 논점으로 돌아갑시다. 방금 그 사실은 우리의 검증 과정에서 그렇게까지 중요한 부분은 아니니까요. 우리는 단지 하나님의 존재가 ─ 만일 그분이 실제로 존재한다면 ─ 객관적 도덕 가치에 대해 적절하게 설명할 수 있는지를 알아보고 있는 것이거든요."

"그런 문제가 저의 진화론적 모델에서도 언급되었던 점 아닙니까?" 윌리엄이 슬쩍 끼어들었다. "진화론을 믿는 사람들도 있는 반면 또 그것을 믿지 않는 사람들도 있다는 사실 말입니다."

"네, 그 이야기를 했었지요. 그리고 단지 그 이론을 믿지 않는 사람들이 있다는 사실로 인해 진화적 과정이 ─ 만약 그런 과정이 있었을 경우 ─ 객관적 도덕 가치에 대해 적절히 설명하고 있는가의 질문을 무의미하게 만들 수는 없다는 점도 논의되었고요. 물론 진화론은 그 일을 할 수 없다는 결론이 내려지긴 했지만 말입니다."

"제발 자꾸 상기시키지 말아 주십시오." 윌리엄이 난처해하며 말했다.

"반면에 이 점도 기억하실 텐데요," 테드가 설명을 계속했다. "만약 그 모델이 객관적 도덕 가치에 대해 적절한 설명을 제시할 수만 있다면 바로 그 사실이, 진화론 자체를 진실이라 볼 수 있는 확실한 근거로 작용한다고 이야기되었던 점 말입니다."

"그렇다면 저는 당신이 그와 똑같은 논리가 하나님 설명법이라는 것에도 적용된다는 말씀을 이제 하실 거라 짐작되는군요." 아까의 냉소적 태도에서 조금 벗어난 그래함이 말했다.

"역시 맞는 말씀입니다," 테드가 미소지었다. "생각해 보십시오, 하나님이 아닌 다른 설명 방식이 객관적 도덕 가치에 대해 설명할 수 없었다는 사실은, 하나님이 존재한다는 것을 믿도록 하는 강력한 반증이 아닐까 하고 말입니다. 우리는 어떻게든 객관적 가치라는 실체에 대한 설명 방법을 찾아내야 합니다. 진정으로 진리를 추구하는 합리적인 사람이라면 분명코, 다른 방식들이 찾지 못하는 답을 찾아낸 유일한 설명 방식을 옳은 것으로 믿고 인정하리라 봅니다."

"정말 괴상망측하군," 그래함이 이해할 수 없다는 듯 고개를 저어 댔다. "지금 이것을 합리적 접근법이라고 계속 칭하고 계시다는 것은 잘 압니다만, 이런 식으로 신에 대해 논의하게 된 일은, 마치 종교라는 영역 안에 갑작스레 껑충 뛰어 들어간 듯한 묘한 느낌을 불러일으키는군요."

테드가 가볍게 웃으며 말했다. "여전히 불편하신 모양이지요?"

"이건 정말 제가 기대하던 바가 아니거든요."

"아마 지금 당신은 한 가지 불필요한 구분을 하고 계신 모양입니다."

"어떤 구분 말입니까?"

"하나님의 존재에 대한 질문은 당신이 명명하는 소위 '종교적인 사람들'에게만 중요한 의미일 뿐 그 외의 사람들에게는 아무런 의미가 없다라고 하는 식의 양분 말입니다."

"그럼, 그렇지 않다는 겁니까?"

"사실상 그 질문은 우리 모두에게 아주 근본적인 것이지요. 우리의 세계관 전반에 영향을 준다는 점에서 말입니다."

"세계… 뭐라고요?" 그래함이 물었다.

"세계관 말입니다," 테드가 대답했다. "누군가의 세계관이란 세상과 우주의 본질에 대해 그가 갖고 있는 가장 근본적 믿음을 일컫는 말입니다. 다시 말해 그것은 궁극적 실재(實在)가 무엇이고, 인간이란 어떤 존재이며, 우리가 어디에서 왔고, 죽음 이후에는 어떻게 되는가 하는 등에 대한 개념들의 집합입니다.

일찍이 철학자들은 하나님의 존재에 대한 질문이 시대를 초월하는 인간의 가장 근본적 질문이며, 다른 수많은 신념들이 그 질문에 근거하고 있다는 점을 깨닫고 오랜 기간에 걸쳐 이 문제를 탐구해 왔습니다. 그것에 각자가 대답하는 방식이 여타의 여러 세계관적 질문에 직접적인 영향을 미치니까요. 바로 그 사실이 스스로의 종교적 견해와도 무관하게 전 세계의 수많은 철학자들이 이 질문에 지대한 관심을 보여 온 이유입니다. 실제로 여러분이 철학 분야의 입문서들을 살펴보신다면 그 책들 대부분에서 하나님의 존재에 대해 구체적으로 다루고 있는 단원을 쉽게 발견하실 수 있을 겁니다."

그래함은 뒤로 기대앉아 잠시 생각하다가 "철학을 연구하는 학자들이 신의 존재 혹은 부재에 관한 신념과 그 이유에 대해 적잖은 관심을 가지리라는 건 충분히 짐작할 수 있는 일이겠지요"라고 이해를 표했다.

"네, 그렇습니다."

"하지만 종교적인 사람들은 단지 자신들이 그러길 원하기 때문에 신의 존재를 믿는 것 아닙니까? 그런 것 역시 그저 그들의 종교적 사고의 한 부분 아닌가요?"

"그런 생각이 바로 많은 사람들이 갖고 있는 오해입니다. 제가 크리스천이기 때문에 기독교의 경우를 들어 이야기한다면, 방금 하신 질문에 대한 대답은 '아니다, 반드시 그렇지는 않다'입니다. 크리스천들에게는 몇 가지의 주요 진리 주장에 대한 믿음이 삶에서의 중요한 부분을 차지하고 있는데, 그 가운데 가장 기본적인 것 하나가 하나님이 존재하신다는 믿음이고, 또 다른 하나는 그분이 인류에게 인간의 모습으로, 즉 나사렛 예수로서 자신을 드러내셨다는 믿음입니다."

"그러니까," 윌리엄이 갑작스럽게 끼어들었다. "만약 신이 존재하지 않는다는 사실을 증명할 수 있다면, 그 경우 종교적 행위들은, 말하자면…." 그는 적절한 단어가 생각나지 않아 손을 들어 올린 채 말을 멈추고 있었다.

"단지 합리적이 아닌 정도가 아니라 완전히 불합리한 행동이 되는 거지요," 테드가 대신 문장을 마무리해 주었다. "존재하지 않음이 분명한 하나님에게 기도하는 일은 물론 불합리한 행위입니다. 대다수의 종교인들이 진리 주장의 신뢰성을 뒷받침해 줄 여러 증거들에 관심이 많은 것도 바로 그 때문이지요. 하나님이 계시다고 믿게 해 줄 증거가 확보된 경우에만 오직 그분께 기도하거나 감사하거나 이름을 부르는 것이 완벽하게 합리적인 일로 인정될 수 있으니까요."

"그렇다면 철학자들과 종교인들 간의 차이가 대체 뭡니까? 그 둘을 구분 없이 말씀하시는 것 같아서 말입니다. 당신의 설명대로라면 그들이 모두 같은 일을 하는 것이잖습니까?"

테드가 웃음을 지었다. "그래서 아까 제가 당신에게 불필요한 구분을 하고 계신다고 말씀드린 겁니다. 물론 철학자들과 종교인들 사이에는 의도와 목적에서 차이가 있지요. 한 집단은 지적인 진리만을 추구하는 것이고 또 다른 집단은 진리를 탐구하는 동시에 하나님을 정확히 알고 경배하려는 의

도까지 함께 갖고 있는 것이니까요. 하지만 하나님의 존재 같은 본질적 진리에 관심을 두고 있다는 점에서는 그들 모두를 철학자라 부를 수 있겠지요. 종교인들이 하나님의 존재를 믿는 이유에 대해 추구하고 있을 경우 그 사람들은 자신이 가진 신앙의 부분 중 철학적인 영역에 몰두하고 있는 거니까요."

"그러니까 지금 우리는 결국 종교 쪽으로 접근하고 있는 것 아닙니까?" 그래함이 여전히 마뜩잖은 표정으로 물었다.

"그렇습니다," 테드가 인정했다. "신앙을 가지고 있는 사람들에게 특히 중요한 문제에 대해 지금 우리가 이야기하고 있는 것은 사실입니다. 하지만 진리를 추구하는 데 관심이 있는 사람이라면 그렇다고 해서 이 같은 접근을 중단할 이유는 없겠지요. 만약 객관적 도덕 가치에 대한 적절한 설명을 발견한 결과가 하나님께로의 인도였다면, 진리의 추구자로서 여러분은 그것을 발견한 일에 기뻐해야 할 테니까요."

테드의 설명법이 초래하게 될 결과가 자신들의 처음 생각보다 훨씬 심각한 것일 수도 있다는 사실을 모두들 감지해서인지 방 안에는 잠시 무거운 침묵이 흘렀다. 어색한 분위기가 불편한 듯 테이블 쪽으로 다가갔던 윌리엄이 몇 가지 간식을 동료들에게 가져다주면서 말했다. "이 설명이 본격적으로 시작되기 전에 우리 모두 체력을 단단히 준비해 두어야 할 것 같군요."

"맞아요, 잠깐 쉬고 나서 시작하지요." 프랜신도 동의했다.

잠시 후 그래함이 맨 먼저 말문을 열었다. "그래서 다시 말입니다만, 어떻게 신이 객관적 도덕 가치에 대해 설명할 수 있다는 건가요?"

테드가 자리에서 일어나 방 안을 서성이면서 이야기를 시작했다. "아시

다시피 우리는 지금 객관적 도덕 가치의 근거를 적절히 설명할 수 있는 방식에 대해 논의하고 있는데요, 그 일을 가능하게 하는 또 하나의 방법이 있습니다. 즉, 도대체 어떤 존재가 객관적이고 의무적이며 심지어 강제적인 도덕 원칙 — 그에 동의하지 않는 사람들에게까지 적용되는 — 을 실재할 수 있게 만드는가라는 질문을 해 보는 것입니다. 이 점에서 저의 설명 방법은 우주의 창조자인 동시에 도덕적 존재이기도 하신 하나님으로부터 시작됩니다. 그분의 품성 안에 옳고 그름에 대한 인식이 존재하고 있으며 그것이 그분 본성 중의 한 부분이라는 점에서 말입니다. 게다가 하나님은 불변하는 존재이시기 때문에 그분이 가진 본성은 다른 어떤 형태로 변화될 수도 없습니다.

이런 이유로 인해 저는 도덕의 창조자인 하나님께서 내면에 소유하신 도덕 지식을 자신의 또 다른 창조물인 인간의 마음에 주입하셨고, 그에 의해 누구에게나 공통된 객관적 도덕 가치가 존재하게 되었다고 주장하고 있는 겁니다."

"지금 말씀하신 도덕 지식이 양심이라고도 불리는 것 아닌가요?" 프랜신이 물었다.

"맞습니다. 바로 인간의 도덕적 역량을 일컫는 말이지요. 따라서 저의 설명법에서는, 만약 하나님이 존재하지 않는다면 대체 무엇이 인간에게 객관적 도덕 가치를 제공할 수 있다는 것인가라는 질문이 제기됩니다."

"지금까지 시도된 모든 설명 방식들은 그 질문에 대한 답변에 이미 실패한 것이 사실입니다만…." 프랜신의 말이었다.

"네, 그랬지요. 그러나 그들 모두가 실패였다는 사실은, 그러한 작업을 통해 우리가 일반적인 무신론적 설명 방법 모두를 시도해 본 결과라는 점에서 나름의 중요한 의미가 있다고 봅니다."

"그러니까 신을 포함하지 않는 모든 설명 방식을 말씀하시는 건가요?"

"그렇습니다. 제가 강조하고 싶은 사실은, 이제 하나님을 제외하고는 객관적 도덕 가치라는 실체에 대해 설명할 다른 방법이 없다고 하는 점입니다. 게다가 부수되는 또 하나의 문제도 고려해야겠지요. 하나님이 존재하지 않는다면 과연 우리 인간이 어떠한 존재일 수 있을까 하는 측면에서 말입니다. 아마도 우리는 이 냉담하고 불합리한 우주의 한 부분에 있는 작은 행성에서, 비교적 최근에 만들어진 우연의 부산물에 불과할 겁니다. 지극히 짧은 기간 동안 개인과 집단으로 존재하다 흔적 없이 사라져 버릴 운명체이기도 할 거고요."

"상당히 생생한 표현이군요!" 프랜신이 목소리를 높였다.

"하지만 문제는 다음과 같은 질문이 연이어 대두되는 우리의 현실에 있습니다. 만약 그것이 사실이라면 대체 무엇이 우리 인간을 가치 있는 존재로 만들어 줄 수 있을까요? 또한 그럴 경우, 우리 모두가 실제로 가지고 있는 이 객관적 도덕 가치라는 개념이 애초에 어디에서부터 온 것일 수 있을까요? 도덕의 창조자 없이 우연히 생겨난 공간과 시간, 질료와 에너지로 구성된 순수하게 물질적인 우주는 도덕이라는 것에 무관심할 수 밖에 없고, 따라서 선과 악 자체가 존재하지 않을 테니 말이지요. 원자가 윤리성을 가지고 있지 않듯 분자도 도덕적 행위를 하는 것이 아니기에 *진정하고 객관적인* 옳고 그름이란 애초부터 있을 수가 없을 겁니다. 어차피 하나님이 존재하지 않는 세상에서 어떤 이의 가치관은 옳고 다른 이의 것은 그르다고 어느 누가 감히 말할 수 있겠습니까? 히틀러의 도덕관이 테레사 수녀의 것보다 열등하다고 그 누가 판단을 내릴 수 있단 말입니까?[1]

하지만 장면을 바꾸어서 도덕의 창조자이자 자신의 도덕성을 인간의 의식 안에 주입시킨 하나님으로부터 논의를 출발해 보십시오. 그러면 우리는 객관적 도덕 가치의 존재 사실과 그 존재를 우리가 인식하고 있는 이유, 이 두 가지를 동시에 설명할 수 있게 됩니다. 다시 말해서, 객관적 도덕 가치가 존재한다는 사실은 도덕적 존재인 하나님의 실재로 인하여 입증 가능해지며, 우리 모두가 그 가치들의 존재를 알고 있는 이유는 그분이 우리의 정신 내부에 그것을 주입해 놓았기 때문인 거지요."

잠시 동안 아무도 말이 없었다. 테드가 다시 자리에 앉았다. "지금껏 우리는 일반적으로 시도되는 무신론적 방식이 객관적 도덕 가치의 근거에 대해 제대로 설명하지 못한다는 사실을 충분히 확인해 왔습니다. 그들 중의 어떤 것도 왜 동일한 도덕 원칙이 모든 사람에게 공통적으로 강제되어야 하는지의 이유를 밝혀내지 못했다는 말입니다. 게다가 우리는 조금 전 하나님을 제외한 순전히 물질적인 우주는 진정한 도덕 가치라는 실체를 생성해 낼 방법이 없다는 점도 논의한 바 있습니다. 하나님이 부재하는 우주에서의 도덕성이란, 이와 같이 진정한 의미를 상실하는 것입니다."

그런 후 테드는 프랜신을 바라보며 물었다. "지난해 학보사 측에 기고했던, 학교의 성희롱 정책에 대한 당신의 비판문이 있지 않았습니까?"

"그렇습니다." 그녀가 당당하게 대답했다.

"그 글을 보니 당신은 특정한 사람들과 특정한 행위들의 잘못된 점을 아무런 주저함 없이 규탄하고 있던데요."

"제 글을 읽으셨군요."

"네, 그랬지요. 하지만 솔직히 말씀드려서 하나님이 존재하지 않는 경우라면 그 글에 나타난 당신의 도덕 원칙을, 그런 것들을 믿지 않는 사람에게까지 강요할 수 있는 합당한 근거는 찾을 수 없더군요. 객관적 도덕 기준에 대한 무신론적 설명법들을 살펴볼 당시 우리가 발견했던 문제점이 그것이었지요. 즉, 현실의 삶에서 우리 모두는 일정한 도덕 원칙에 따라 살아가며 또한 그 원칙들이 객관적으로 옳다는 것을 실제로 확신하고 있지만, 바로 그 객관적 원칙이라는 것이 무신론적 세계관에서는 존재할 방법이 없다는 문제 말입니다."

"그러니까 당신 말씀은," 프랜신이 테드의 말을 정리했다. "무신론자가 자신의 세계관을 고수하면서 그와 동시에 객관적인 도덕 원칙도 가지고 살아갈 수는 없다는 거군요."

"네, 바로 그 이야기입니다."

이때 윌리엄이 모두가 궁금해하던 질문을 던졌다. "지금의 논의들은 여기 계신 그래함 씨와 그의 무신론자 동료들에게는 상당히 도전적인 내용일 텐데요. 그렇다면 무신론자들은 '객관적으로 옳고 그르다는 개념의 존재를 부인한다'라고 스스로 인정해야 한다는 겁니까?"

테드가 껄껄 웃더니 말했다. "이 이야기를 들으면 아마 놀라실 텐데요, 사실 많은 수의 저명한 무신론자들이 자신들의 무신론이 낳을 그러한 귀결에 대해 진작부터 깨닫고는, 스스로에게는 객관적인 옳고 그름의 기준이 없다는 사실을 분명하게 인정하고 있습니다."

윌리엄이 숨을 크게 내쉬더니 나지막한 소리로 말했다. "믿을 수가 없군."

"그러시겠지요. 하지만 가장 유명한 현대 무신론자 중 하나인 J. L. 맥키(J. L. Mackie)는, 도덕 가치란 그것이 기반을 둘 만한 전능한 신이 없을 경우 애당초 생성될 가능성이 없다고 명확히 밝히고 있습니다. 그는 또한 객관적인 가치라는 것이 정말로 존재한다면 그 사실 자체가 신의 존재에 대한 개연성을 의미하는 것이라는 글을 쓰기도 했습니다. 이 모두는 신의 존재와 관련한 변론이 도덕성 논의로부터 출발했다는 점을 통찰한 그의 사상을 잘 보여 주고 있는 내용입니다."[2]

"하지만 그는 무신론자가 아닙니까!"

"그렇습니다. 그것이 바로 그를 객관적 도덕 가치라는 개념에 대해 거부하게 만든 이유입니다. 그는 그러한 선택을 할 수밖에 없었던 거지요. 신이 존재하지 않는다면 어떤 객관적 가치도 존재할 수 없다는 것을 잘 알고 있었으니 말입니다. 그 사실이 결국 그로 하여금 진화론적 설명 방식을 채택하도록, 즉 인간들이 함께 공유하고 있는 것은 단지 오랜 진화의 과정에서 발전된, 객관적 가치가 존재한다는 느낌과 감각일 뿐이리라는 입장을 취하도록 만든 거지요. 우리의 도덕적 지각에는 아무런 객관적 기반도 없다고 결론지으면서 말입니다.

하지만 우리가 살펴본 것처럼 그런 진화론적 근거는 논리적 검증을 통과하지 못했습니다. 그 모델로는 어떠한 행위에 대해서도 진정으로 잘못된 것이라고 비난할 수 없을 뿐 아니라, 우리 인간이 실제로 가지고 있는 도덕적 신념에 대해서도 설명을 제시할 수 없었으니까요."

"버트런드 러셀(Bertrand Russell)도 객관적 도덕 가치를 거부한 인물이지요?" 윌리엄이 물었다.

"또 하나의 좋은 예군요." 테드가 긍정을 표시했다.

"그도 무신론자였고요?"

"그 정도 표현으로는 부족하지요," 테드가 농담조로 답했다. "러셀은 '나는 왜 기독교인이 아닌가(*Why I Am Not a Christian*)'라는 제목의 책을 썼을 뿐 아니라 자신의 무신론 사상에 의해 유명해진 사람이니까요. 하지만 잊지 마십시오. 그 역시도 도덕성에 대한 객관적 기준, 즉 자신이 '선함(The Good)'이라고 부르는 개념을 하나님이 존재할 때만 발견될 수 있는 것으로서 설명한 바 있다는 사실을 말입니다. 그는 또한 '선함'이라는 표현을 통해 사람들이 무엇을 의미하는지를 명확히 정의하는 일은 워낙 복잡하고 난해해서 크나큰 어려움을 불러일으키는 작업이라고도 이야기했지요."

"마치 외워서 이야기하시는 것처럼 들리는군요."

"네, 사실 외웠습니다 — 적어도 그 문장은 말입니다. '종교와 과학(Religion and Science)'이라는 책의 1935년 판에 실린 유명한 말이거든요. 그 역시 도덕 기준을 위한 다른 어떤 근거는 존재하지 않는다고 보았기 때문에, 도덕성을 순수하게 주관적인 것으로 믿으면서 그에 대한 논의에 몰두했지요."[3]

"그렇다면 적어도 이 무신론자들이 일관성은 가지고 있는 거군요." 윌리엄이 생각에 잠긴 채 말했다.

"네, 맞습니다," 테드가 답했다. "그 점은 충분히 인정받아 마땅한 측면일 뿐더러, 그들이 객관적 도덕 가치와 하나님을 연결지어 이해했던 관점 역시 올바른 견해로 평가되어야 하리라고 봅니다. 스스로에게 한번 질문해 보십시오. 하나님이 존재하지 않는다면 왜 모든 주관주의가 옳지 않다는 것인가, 그리고 객관적 가치라는 것이 어떻게 실재할 수 있겠는가 하고 말입니다.

러시아 문학가인 도스토예프스키는 이러한 연결 고리를 인식하고 난 후 '만약 하나님이 없다면 이 세상에 해선 안 될 일이란 없다'라는 유명한 말을 남기기도 했지요."[4]

설명을 마친 테드는 장작을 더 넣기 위해 벽난로 쪽으로 다가갔다. 타오르는 불길이 화려한 응접실의 벽에 이리저리 춤추는 듯한 그림자를 드리웠고, 모두들 침묵 속에서 그 모습을 바라보고 있었다. 계속 모양이 변하는 그림자를 바라보던 그래함은 문득, 자신이 점점 그 그림자와 닮아 가고 있다는 생각이 들었다. 스스로의 지적 신념에 늘 자부심을 느껴 오던 그로서는 자신이 갖고 있는 관점에 대해 흔들림 없는 믿음이 있던 터였다. 하지만 그런 그의 견해가 최근 이 모임의 철저한 검증을 거치면서 하나둘씩 불충분한 것으로 밝혀지고 있었다.

게다가 지금 그는 분하게도, 객관적 도덕 가치에 대한 유일하게 적절한 설명이 하나님이라는 존재일 가능성까지 직면하고 있는 입장이었다. 이제 그는 하나님의 존재가 객관적 가치의 존재와 그 존재에 대한 사람들의 인식, 이 두 가지 실체를 함께 설명해 줄 수 있는 유일한 해답이리라 인정해야 할지 모를 시점에 놓인 것이다. 하지만 어떻게 이것이 진실일 수 있단 말인가? 만약 이와 같은 가능성이 진실일 경우 그에게 가장 곤란한 문제는, 그러한 설명 방식을 받아들임으로써 지금까지 믿어 온 다른 관점들을 배척하든지, 아니면 이전의 믿음을 견지하면서 실제로는 그 믿음과 상반되는 삶을 사는 비합리적 상황을 감수하든지의 양자택일을 요하는 현실이었다. 과연 이 둘 가운데 어떤 선택을 할 수 있을 것인가! 참으로 진퇴양난의 상황이었다.

그러던 중 문득 든 생각에 그래함의 표정이 조금 밝아졌다. 이 토론 모임은 아직 테드의 설명법을 검증하는 절차를 거치지 않은 것 아닌가! 지금까지의 경우들과 마찬가지로 그 과정에도 분명 대답하기 어려운 질문들은 있을 것이다.

이렇게 혼자 생각에 골몰해 있던 그래함에게 프랜신의 말이 반갑게 들려왔다. "테드 씨 역시 본인의 설명 방식에 대한 우리들의 질의를 기꺼이 받아들이시리라 믿습니다. 어쨌든 모두들 조사와 검증의 과정을 거쳤으니까요."

"물론이지요, 저는 당연히 공평함을 원합니다. 공평함은 누구에게나 기본적인 도덕적 가치로 여겨지는 것 아닙니까. 자, 질문들 하시지요!"

"하지만 여러분," 윌리엄이 그 틈을 비집고 들었다. "그보다 먼저 음식이 놓인 저 테이블의 조사와 검증이 필요할 것 같은데요. 앞으로는 이렇게 잘 차려진 식탁을 한동안 보지 못할 테니 말입니다."

모두들 윌리엄의 의견에 동의했고 함께 테이블 쪽으로 걸음을 옮겼다.

12. 하나님에 대한 거부:
하나님 가설을 믿는 일의 난점

 다들 마음껏 음식을 즐기고 나자 윌리엄이 갑자기 생각난 듯 말했다. "오늘 모임이 다 함께 즐기는 마지막 점심이 되겠군요. 객관적 도덕성의 근거를 찾는 논의의 마지막 날이기도 하고요."

"잠깐만요!" 프랜신이 그의 말을 막고 나섰다. "우리의 할 일이 아직은 끝나지 않았거든요. 테드 씨의 설명법에 대한 반론 제기의 시간을 마치기까지 이 모임을 기념하는 추도사는 좀 미뤄 주셨으면 합니다. 자, 우선 첫 시작으로 테드 씨, 당신의 설명에서 한 가지 신경 쓰이는 내용을 지적해야겠는데요."

"고작 한 가지뿐인가요?"

"실망시켜 드렸다면 죄송하군요. 하지만 다른 분들도 제기할 문제가 더 있으시겠지요. 제 생각에는 여전히 당신의 하나님 설명법은 신의 존재를 믿지 않는 사람들에게 해당되지 않는 내용으로 보여서 말입니다. 설령 어떤 무신론자가 당신의 논리에 설득된다 해도 어떻게 그가 이런 식의 모델을 수용할 수 있겠습니까? 이 모델은 무신론자들이 이미 부정하고 있는 것, 즉 하나님의 존재를 전제하고 있지 않습니까?"

"아니지요," 테드가 대답했다. "순수하게 과학적 의미일 때를 제외하고는요."

"하, 이제는 우리가 과학 분야에까지 발을 들여놓았군요!" 빈정대는 어투로 그래함이 말을 받았다.

"하지만 그러한 개념을 직접 사용하지 않았다 뿐이지 우리가 지금까지 계속해 온 작업도 모두 과학적인 것이었습니다. 과학 분야에서 특정 자료에 대한 증명을 시도할 경우, 먼저 어떤 가설을 제안한 후 그 가설이 실제 사실로 기능할 수 있는지 세밀하게 분석해 나가지 않습니까?"

"맞는 말씀이군요." 프랜신이 동의했다.

"네, 그러니까, 우리가 지금까지 해 왔던 일이 바로 그런 작업이라는 거지요. 우리의 경우 입증하려 노력한 자료는 객관적 도덕 가치이고 말입니다. 물론 그것은 존재하는 실체이고 그 존재를 부인할 수 없다는 데에는 우리 모두 동의했습니다. 여러분들 각자가 자신의 설명 방식, 다시 말해 자신들의 가설을 제안했고, 그런 후 다 함께 그것들을 분석했지요. 지금은 저의 것을 제안하는 중이고 말입니다."

프랜신은 잠시 테드의 말에 대해 생각해 보았다. "그러니까 지금 말씀은, 신의 존재를 가설로서 검증해 보라고 무신론자에게 제의한다는 건가요? 그 제안은 사람들이 일반적으로 신에 대해 이야기할 때의 방식과는 좀 다르게 들리는군요."

"그럴 겁니다. 하지만 이것은 신의 존재를 경시하는 일이 아닙니다. 우리는 단지 도덕의 창조자가 객관적 가치를 적절하게 설명할 수 있는지의 여부에 대해 확인하려고 노력하고 있는 것뿐이지요."

"하지만 무신론자로서는 그러한 가설을 받아들이는 일 자체가 어려울 거라고 생각하시지 않습니까?" 프랜신은 여전히 회의적이었다.

"그럴 수도 있겠지요. 하지만 진리를 탐구하는 과정은 본질적으로 그 진리를 자신의 입맛에 맞게 바꾸려는 시도가 아니라 오직 그에 대해 제대로 알고자 하는 노력입니다. 우리는 어떠한 설명 방식이든 단지 그것이 현재 자신이 믿고 있는 무언가와 상충한다는 이유로 부인하거나 무시해선 안됩니다. 우리가 진심으로 진리를 발견하고 싶다면 말이지요. 그것은 모래 속에 머리를 파묻는 타조와 같은 행태로서, 새로운 진리를 발견할 수 있는 소중한 기회를 말살하는 결과가 됩니다. 만일 어떤 새로운 개념을 믿어야 할 분명한 이유가 있다면 오히려 자신이 이전에 가지고 있던 개념들에 대해 다시 생각해 볼 필요가 있는 것이니 말입니다."

"그러니까 지금 저희들에게 '신이 존재하는가'라는 질문도 그런 식의 입장에서 접근하라는 말씀이신가요?"

"그렇습니다. 지금까지의 경우처럼 그 질문에 대한 답변 역시 동의하거나 반대할 이유를 충분히 탐구한 후에 도달하는 결론이어야 합니다. 저는 지금 하나님의 존재를 믿어야 할 이유 한 가지를 제시하고 있는데요, 우리 모두가 존재한다는 데에 동의한 하나의 실체, 즉 객관적 도덕 가치는 도덕의 창조자인 하나님이 아닌 다른 방식으로는 설명될 수 없다는 사실이 바로 제가 제시하고 있는 이유입니다. 누구든 그 이유를 성실하게 검토하는 사람이라면 하나님이 실존한다는 결론에 도달하게 될 것이라고 저는 믿고 있습니다."

"말주변이 정말 좋으시군요," 다시 그래함의 냉소적 답변이 돌아왔다. "이제는 무신론자에게 책임이 돌아온 격이니 말입니다."

"우리가 진화론 모델을 살펴보던 때와 똑같은 경우라는 것을 기억하셨으면 합니다. 그때 우리는 그 모델이 객관적 도덕 가치에 대해 합당하게 설명할 수만 있다면 그 사실 자체가 진화 과정을 실제 일어난 일로 믿어도 좋다는 의미라고 이야기했었습니다.

그렇기 때문에, 무신론자라고 해서 하나님의 존재라는 개념에 대해 살펴보는 과정조차 거부한다면, 모래 속에 머리를 처박는 일과 같게 된다고 말씀드린 겁니다. 또 다른 새로운 진리를 배울 수 있는 기회로부터 스스로를 차단시키는 행위니까요."

프랜신이 고개를 끄덕였다. "그러니까 결국 이 모델이 무신론자를 배제하는 것은 아니라는 말씀이시지요?"

"절대로 아닙니다. 만약 그 사람이 저의 도덕 창조자 모델을 신뢰할 만한 것으로 인정한다면 그때는 자신의 무신론에 대해 다시 생각해 보게 되겠지요. 저의 모델은 실제로 하나님의 존재를 믿을 수 있는 이유로서의 기능을 하는 설명 방식이니까요."

"그래 보이는군요." 그래함이 더듬대며 말을 받았다.

"당신이 설령 무신론자라 하더라도 정말로 진리를 찾는 일에 관심이 있다면 이 작업이 결코 당신에게 거슬리는 일일 수는 없을 겁니다. 오히려 기꺼이, 그리고 기쁘게 이 새로운 증거들을 조사해야 마땅하겠지요. 만약 그 증거들이 현재 당신이 가지고 있는 것과 다른 결론을 제시하더라도 그 사실을 있는 그대로 받아들여야 할 거고요. 이전에 몰랐던 진실을 새롭게 발견하게 된 것이니 그런 면에서는 이제 승리자가 되었다고 할 수 있겠지요."

"아, 정말로 흥분이 되는군요!" 그래함이 몹시 비꼬는 투로 답했다. "이제는 무신론자 동료를 승리자로 만드시기까지 하고 말입니다."

"어떤 중요한 진리를 새롭게 발견한 사람을 승리자라고 부르는 데에 동의하지 않으시는 건가요?"

그래함은 머리를 절레절레 흔들 뿐 아무 말도 하지 않았다.

"아직 당신의 모델이 갖고 있는 중요한 문제점에 대해서는 이야기하지 않은 것 같은데요." 프랜신이 다시 자기의 이야기를 상기시켰다.

"어떤 걸 말씀하시죠?"

"그런 문제를 '에우티프론 딜레마(Euthyphro problem)'라고 부르는 것으로 알고 있습니다만."[1]

"아, 네," 테드가 동의의 표시로 고개를 끄덕였다. "중요한 반론이군요. 최근에 플라톤의 사상을 읽으셨나 봅니다."

"잠깐만요," 그래함이 끼어들었다. "무슨 딜레마라고요?"

"'에우티프론 딜레마'라고 하는, 플라톤의 대화록에서 처음 제기된 논리적 문제지요," 테드가 대답했다. "프랜신 씨가 직접 설명해 주시는 게 좋겠네요. 본인이 제기한 이론이니까요."

"네, 그럼 말씀드리지요," 프랜신이 설명을 시작했다. "테드 씨는 지금 선과 악에 대한 모든 판단의 근원이 신이라고 이야기하고 있습니다. 모든 것이 신에게 귀결된다는 말이지요. 만약 신이 뭔가를 옳은 것이라 말하면 그것은 옳은 것이고 옳지 않다고 말하면 옳지 않은 것이고 말입니다."

"맞습니다," 테드가 신중한 태도로 고개를 끄덕였다. "그런데 그 점에서 문제되는 것이 무엇인가요?"

"문제는 바로 이 경우 *어떤 식으로* 신을 객관적 도덕 가치의 근원으로 볼 수 있는가 하는 방법론적 탐구와 관련된 것인데요, 여기에는 두 가지 가능성이 있을 수 있습니다. 즉, 신이 어떤 행동을 옳다고 말함으로써 옳은 것으로 *만들어* 주는 경우와, 이미 올바른 행동을 신의 옳다는 말에 의해 *확인해* 주는 경우, 그 두 가지 중 하나라는 겁니다."

"천천히 좀 말씀해 보시지요!" 자신의 생각을 바삐 정리해가며 그래함이 물었다. "단지 그 두 가지뿐인가요? 확실합니까?"

"그럼 뭐가 더 있을 수 있다는 거지요?"

"일단 알겠습니다. 그럼 그 두 가지 가능성에 어떤 문제가 있는 겁니까?"

프랜신이 설명을 계속했다. "문제는 말이지요, 둘 중의 어떤 경우도 그 옳음이 진실일 수가 없다는 점입니다. 첫 번째의 것이 맞다고 가정해 보십시오. 그러니까, 어떤 행위가 오직 신이 그렇게 말했기 때문에 옳은 것이 되는 경우를 말입니다."

"그게 무슨 문제라는 겁니까?" 그래함은 이해가 안 되는 모양이었다.

"그 가능성은 사실로 받아들여질 수가 없지요," 프랜신이 대답했다. "단순히 어떤 행동에 대한 허락이나 금지 자체가 그 행동을 옳거나 그른 것으로 만들 수는 없는 일이니까요. 그 명령을 한 존재가 신이든 다른 누구이든 마찬가지로 말입니다."

"잠깐만요," 그래함이 다시 질문했다. "왜 그렇다는 겁니까?"

"생각해 보세요. 만약 그런 이유만으로 어떤 행동을 옳다거나 그르다고 말할 수 있다면 그땐 옳고 그름이 임의적(任意的)인 것이 되지 않겠습니까."

"그게 무슨 뜻이지요?"

"말하자면 그런 경우에는 어떤 행동을 선택할 때, 그것이 다른 행동들보다 특별히 더 나아야 할 필요가 없어진다는 뜻입니다. 무엇이든 명령하는 사람이 시키는 대로 실행하면 될 뿐이니까요. 그렇다면 그건 자기가 말했기 때문에 옳은 것이니 무조건 따라야 한다고 강압하는 난폭자의 처사와 다를 게 없겠지요. 다른 사람들은 그 말에 따라 그대로 행동할 수 밖에 없게 되고 말입니다. 명령자가 그걸 옳은 것으로 결정했고 약자를 강압할 수 있는 힘이 그에게 있다는 것일 뿐 그 행동이 반드시 옳아야 할 이유는 사실 없는 거지요."

테드가 앞으로 기대앉으며 물었다. "그러니까 당신은 하나님이 그 난폭자라는 말인가요?"

"죄송합니다. 비유가 좋지 않았군요. 하지만 나쁜 뜻은 아니었습니다. 단지 제가 지적하고 싶은 것은, 이 첫 번째 가능성의 경우처럼 신이 그렇게 말했다는 이유만으로 어떤 것이 옳은 것이 된다면, 실제로 신의 명령을 옳도록 만들 수 있는 다른 근거는 전혀 없다는 점입니다. 그가 명령했다는 사실 자체가 어떤 행위를 옳게 만들 수는 결코 없는 거니까요. 그가 우리보다 더 크다거나 자신의 뜻을 누구에게든 강요할 수 있다는 사실이 옳음을 생성해 내는 것도 아니고요. 이 경우 옳고 그름은 자의적(恣意的)인 것에 불과할 테니 첫 번째 가능성이 문제점을 가질 수 밖에 없다는 겁니다. 만약 이런 경우라면 신이 아무 것이나 옳다고 지정할 수 있게 되겠지요. 심지어 살인이나 절도, 습격, 성폭행 등을 포함해서 말입니다."

"아, 네, 무슨 말인지 알겠군요," 그래함이 소리를 높이며 말했다. "그렇다면 이 같은 임의성의 문제에서 어떻게 벗어날 수 있지요? 신의 명령이 진정으로 옳은 것이 되려면 뭐가 필요한 겁니까?"

"그런 질문이 나오기를 기다렸습니다," 프랜신이 웃었다. "아시다시피 어떤 행동이 진정한 의미에서 옳거나 그를 수 있기 위해서는 옳음이라는 것에 대한 기준이 필요하게 됩니다. 모든 행위가 그 기준에 의한 판단 과정을 거침으로써 기준에 잘 맞는 행위는 옳은 것, 선한 것으로, 그리고 기준을 벗어나는 행위는 그른 것, 악한 것으로 판단받게 될 테니까요. 하지만 그와 같은 기준 없이는 객관적인 의미에서 이런 행위는 옳고 저런 것은 그르다라고 말할 근거를 잃게 됩니다. 어떤 행위가 명령된 것이라는 사실 자체가 그 행위를 옳거나 그른 것으로 만들 수 없다고 방금 제가 말씀드렸던 이유도 거기에 기준이 없다는 문제 때문이었습니다."

그래함은 잠시 생각을 정리한 후 답했다. "첫 번째 가능성이 부적절한 이유는 이제 잘 알겠습니다. 일정한 기준 없이 신이 명령했다는 이유만으로 어떤 행동을 옳다고 말할 수는 없다는 점 말입니다."

"그렇습니다."

"하지만 두 가지의 가능성이 있다고 하셨는데요."

"네. 객관적 도덕 기준의 근거가 신이라는 믿음에 대해 몇몇 신학자들이 접근하는 또 하나의 방식이 있는데, 그것은 어떤 행위가 옳기 때문에 신이 그것을 명령한다고 보는 관점입니다." 프랜신이 설명했다

"흥미롭군요," 그래함이 반가워하며 말했다. "그 관점은 임의성의 문제로부터 자유로울 수 있겠는데요."

"네, 그렇습니다," 프랜신이 대답했다. "하지만 이번엔 다른 문제를 일으키게 되지요. 생각해 보십시오, 만약 어떤 행동이 원래 옳은 것이라서 신이 명령했다면 우리는 애초에 무엇이 그걸 옳은 행동으로 만들었는지, 즉 그 행동이 왜 옳다는 것인지의 이유를 물어야 합니다. 그리고 이미 살펴본 바와 같이 무언가가 진정한 의미에서 선한 것일 수 있으려면 그 선함을 확증해 주는 기준이 있어야 합니다. 그렇지 않다면 우리는 다시 임의적 명령의

문제로 되돌아가게 되니까요.

그러니까 다시 말해, 만약 어떤 행동이 *옳기 때문에* 신이 하도록 명령했다면 신에게도 처음부터 옳음의 여부를 판단할 기준이 있었어야 한다는 의미가 됩니다.

게다가 신이나 혹은 어떤 존재가 선하다는 사실을 우리가 알 수 있으려면 우리에게 선과 악에 대한 지식이 미리 있었어야 하는 겁니다. 즉, 일정한 판단 기준이 우리 마음속에 이미 존재하고 있었어야 한다는 거지요. 그래야만 신이나 그의 명령이 그러한 기준에 부합된다는 것을 확인한 다음 그가 선하다는 것 역시 확신할 수 있게 될 테니까요. 하지만 우리에게 그런 선행 지식이 없다면 아무리 신이라 해도 그의 선함을 판단할 수 있는 다른 도리는 없게 되겠지요."

"정말 중요한 지적이군요!" 그래함이 감탄을 섞어 말했다. "지금 이야기는 선(善)이라는 것을 신이 확증해서 명령하는 경우라면 그전에 그 선함의 판단 기준이 먼저 존재하고 있었어야 한다는 말씀이지요?"

"네."

"그리고 신 역시도 그 기준에 부합해야만 선하다고 판단될 수 있다는 거고요?"

"네."

"뿐만 아니라 신이 그 기준에 부합하는지를 우리가 판단할 수 있으려면 그러한 기준이 우리 마음속에 이미 존재하고 있었어야 한다는 거고 말입니다."

"맞습니다!" 프랜신이 확신에 차서 대답했다.

그래함은 잠시 생각하더니, "그런데, 제가 뭔가 이해하지 못한 내용이 있나요? 그래서 뭐가 또 문제라는 거죠?"라며 다시 질문을 되돌렸다.

"문제는 — 여기가 중요한 부분인데요 — 이 경우에도 신 자신이 선함의 근거는 될 수 없다는 사실에 있습니다. 그는 단지 선함이라는 것을 확인해 줄 뿐이며, 선함의 기준은 그와 별개로서 존재하고 있으니 말입니다."

"아!" 그래함이 얼굴을 찡그렸다. "그럼 결국 두 번째 가능성도 틀렸다는 얘기군요."

프랜신이 고개를 끄덕였다. "그렇기에 두 가지 가능성 모두에서 객관적 도덕 가치를 신의 존재와 관련하여 설명하는 일은 불가능해지는 겁니다." 그녀는 뒤로 기대앉으며 답변을 기다린다는 듯 양손을 들어 보였다. '하지만 결국 무슨 대답을 할 수 있겠는가?' 프랜신은 속으로 생각했다. '에우티프론 딜레마의 문제는 결코 답변될 수 없는 것이니 말이다.'

테드는 프랜신을 건너다 보았다. "아주 잘 정리해서 이야기하셨군요. 어떤 견해든 확고한 논리를 펼친다는 것은 언제나 칭찬받을 만한 일입니다. 무척 확신이 있으신 것 같네요, 그렇지요?"

"그렇지 않아야 할 이유가 있을까요?" 그녀는 눈썹을 들어 올리며 미소를 지었다.

"그것이 바로 우리가 이제부터 확인해야 할 내용이지요," 테드가 말을 받았다. "저도 예전에는 당신과 같은 확신을 가졌던 적이 있습니다. 물론 지금은 그렇지 않지만요."

"제 의견을 마음에 들어 하실 거라곤 기대하지 않았지요," 프랜신이 답했다. "제가 제시한 논리는 결국 당신의 하나님 모델과 정면으로 배치되는 것일 테니까요. 하지만 그렇다고 해서 뭔가 잘못된 부분이 있었나요? 무척 중요한 관점이기도 하지만 저에게는 논리상으로도 전혀 빈틈 없는 것으로 보이거든요."

"저도 그렇다고 생각합니다만, 그 두 가지 가능성에 제기한 당신의 반론은 중요한 구분 하나를 빠뜨렸습니다."

"그게 뭔가요?"

"안다는 것과 실재(實在)한다는 것의 구분이지요."

"뭐라고 하셨지요?"

"실재함 또는 존재함이라는 것은 그 존재의 사실을 아는 것과는 전혀 별개의 문제입니다. *실재*와 *지식*은 전혀 다른 두 개의 범주니까요."

"그야 물론이지요. 그런데 그 두 가지를 제가 어떻게 혼동했다는 겁니까?" 프랜신은 당혹스러워 보였다.

"당신이 하셨던 이야기를 다시 살펴봅시다," 테드가 설명을 시작했다. "어떤 무언가가 선하기 위해서는, 즉 하나님이나 예수님 혹은 그분들의 명령, 그리고 그와 관련된 행위를 포함한 뭔가가 선하기 위해서는 말입니다, 거기에는 선함의 기준이 반드시 있어야 한다고 당신은 이야기했습니다."

"네, 그랬지요."

"그리고 만약 우리가 그 선함을 인식하려면, 그것이 하나님이든 다른 어떤 존재든, 우리는 선함의 기준을 미리 알고 있어야만 한다고도 말씀하셨고요."

"지금 이건 무슨, 대화법 훈련이라도 하는 건가요?"

"사실 쌍방 대화에 있어서 이야기의 청자(聽者) 쪽에서 화자(話者)가 했던 말을 자신의 표현 방식으로 다시 반복하는 것은, 서로 간의 이해에 도움이 되는 유용한 방법입니다. 그를 통해 화자의 의도를 청자가 잘 이해했는지 확인할 수 있으니까요."

"그렇다면, 지금까지는 제 이야기를 잘 이해하셨군요."

"또한 당신은 그 기준이 하나님과 동떨어져 존재하는 것이라고 얘기했는데요."

"맞습니다. 만약 그렇지도 않다면 이런 경우 신에게는 결국 선과 악에 대한 구분 기준이 아에 존재하지 않는다는 말이 되니까요."

"바로 거기에서 혼동이 일어난 겁니다."

"거기라니요?"

"생각해 보십시오. '이러한 선함의 기준이 하나님에게도 적용된다'라는 말은, 그 기준이 하나님과 떨어져서 별개로 존재하는 것임을 전제로 하는 표현입니다. 하지만 그 전제가 반드시 맞다고는 말할 수 없지요. 물론 우리가 그 선함의 기준을 다시 하나님께 적용하여 판단하기 전에 그것에 대한 *지식*이 우리 안에 있어야 한다는 것은 사실입니다. 하지만 우리가 그것에 대한 지식을 갖기 이전에도 그러한 기준은 이미 하나님 안에 *존재*하고 있었을 수 있습니다. 또한 그 기준이 원래 하나님으로부터 유래된 것일 수도 있고요. 그리고 사실상 그 점이 바로 제가 지금 주장하고 있는 내용이기도 합니다. 당신이 말했듯, 일정한 기준이 반드시 있어야 하고 우리가 그 기준에 대해 알고 있어야 하지만, 그 기준은 바로 하나님 자신 안에 처음부터 *존재*했다는 것, 그러니까 하나님 자신이 그 기준이라는 사실 말입니다.

하나님은 우리의 마음 안에 그 기준에 대한 지식을 주입하신 것입니다. 우리는 그것을 선(善)에 대한 지식 혹은 도덕적 지식이라고 부르지요. 선에 대한 이 같은 지식은, 그러한 선이 하나님이나 예수님, 혹은 다른 것 안에 있음을 우리가 목격하는 순간, 곧바로 그것이 선임을 인식하게 해 줍니다.

다시 말하면 우리는 선과 악을 하나님이나 다른 존재 안에서 인식하기 이전부터 이미 알고 있었다는 것이고, 또한 그 같은 우리의 앎 이전에 선악의 기준이 하나님 안에 이미 *존재*하고 있었다는 겁니다."

프랜신이 혼란스럽다는 듯 고개를 저었다. "당신의 말씀을 좀 정리해 보지요. 그러니까 우리가 이미 알고 있고 또 그에게로 다시 적용하는 옳고 그름의 기준이 결국 신, 그 자신이라는 말씀인가요?"

"맞습니다. 그리고 우리는 바로 그 기준을 모든 행위들에 동일하게 적용하는 거지요."

"그렇다면 선(善)에 대한 선행 지식이 필요하다는 것만은 인정하시는 거군요?"

"그렇습니다. 우리는 그것을 가지고 있지요. 사실상 우리가 지금껏 객관적 도덕 가치라고 불렀던 것이 바로 그 선행 지식으로서, 우리의 정신 안에 깊숙이 뿌리박고 있는 실체입니다. 지금까지의 논의를 통해 충분히 살펴보았듯 말입니다. 선에 대한 지식의 존재는 아무도 부인할 수 없는 실재이지요."

"그러니까," 프랜신이 다시 말했다. "당신은 결국 저의 두 번째 가능성에 대해 동의하시는 거군요. 그 행위가 옳은 것이기 때문에 신이 명령하는 거라는…."

"그렇습니다. 그리고 그 행위가 옳은 것이라고 말할 수 있는 이유는, 그것이 선을 판단하는 객관적 도덕 기준에 부합되기 때문이지요. 하지만," 테드가 강조를 위해 잠시 말을 끊었다. "이 선함의 기준은 당신 말처럼 하나님과 관련없이 독립되어 있는 것이 아닙니다. 그것은 본질적으로 하나님의 본성, 즉 그의 성품 안에 뿌리박고 있는 것이니까요. 하나님의 가치 체계 안에

자의성이나 임의성이 결코 존재할 수 없는 이유가 바로 그것이기도 하고요. 임의성이란 특별한 이유 없이 이것이든 저것이든 마음대로 고르고 선택하는 것을 의미하는데 이는 결코 하나님께 적용될 수 없는 개념입니다. 그분의 도덕 가치가 지금의 모습인 데에는 이유가 있는데, 그 이유는 바로 하나님의 성품이 정확히 그런 모습이라는 것이거든요. 따라서 그 가치들은 그분의 본성 자체에 뿌리를 두고 있는 겁니다."

"흠," 프랜신이 조용히 생각에 잠겼다가 말했다. "그러니까 신 그 자신이 기준이라는 말씀이지요? 도덕 가치는 그의 본성에 근거하고 있기 때문에 그 안에는 임의성이 존재하지 않는다는 거고요." 자신의 반론에 주어진 답변이 적잖은 호기심을 유발하는 한편으로, 거기에서 또 하나의 쟁점이 발견된다는 생각도 들었다. 그래서 프랜신은 다시 이렇게 이야기했다. "빈틈없는 답변이시긴 합니다만, 그 답변이 또 다른 질문을 불러일으키는 것 같은데요."

"어떤 질문 말입니까?"

"무엇이 신의 성품을 선한 것으로 만들어 주지요? 당신은 신의 성품이 옳고 그름을 판단하는 궁극적 기준이라고 하셨는데 말입니다."

"네, 그랬지요."

"그러나 그런 식의 말은 제가 지적했던 문제에 대한 적절한 답이 아니라고 생각되는군요. 그와 같은 단언에 그치기 전에 무엇이 신의 성품을 본질적으로 선한 것으로 만드는지 질문할 필요가 있지 않을까요? 당신은 자의적이지 않다고 말씀하셨지만 단순히 신의 성품은 선한 것이며 그러니까 그걸로 그만이다라는 식으로 말하는 데에는 여전히 자의적인 부분이 있어 보입니다. 만약 그의 성품이 선하지 않다면 어떻게 하지요? 당신은 여전히 무조건적 선함을 강변하시리라 짐작합니다만, 이유야 어떻든 하나님의 성품은 선하기 때문에 그저 그걸로 다 된 것이다라는 식으로 이야기하는 것은 여전히 자의적인 일로 보이는데요."

"정말 견해가 확고하시군요. 하지만 한 가지만은 분명히 하겠습니다. 지금 저는 하나님의 성품은 무조건 선하며 그걸로 토론은 끝이다라고 말하고 있는 것이 아니라는 점을 말입니다. 그 부분에 대해서는 조금 후에 더 이야기하기로 하고요, 만약 하나님의 성품이 그와 다르다면 어떻게 하느냐고 물으셨지요? 글쎄요, 우선 무엇보다 먼저 알아야 할 사실은, 하나님이 보여 주시는 현재의 성품은 결코 지금과 다른 어떤 것일 수 없었다는 점입니다. 하나님은 영원할 뿐 아니라 불변하는 존재라는 말의 뜻은 그분이 현재의 모습으로부터 절대 달라질 수 없다는 의미이기 때문이지요."

"그 말씀은 단지 상황을 모면하려는 이야기같이 들리는데요!" 프랜신이 목소리를 높였다. "저야말로 '참 편리하기도 하군'이라고 말하고 싶어지는군요. 어떻게 그렇게 손쉽게만 이야기하실 수 있나요?"

"아니, 잠깐만요, 이 사실을 한번 기억해 보십시오. 우리는 지금까지 각자의 견해 혹은 모델을, 검증을 위한 하나의 가설로 제기해 왔다는 점 말입니다. 어떤 견해가 객관적 도덕 가치의 존재를 가장 잘 설명할 수 있는지 밝혀내기 위한 탐구 과정이었다는 거지요. 저의 모델은 하나님을 도덕의 창조자라고 전제하는 기독교적 모델이고, 기독교적 개념에서의 하나님은 항상 영원하고 불변하다고 인식되어 온 존재입니다. 그것은 성경을 포함해 모든 가치 있는 신학 서적에 공통적으로 등장하는 개념이니까요. 당신은 설마 이 개념이 유용하기 때문에, 다시 말해 우리의 문제를 해결할 가능성이 있기 때문에 반대하는 건 아니겠지요?"

이 질문에 프랜신은 대답을 하지 못했다.

"저는 지금 기독교에서 말하는 하나님이, 누구도 부인하기 어려운 객관적 도덕 가치라는 실체를 설명할 수 있는가 그렇지 않은가에 대해 논하고 있을 뿐입니다. 만약 그렇게 할 수 있다면 하나님이 진정 존재한다고 확신할 또 하나의 이유가 되는 것이고 말이지요."

프랜신이 계속 아무 말 없는 것을 보고 테드가 다시 말을 이었다.

"그리고 언급되어야 할 사실이 또 하나 있습니다. 어쩌면 우리는 실제로 존재하지 않는 문제를 문제점이라고 제기한 것일 수도 있으니까요."

"네? 하지만 저는 분명히 존재하는 문제라고 생각하는데요."

"그럴까요? 우리가 신중히 생각해 본다면 하나님의 선하신 본성에 대해서는 그 어떤 의문도 가질 수 없으리라고 보는데요."

"그건 또 왜 그렇죠?" 프랜신이 질문했다.

"왜냐하면 저는 그분의 본성이 생성해 낸 것이 무엇인지를 잘 알고 있기 때문입니다."

"그게 뭔가요?"

"우리가 지금까지 이야기해 온 객관적 도덕 가치지요."

"이해가 안 되는군요. 뭐라고 하셨지요?"

"그러지요. 당신이 제기한 문제를 직접적으로 살펴봅시다. 객관적 도덕 가치가 하나님의 본성에 근거하고 있다 하더라도 하나님이 선하신 분인가에 대한 질문은 여전히 존재한다고 하시지 않았습니까?"

"그랬지요."

"그렇다면 제가 하나 물어보겠습니다. 어떤 도덕 기준이 올바른가의 여부에 대해 당신은 무엇을 근거로 결정하지요?"

"아, 무슨 말씀을 하시려는 건지 알겠네요," 프랜신이 답했다. "그 기준이 과연 어떤 행위들을 승인하는지, 다시 말해 그 기준이 어떤 도덕적 판단을 내리는지를 살펴보면 된다는 거지요?"

"맞습니다. 그것이 승인 혹은 지지하는 행위가 어떤 것들인지를 보면 알 수 있는 겁니다."

"하지만 그 논리에는 조금 모순된 점이 있지 않나요?" 프랜신이 다시 문제를 제기했다. "각 기준이 승인한 행위들의 성격을 근거로 그 기준의 옳고 그름을 판단해야 한다는 이야기인데, 사실은 오히려 정반대여야 하는 것 아닌가 말입니다. 제 생각에는 도리어 각각의 기준이 자신이 검증하게 될 행위들의 옳고 그름 판별을 목적으로 처음부터 존재해 왔다고 보는데요."

"잘 보셨습니다. 네, 사실 좀 이상해 보이겠지요. 그러나 지금 이 문제는 우리 인간 모두에 앞서 내재하고 있던 일정한 도덕 지식의 존재성에 초점을 둔 논의입니다. 즉, 그와 같은 도덕 지식이 우리의 정신 안에 내재하고 있기 때문에, 만약 어떤 새로운 기준이나 지침이 우리가 부도덕하다고 이미 알고 있는 행위들을 승인 혹은 지지할 경우, 그 기준이나 지침이 그릇된 것이라는 사실을 곧바로 판단할 수 있게 된다는 말이지요.

아시다시피 지금까지의 토론 과정 전반에 걸쳐 우리는, 어떤 행위는 누가 봐도 옳고 또 어떤 행위는 그와 반대로 그르다는 사실을 인정하지 않았습니까?"

"네, 그랬지요."

"그것이 바로 *우리가 알고 있는 것*입니다. 그것을 우리가 어떻게 알게 되었고 무엇이 그것들을 옳거나 그른 것으로 만드는지는 모르더라도 말입니다. 우리는 또한 정직, 진실, 공정함, 생명 존중 등이 좋은 것이며, 그에 배치되는 정반대의 행위들은 나쁜 것이라는 사실도 알고 있습니다. 그래함 씨가 자신의 일관성 모델을 통해 우리에게 제시했던 내용에도 포함되어 있던 것이지요. 도덕적 공리라는 이러한 덕목들, 이유는 모르지만 우리 모두가 옳다고 알고 있는 가치들의 존재를 기정사실화해서 논의를 시작했을 때 말입니다."

"맞습니다." 프랜신이 수긍했다.

"하지만 한 가지 기억하십시오. 이러한 가치들이 좋은 것이라는 사실에 일단 동의하게 되면, 이후에는 그 가치들을 승인하는 기준은 좋은 것으로, 거부하는 기준은 자연히 부도덕한 것으로 간주해야 한다는 점을 말입니다. 또한 여기에서 전자로 언급된 기준, 즉 좋은 행위들을 좋다고 승인하는 기준이 바로 모든 올바른 행위들의 근원이자 척도가 된다는 사실도 포함해서요. 만약 그 기준이 우리가 이미 좋다고 알고 있는 것들을 승인하고, 나쁘다고 알고 있는 것들을 거부한다면 그것의 선함에 대해서는 더 이상 의심의 여지가 없어지겠지요."

"다시 한번 정리해 보고 싶어서 그럽니다만," 프랜신이 끈질기게 파고들었다. "신은 자신이 생성해 내는 가치가 선하기 때문에 선한 존재라는 겁니까?"

"근접한 표현이긴 하지만 정확한 것은 아닙니다," 테드가 대답했다. "하나님이 이러한 가치를 생성했다는 사실은 그분을 선하게 *만들어* 주는 요인이라기 보다 그분의 선함을 *확인해* 주는 요소라고 말해야 보다 정확하겠지요. 어떤 도덕 기준이든 선한 행위와 부합하는 것은 그것 자체로서 선함을 드러내니까요. 조금 전에 하나님이 선하다는 사실과 우리가 그 사실을 안다는 것은 다른 문제라고 말씀드렸었는데, 하나님의 본성이 선하다는 것을 '어떻게 아는가'라는 당신의 질문에 대한 저의 답변을 이것으로 대신할 수 있다고 봅니다. 즉, 그분이 생성하고 승인하는 가치들이 선하며, 그것들이 그분의 선함을 '드러냄'으로써 하나님이 선하다는 사실을 우리가 알 수 있다고 말입니다."

프랜신은 잠시 생각하다가 대답했다. "알겠습니다. 신이 그 본성 안에 있는 기준을 가지고 선한 행위들을 선한 것이라고 판단하기에 그가 선한 존재라는 당신의 말씀은 인정하지요. 하지만," 그녀가 또다시 질문을 제기했다. "그럼에도 여전히 부족한 부분이 있지 않나요?"

"어떤 부분이 말인가요?"

"지금까지 말씀하신 내용은 신의 성품이 선하다는 것을 우리가 *어떻게 알 수 있는가*와 관련된 것들이었습니다. 하지만 그것이 *왜 선하다는 건지*에 대해서는 아직까지 설명되지 않았거든요. 무엇이 그의 성품을 선하게 만든다는 겁니까? 그리고 어떻게 그것이 '선함'이 된 거지요? 신을 선하다고 단정하게 해 줄 수 있는 기준이 전혀 없는 상황에서 말입니다. 적절한 도덕 기준 없이는 어떤 것도 진정으로 선하다고 말할 수 없다는 사실에 우리 모두 동의한 것으로 압니다만."

"네, 맞는 말입니다. 만약 하나님의 선함에 대한 판단 기준을 묻는 일이 이제는 단순히 학문적인 질문이라는 사실에 당신도 동의하신다면 답변하겠습니다. 우리 두 사람 모두 이제 하나님이 진실로 선하시다는 걸 알고 있다는 점은 인정했으니 말입니다."

"뭐 그걸 단순한 학문적 관심이라고 표현하신다면야…."

"사실이 그렇기 때문에 그렇게 표현하는 겁니다. 어쨌거나, 하나님을 선하다고 판단할 수 있는 상위의 기준 없이 어떻게 그분을 선한 존재라고 단정할 수 있느냐의 질문에 대해 우선 따져 봅시다. 우리가 내리는 모든 도덕 판단은 일정한 기준에 의해 이루어져야 한다는 점에서 그런 단언이 불합리하게 들린다는 사실에는 동의합니다. 그렇지만 이런 경우를 한번 가정해 보시지요. 지금처럼 하나님의 성품이 선하다는 것을 판단할 수 있는, 별개의 기준이 있어야 한다고 당신이 먼저 주장했다고 말입니다. 그렇다면 제 쪽에서는, 그 별개의 기준이 옳다는 걸 입증해 줄 기준은 또 무엇인지의 문제를 제기해야 할 것입니다. 그러면 당신은 다시 그보다 한 단계 더 높은 기준을 필요로 하게 되고, 그 더 높은 기준은 또다시 그것을 판단할 보다 상위의 기준을 요구하게 되겠지요. 설령 이런 행동을 우리가 영원히 반복한다 하더라도 각각의 기준이 자신을 판단할 상위의 기준을 계속 필요로 하는 것이라면 결국 최종적이고 궁극적인 기준이란 존재할 수 없게 됩니다.

이와 같이 어차피 최상위의 기준이 존재할 수 없을 때, 하위에 있는 다른 모든 기준들의 옳음을 판단할 근거는 대체 어디에서 찾아야 하지요? 결국 그 기준들 모두가, 스스로는 절대 자신의 근거가 될 수 없는, 또 다른 상위의 기준에 다시 의존해야 하는 것이잖습니까. 우리가 찾아내는 모든 기준이 자신의 선함을 증명하기 위해 다시 또 그 상위의 기준에 의지할 수 밖에 없는 거라면, 다른 모든 기준들의 근거가 되어 줄 최종적이고 독립적인 기준이란 결국 존재할 수가 없겠지요. 이와 같이 우리가 생각할 수 있는 기준들 중 어떤 것도 자신을 판단할 결정적이고 확증적인 근거를 가질 수 없게 된다면, 결국은 무엇이 옳고 그른가에 대해 신뢰할 만한 판단을 내리는 일 자체가 불가능한 상황이 초래될 것입니다."

"무척 심오하군요." 그래함이 얼굴을 찌푸렸다.

"그럼에도 불구하고," 테드가 말을 계속했다. "세상의 모든 옳고 그름의 문제에 있어서는, 어떤 것이 우리에게 진정으로 선한 것인지 궁극적으로 결정하는 최종 기준이 반드시 있어야 한다는 사실을 우리는 이미 살펴보았습니다. 진정한 옳고 그름이 존재한다는 것을 알고 있는 우리로서는 그 최종적 기준이 분명 어딘가에 존재한다고 결론지을 수 밖에 없습니다. 그 최상위의 기준을 어떤 것으로 정하든 간에, 그것 역시 지금 여러분이 하나님이라는 기준에게 보이고 있는 것과 똑같은 반발을 겪게 될 겁니다. 그것을 옳다고 판단해 줄 보다 상위의 기준을 찾아내라며 말입니다. 이와 같이 하나의 최종 기준이 어딘가에 반드시 존재해야만 선함과 악함이 판별될 수 있다는 점에서, 하나님이 바로 그 최종적 판단 기준이라고 하는 말은 억지이거나 비논리적인 말이 아니며, 이 말을 트집 잡아 그분의 존재 자체를 부인하는 근거로 사용할 수는 없는 일입니다."

테드는 의자에 기대앉아 잠시 쉬었다가 다시 입을 열었다. "이 점을 명확히 하겠습니다. 저는 지금 제가 제시한 하나님 설명법이 논리에 맞는다는 사실만을 주장하고 있을 뿐입니다. 그렇기 때문에 선함을 하나님의 본질적 성품으로 보는 기독교적 전제가 맞다면 하나님을 객관적 도덕 기준의 적절한 근거로 믿을 수 있게 되며, 에우티프론 딜레마를 이용한 반론으로는 그 사실을 반증할 수 없는 거지요.

하지만 왜 기독교의 하나님이 이 기준으로서 고려되어야 하는가에 대해서는 좀 더 설명이 필요할 텐데요, 하나님에 대한 기독교의 필수 불가결한 개념 중 하나가 그분이 자신을 제외한 모든 만물의 근원이자 창조자라는 것이기에, 그 사실을 근거로 저는 그분을 도덕성의 창조자이기도 한 하나님으로 줄곧 표현해 왔던 것입니다. 선과 악이 일정한 기준에 의해 판단되어야 한다는, 우리가 이미 동의한 사실을 바탕으로, 저는 그 판단을 위한 가장 논리적이고 일관성 있는 기준이 세상 모든 것의 근원인 하나님임을 주장합니다. 그렇다면 그분을 떠나서는 어떤 기준도, 그 외의 다른 무엇도 존재할 수가 없는 거지요.

선과 악을 궁극적으로 판단하는 기준이 어딘가에는 반드시 존재해야 할진대, 그 최상위의 기준을 하나님으로 전제하는 관점에만 특별히 문제되는 부분이 무엇입니까? 물론 저의 이 말이 옳고 그름의 기준을 아무 것으로나 정할 수 있다는 뜻은 아니라는 점을 기억해 주십시오. 하나님께서는 결코 바뀔 수 없는, 불변의 존재라는 점을 생각할 때 오히려 그것과 정반대라고 할 수 있겠지요. 그분은 처음부터 지금까지 동일한 모습이셨으며 앞으로도 다른 무엇으로 변화될 수가 없습니다. 그렇기 때문에 선과 악의 판단 기준도 그들의 현재 상태에서 달라질 수 없는 것입니다.

이 사실들을 근거로 저는 이 모델이, 진정한 옳고 그름의 존재에 대해 우리가 필요로 하는 근거를 제공하는 최적의 방법이라 주장합니다."

테드의 설명이 끝난 후 잠시 침묵이 흐르던 방 안에 프랜신이 울림 있는 한마디를 던졌다. "우리 모두에게 생각할 문제를 제시하신 것만은 분명하군요."

무신론자인 그래함, 진화론자인 윌리엄, 인본주의자인 이안 모두는 테드가 제시한 결론을 두고 깊은 고민에 빠져 있었다. 자신들이 오랜 시간 견지해 오던 나름의 견해들이 오늘의 논의, 그리고 이전의 모임에서 다루어진 내용들을 근거로 새롭게 검증되어야 할 상황에 놓였기 때문이었다.

느닷없이 벌컥 문이 열리는 소리로 방 안의 정적은 즉시 깨어졌다. 예의 그 경비원이 들어서며 "안녕들 하십니까"라고 인사를 건넸다.

"아, 네, 안녕하십니까?" 얼떨결에 윌리엄도 마주 인사를 했다.

"제가 좀 설명드려야 할 일이 있을 것 같아서요."

윌리엄이 특히 당황한 것 같았다. "당신이 말입니까? 설명할 게 있다고요? 무엇에 대해 말씀인가요?"

"사실은, 여러분들을 초대한 사람이 바로 저랍니다."

모두들 놀라서 할 말을 찾지 못하고 있었다. "이것 참, 믿을 수가 없군." 그래함이 중얼거렸다.

테드가 중간에 나서서는, "사실입니다. 저도 이번 주에 들어서야 우연히 알게 되었지만 우리 모임의 주최인께서는 판사시랍니다. 우리의 질문에 모두 답해 주겠다고 약속하셨지요"라고 말했다.

"판사라고요?" 윌리엄의 목소리가 높아졌다.

"네, 그렇습니다." 경비원이 답했다.

"그런데 대체 왜 이 모임을 계획하신 거지요? 목적이 뭔가요?" 윌리엄이 다시 질문을 퍼부었다.

"저도 그 점을 생각해 봤는데요," 판사의 입장을 고려해 테드가 또 중재에 나섰다. "한 가지 짐작되는 것이 있더군요. 아마도 우리의 주최인께서는 자신의 직업 때문에 도덕성에 관한 자연스러운 호기심을 갖고 계셨던 모양입니다. 그렇지 않습니까, 판사님?"

답변을 하려는 듯 한 발 다가서는 그에게 사람들의 시선이 한꺼번에 쏠렸다. "우선 먼저, 여러분 모두 꾸준하고 성실하게 이 모임에 참석해 주신 것에 감사드리겠습니다. 다음으로는, 여러분의 허락 없이 지금까지의 모든 대화 내용을 밖에서 듣고 있었던 저의 행동에 대해 깊이 사과드리고자 합니다. 하지만 그저 듣고만 있었기에 저의 목표가 가장 효율적으로 이루어졌다고 생각합니다. 물론 그 과정에서 여러분을 속이게 되었지만 말입니다.

제가 이런 방법을 취한 것은 여러분의 토론에 어떠한 영향도 미치고 싶지 않았기 때문입니다. 그리고 원래 제가 구두(口頭)로 제시되는 증거를 듣거나 상황의 여러 측면을 경청하는 일에 익숙해서이기도 했지요. 이번 토론의 주제에 대해서도 어떤 한 부분만을 다루는 책을 읽고 이해하고 싶지는 않았습니다."

"저희들의 논의를 엿들으신 이유보다 왜 저희를 이곳에 모이게 하셨는지가 저는 훨씬 더 궁금합니다만…." 이안이 그의 말을 끊었다.

"네, 그 이유를 지금부터 설명드리겠습니다. 사실 테드 씨의 말씀이 맞습니다. 제 직업과 관련된 관심 때문이지요. 하지만 개인적인 이유도 있었습니다. 아주 중요한 이유지요." 판사가 마지막 부분을 강조하면서 말했다.

처음의 당황스런 마음을 가라앉힌 다섯 명의 참석자들은 진지한 태도로 판사의 설명을 듣기 시작했다. "이곳에서 제가 혼자 지내고 있다는 사실을 여러분은 이미 짐작하셨을 겁니다."

테드가 고개를 끄덕였다.

"사실 저에게는 집을 떠나 생활하는 딸이 하나 있습니다. 꽤 유명한 현대 무용단에 소속되어 연주 공연을 다니고 있는데 저와는 연락을 끊고 지냅니다. 그리고 아들도 한 명 있는데, 처음에는 가족들의 기대대로 잘 성장해 주었던 아이였지요. 경영학 석사 과정을 마치고 금융 투자 분야에 고용되어 확실한 미래를 보장받았으니까요. 하지만 곧 마약과 자금 횡령 등으로 구속되면서 저의 모든 환상이 깨어졌습니다."

"많이 힘드셨겠군요." 테드가 위로의 말을 건넸다.

판사가 말을 이었다. "제 아내와 저는 아직 결혼 생활을 유지하고 있지만 최근에 아내는 혼자서 유럽 여행을 떠나겠다고 선언했습니다. 아내는 저에게, 나중에 제가 인생을 제대로 이해할 수 있게 되면 그때 연락하라고 말하더군요. 아마도 저는 주위 사람들과의 관계를 잘 유지하지 못하는 사람인가 봅니다. 그것이 제가 여러분의 토론에 참여하지 않은 또 다른 이유도 되었습니다만…

그렇다 보니 이제는 제 삶에 도대체 어떤 의미가 있는 건지 회의까지 들 정도였습니다."

"하지만," 테드가 곧바로 질문을 던졌다. "저희들을 모이게 한 데에는 직업적인 이유도 있다고 하시지 않았습니까?"

"그렇습니다," 판사가 대답했다. "있지요." 그는 고통스러운 눈빛으로 잠시 말을 멈추더니 "여러분은 혹시 어떤 사람을 10년 혹은 20년 동안 감옥으로 보낸다는 것이 어떤 기분일지 생각해 보신 일이 있으신가요?"라고 물었다.

아무도 대답이 없었다. 그러자 그가 다시 말했다. "생각해 보십시오. 당신이 내린 결정이 누군가의 삶에서 10년을 앗아간다는 것에 대해서 말입니다. 물론 배심원들이 그 역할을 분담할 때도 있지만요."

"정말 쉽지 않은 일이겠군요." 그래함이 작은 소리로 말했다.

"쉽지 않음은 물론이고," 판사가 말을 계속했다. "특히 제게는 견디기 힘든 부분이 있습니다."

"그게 뭔가요?" 그래함의 질문이었다.

"여러분들께서 지금까지 논의하셨던 문제입니다. 만약 엄밀한 의미에서 객관적으로 옳고 그르다는 것이 실제로 존재하지 않는다면 그땐 어떻게 해야 하는가라는 의문 말입니다. 물론 저의 동료 중 적지 않은 사람들이 도덕성 같은 문제는 무시하고 그냥 법을 해석해서 집행하면 된다고 이야기하는 것도 압니다. 하지만 생각해 보십시오. 만약 진정한 옳고 그름이란 것이 없다면 죄인들을 처벌하고 그들의 삶을 10년이나 20년씩 파괴시키는 이유가 대체 뭐란 말입니까? 그것은 그저 우리가 그들이 범한 짓을 싫어한다는 이유 외에는 다른 근거가 없는 일이지요. 게다가 우리는 그 사람들을 감옥에 보내겠다고 임의로 결정하면서도 그들의 행위가 그 처분에 합당할 만큼 정말로 잘못된 일이라고 정당하게 말할 수조차 없게 될 것 아니겠습니까?

그런 행위들이 정말로 그릇된 것이란 믿음에서 내리는 처벌이라면 저도 어느 정도의 갈등은 감당할 수 있었을 겁니다. 하지만 제가 견딜 수 없었던 것은 그들의 행위가 정말로 잘못된 일임에 대한 확신도 없으면서 내가 타인의 삶을 함부로 망치고 있는 것 아닌가 하는 두려움이었습니다. 사실 진정으로 객관적인 옳고 그름의 판단 기준이 없다면 그들이 어떤 행위를 했든, 그리고 제가 그것을 얼마나 혐오스러운 행동이라고 생각하든, 그것은 문제가 되지 않겠지요. 그리고 그런 가정이 맞다면 어떻게 제가 그들을 감옥에 보낼 수 있겠습니까?

최근 들어서는 잠도 잘 오지 않을 정도여서 결국은 여러분들을 초대하여 이와 같은 모임을 진행하기로 결심하게 된 것입니다. 제가 갖고 있던 여러 가지 질문들에 대한 답을 얻기 위해서 말이지요. 도대체 이 문제들이 가진 본질적 의미는 무엇일까? 진정한 도덕적 옳고 그름이라는 것이 정말 존재하는 것인가, 아니면 우리가 살아가면서 그냥 편의에 의해 만들어 낸 것인가? 그리고 이 과정 속에서 신은 어떤 역할을 하고 있는 것일까?"

"절대 쉬운 질문은 하지 않으시는군요, 그렇지요?" 그래함이 웃음을 지으며 말했다. "실제로 가장 본질적인 질문들이긴 합니다만, 그래도 대부분의 사람들은 그러한 질문을 피하고 싶어 하니까요."

"저와 같은 입장의 사람으로서는 절대 그럴 수가 없지요," 판사가 답했다. "그러나 대화의 주제는 제가 결정할 수 없는 것이기에 각기 다른 세계관을 가지고 계신 몇 분의 손님을 초대하기로 결정했던 겁니다."

"하지만 어떻게 저희들을 택하게 되셨나요?" 프랜신이 물었다.

"그건 그리 어려운 일이 아니었습니다. 몇몇 대학과 학회에 전화를 해서 제가 생각하는 토론을 위해 각기 다른 분야에서 가장 뛰어난 연설자들을 추천받았지요. 그렇게 해서 여러분의 이름을 알게 된 겁니다."

그래함이 말을 받았다. "그렇다면 저희가 지금까지 논의해 온 두 가지 주제에 대해서는 이미 잘 알고 계시겠군요. 객관적인 도덕 기준은 존재하는 것인가라는 첫 번째 질문과, 만약 그렇다면 그 기준의 근거는 무엇인가라는 두 번째 질문 말입니다. 그리고 오늘은 마지막으로, 이 문제들을 설명하기 위해 신이 반드시 필요한가, 그리고 신 없이 진정한 도덕적 선이 존재할 수 있는가의 문제도 다루었고요."

"네, 저도 잘 알고 있습니다. 그리고 저는 여러분의 논의를 통해, 만약 객관적 도덕성이라는 것이 존재하지 않는다면 제가 제 딸이나 아들의 행동에 대해 옳거나 그르다는 판단을 내릴 수 없다는 사실을 깨닫게 되었습니다. 어떤 죄목으로 기소되어 저의 법정에 선 사람들에 대해서도 마찬가지이고 말입니다. 그리고 그럴 경우 제가 할 수 있는 일이란 오직 저의 선호 방식을 표현하는 것뿐일 테지요."

"바로 그렇습니다!" 테드가 그 말에 긍정을 표했다.

"저는 또한 객관적 도덕 기준이라는 것이 정말 존재한다면 반드시 그에 대한 설명이 있어야 한다는 사실도 알게 되었습니다. 지금까지 여러분들이 제시하신 근거를 열심히 귀기울여 들었거든요. 각각의 주장이 검증을 거치는 과정 역시 주의 깊게 경청했고 말입니다. 아시다시피 그게 제 직업이기도 하니까요."

"잘 압니다," 테드가 다시 말했다. "그렇다면 이제 결정하실 일만 남았군요. 이제부터 내리시게 될 결정이 판사님의 앞으로의 삶을 본질적으로 바꾸어 놓을 수 있다는 점을 잘 알고 계시리라 믿습니다."

판사는 깊은 생각에 빠진 듯 보였다. "네," 그가 거의 혼잣말처럼 작게 속삭였다. "결정의 시간이지요."

너무 무거워진 분위기를 감지한 프랜신이 이때 재치 있게 말을 건넸다. "판사님, 한 가지 제안이 있는데요, 저 닭요리의 조리법을 제게 좀 알려 주신다면 객관적 도덕성에 대한 저희들의 고찰법도 더 자세히 알려 드리겠습니다."

"저는 지난주에 먹은 치즈 케이크의 조리법이 더 알고 싶은데요," 윌리엄도 거들었다. "그건 정말 완벽함으로 진화한 조리법이었거든요." 그 말에 모두들 웃음을 터뜨렸다.

"저는 이 과일 음료를 한 잔 마시고 싶습니다만," 이번에는 이안이 자신의 잔에 음료를 채우더니 "우리 모임의 주최자이신 판사님을 위해 다 함께 건배할 수 있도록 말입니다"라며 미소를 띤 채 잔을 높이 들어 올렸다. "우리 모두를, 그리고 우리의 도전적인 대화를 위하여!"

판사도 잔을 들어 올렸다. "진리를 위하여!"

그들의 잔이 함께 부딪혔다. 건배를 하면서 서로의 눈빛을 마주한 순간,

자신들의 삶이 더 이상 예전과 같을 수 없음을 그들 모두는 분명히 알 수 있었다.

1. 가장 기본적인 문제

1. 비종교적/세속적 인본주의에 대한 옹호론과 총괄적 설명에 관련해서는 Paul Kurtz, *In defense of Secular Humanism*(Buffalo, N.Y.: Prometheus, 1983)을 참조할 것.

2. 프랜신의 이러한 진술은 일반적으로 도덕적 비인지론이라고 알려진 사상을 대표하는 것이다. 이 논리에서는 도덕적 판단을 "이 방에 다섯 사람이 있다"라고 말할 때와 같은 진리적 선언일 수 없는, 단순한 화자의 느낌이나 생각에 대한 표현으로 본다. 따라서 비인지론에 있어서의 감정이론과 사고이론 사이에 구분이 생기지만 나는 프랜신이 어떤 종류의 비인지론자인지는 다루지 않았다. 여기에서는 단지 그녀가 절대적이거나 객관적인 도덕 원칙을 존재하지 않는 것으로 보는 견해를 가지고 있다는 사실만이 중요할 뿐이다. 그러므로 그녀가 도덕적 진술을 할 때는 단순히 어떤 객체에 대한 자신의 감정이나 태도를 표현하는 것이며 또한 같은 주제에 대한 다른 사람의 태도 또한 그녀의 것과 마찬가지의 가치를 갖는 것으로 고려된다.

3. 이 논의는 Peter Kreeft, *Between Heaven and Hell*(Downers Grove, Ill.: InterVarsity Press, 1982), 31-32에 자세히 다루어져 있다.

4. 도덕적 상대주의에 대한 보다 자세한 논의는 *Relativism: Interpretation and Confrontation,* ed. Michael Krausz(Notre Dame, Ind.: University of Notre Dame Press, 1989)과 Clifford Geertz, "Anti Anti-relativism," *American Anthropologist 86*(1984): 263-78을 참조할 것.

5. 이것은 Bertrand Russell이 제시한 가치의 주관성에 대한 설명이자 예시로서

그는 이 사상을 *Religion and Science*(Oxford: Oxford University Press, 1935), 237-43에서 주장했다. 또 다른 주창자로는 J. L. Mackie가 있다. 그의 책 *Ethics: Inventing Right and Wrong*(New York: Penguin, 1977), 15-48을 참조. 유사한 설명을 비평가적 관점에서 제시한 것으로는 Donald Davidson, "The Myth of the Subjective," in *Relativism: Interpretation and Confrontation*, ed. Michael Krausz(Notre Dame, Ind.: University of Notre Dame Press, 1989), 159-72. 객관적 관점에 대한 또 다른 비평가인 A. R. C. Duncan의 *Moral Philosophy*(Toronto: CBC Enterprises, 1965), 37-48도 참조 가능. James Rachels 역시 윤리적 객관주의에 대해 의미 있는 설명을 자신의 다음 책에서 제시했다. *The Elements of Moral Philosophy*(New York: McGraw-Hill, 1986), 31-43.

6. 이 관점은 Duncan의 *Moral Philosophy*, 49-60에서 설명, 주장되었다. 또한 이것은 플라톤에 의해서도 지지된 견해로서 The Republic, trans. F. M. Cornford(Oxford: Oxford University Press, 1941)을 참조할 수 있다. 보다 깊이 있는 연구를 위해서는 Catherine Elgin의 논문 "The Relative Fact and the Objectivity of Value," in *Relativism: Interpretation and Confrontation*, ed. Michael Krausz(Notre Dame, Ind.: University of Notre Dame Press, 1989), 86-98을 참조할 것.

2. 도덕성이 주관적인 것일 경우의 문제

1. 개념들 간의 다양한 관계에 대한 보다 폭넓은 논의를 위해서는 Mark B.

Woodhouse, *A Preface to Philosophy*, 4th ed. (Belmont, Calif.: Wadsworth, 1990), 4-5를 참조할 것. 그의 예시들은 특히 도움이 될 수 있는 내용이다.

2. 자신의 행위에 책임을 져야 한다는 것을 우리 모두가 알고 있다는 사실에 동의하지 않는 사람들도 물론 있지만 여기에서 내가 말하고자 하는 바는, 이런 종류의 논의가 어떻게 기능하는가를 보이려는 것이었을 따름이다. 이것은 귀류법(歸謬法) 논의라고 불리는 것으로 대부분의 논리학 서적에서 다루어지고 있다. 적절한 설명이 다음의 책에 제시되어 있다. Noel Moore and Richard Parker, *Critical Thinking*, 3rd ed. (Palo Alto, Calif.: Mayfield, 1992), 226-27.

3. 주관적 도덕성의 문제

1. 이 네 가지 개념의 의미에 관해서는 1장과 2장의 내용에 나와 있는 논의를 참조할 것. 앞선 그 두 장에서 나는 이 개념들과 관련한 정의, 설명, 예시 등을 각 주에 포함된 참고 도서와 함께 제시하였다.

2. 주관적 윤리성의 불합리하고 부적절한 귀결에 관해서는 James Rachel이 그의 다음 책 내용 중 문화적 상대주의를 다룬 장에서 특히 잘 설명하고 있다. *The Elements of Moral Philosophy*, 2nd ed. (New York: McGraw-Hill, 1986), 30-40. A. C. Ewing 또한 그의 책 *The Definition of Good*(New York: Mcmillan, 1947), 4-35에서 주관적 윤리성의 수용하기 어려운 귀결들에 대해 다루었다. 그는 여기에 주관적 윤리성의 사례를 검토하고 그것의 결함을 발견해 낸 내용을 실었다. 주관적 윤리성의 사례는 다음의 책들에서도 다루어져 있다. J. L. Mackie, *Ethics:*

Inventing Right and Wrong(New York: Penguin, 1977), 15-49; Bertrand Russell, *Religion and Science*(New York: Holt, 1935), 229-38.

4. 도덕성이 객관적이어야 하는 이유

1. David Hume은 이 사실을 확신하였기에 본질적 중요성을 가진 모든 주제에 대해 용납 가능한 유일한 견해는 철저한 회의론뿐이라고 보았다. 그는 자신의 책 *Dialogues of Natural Religion*, ed. Normal Kemp Smith(London: Macmillan, 1947), 186-87에서 모든 논쟁에서 승리하는 방법은 상대편 주장의 결함을 보여 주는 것이라고 주장했다. 하지만 이 말은 자신만의 어느 견해를 옹호하기 보다는 다른 사람의 견해를 비판하기만 하는 회의론자들만이 진정한 승자라는 의미밖에 되지 않는다. 하지만 세상 모든 사람이 음으로든 양으로든 특정한 세계관을 채택한다는 점에서 나는 이러한 접근을 부적절하다고 생각한다. 어느 누구도 회의론자로서만 일관성 있게 살 수는 없기 때문이다. 하지만 일반적으로 볼 때 어떤 견해를 비판하는 것이 옹호하는 것보다 더 용이하다는 것은 역시 사실이다.

2. 객관적 도덕 가치에 대한 자세한 설명은 1장을 참조할 것. 그 부분에서 나는 도덕성에 대한 주관적 이해라는 입장과 그 개념을 대조하면서 그에 대한 정의와 예시를 제시하였다.

3. 물론 누군가는 객관적 도덕 가치가 존재한다는 우리의 믿음은 잘못된 것이고 따라서 우리가 그것을 믿는다는 사실이 아무런 의미도 없다고 말할 수 있을 것이다. 하지만 나는 그렇게 쉽게 이런 논의를 일축해 버릴 수 있다고는 생각하지 않으며 10장에서 이러한 반론을 자세히 다루었다. 나는 이 두 가지 입장을 동시에 취하

려면 자기모순에 빠질 수밖에 없다고 본다. 어떤 것이 존재하면서 동시에 존재하지 않을 수도 있다고 믿는다는 것을 자신의 행동을 통해 보이는 일은 불가능하다고 믿기 때문이다. 우리가 어떤 특정 이론에 따라 살아간다는 것은 그 이론을 믿는다는 것을 의미하며, 또한 그것을 믿는다는 것은 그것이 진실이라고 생각한다는 의미이다. 그러므로 실제로는 어떤 이론이 진실인 것처럼 그에 따라 살면서 그것이 진실이라고 생각지 않는다고 주장한다는 것은 자기모순이 된다. 달리 표현한다면, 우리가 행동을 통해 객관적 도덕 가치의 존재를 믿는다는 사실을 드러낸다면 결국 우리는 그것이 존재하지 않는다 라는 이론을 거부하는 결과가 된다.

4. 상충하는 주장에 대한 자세한 설명은 Brooke Noel Moore and Richard Parker, *Critical Thinking*, 3rd ed.(Palo Alto, Calif.: Mayfield, 1992), 65-70, 257-59를 참조할 것.

5. C. S. Lewis는 자신의 다음 책에서 같은 예시(사람들이 어떻게 논쟁하는가)를 다루었다. *Mere Christianity*(New York: Macmillan, 1952), 17-21. 여기에서 그는 모든 인간이 인식하면서 타인들도 알고 있을 것으로 기대하여 그에 호소하는 하나의 객관적 도덕 기준의 존재에 대해 자신의 논의를 발전시키고 있다.

6. 내가 이 사실을 강조하고 있는 이유는 공정성, 예의, 인간 생명 존중 등에 관한 원칙에 따라 우리가 항상 살지 못하는 현실이 바로 이러한 원칙이 객관적 의미에서 존재할 수 없음을 증명하는 것이라고 주장하는 말들을 종종 듣게 되기 때문이다. 하지만 전혀 그렇지 않다. 그러한 결론은 이러한 전제로부터 도출될 수 없다.

5. 이의 제기

1. 이러한 이의—객관적 도덕 가치는 존재하지 않으며 사람들이 가지고 있는 도덕 감각은 단지 생존을 위한 본능에 불과하다는—는 10장에서 자세히 다루어질 진화론적 반론의 한 부분이다. 나는 여기에서 우리가 도덕 감각이라고 부르는 것과 본능은 본질적으로 다르다는 사실만을 논했다. C. S. Lewis도 자신의 다음 책에서 이러한 반론에 대해 유사한 답변을 제시했다. *Mere Christianity*(New York: Macmillan, 1952), 21-24.

2. 일단(一團)의 객관적 도덕 가치에 대한 이러한 접근과 다른 세부적 질문은 다음 책을 참조. Gilbert Harman, "Is There a Single True Morality?" in *Morality, Reason and Truth: New Essays on the Foundations of Ethics*, ed. David Copp and David Zimmerman(Lanham, Md.: Rowman & Allanheld, 1984), 27-48.

3. 이것은 Lewis가 사용한 개념이다(*Mere Christianity*, 24).

4. 이것은 Lewis에 의해 채택된 방식이다(같은 책, 24-26).

6. 다른 문화 간의 상이한 도덕적 풍습

1. 이것은 하나의 진정한 객관적 도덕 원칙의 존재에 대한 일반적 반론이다. 이 주제에 관한 보편적 내용은 William Graham Summer, *Folkways*(New York: Ginn, 1902)에 나와 있으며 특히 1-3장을 참조할 것. Summer는 일단(一團)의

객관적 도덕 가치라는 것은 존재하지 않는다고 보면서 자신의 주장을 다양한 사회에서 나타나는 각기 다른 도덕 풍습의 여러 가지 예를 들어 주장한다. 그는 이러한 풍습들의 기원을 정확히 밝히는 것은 불가능하지만 아마도 사람들이 생존을 위해 분투하는 여러 가지 방식을 반영하는 것이리라고 보았다. 이 장에 제시된 몇 가지 이유들로 인해 나는 그의 주장을 설득력 없는 것으로 생각한다. 그 도덕 풍습상들의 전반적인 유사성을 고려해 봤을 때 그들 사이에 나타나는 차이들에 관한 더 나은 설명은 얼마든지 있기 때문이다. 이에 관해서는 Brimal Krishna Matilal, "Ethical Relativism and Confrontation of Cultures," in *Relativism: Interpretation and Confrontation*, ed. Michael Krausz(Notre Dame, Ind.: University of Notre Dame Press, 1989), 339-62; Gilbert Harman, "Is There a Single True Morality?" in *Morality, Reason and Truth: New Essays on the Foundations of Ethics*, ed. David Copp and David Zimmerman(Lanham, Md.: Rowman & Allanheld, 1984), 27-84를 참조할 것. C. S. Lewis 역시 이 질문에 관해 간략하지만 도움이 될 수 있는 내용을 *Mere Christianity*(New York: Macmillan, 1952), 19-20에서 다루었다. Robert Ashmore도 도덕 가치의 객관성을 문화적 관점에서 부인하는 의견에 대한 통찰력 있는 논의를 자신의 책 *Building a Moral System*(Eaglewood Cliffs, N.J.: Prentice-Hall, 1987), 41-48에서 다루었다. 여기에서 Ashmore는 각기 다른 사회마다 근본적으로 다른 도덕 가치를 갖는다는 주장에 이의를 제기한다.

2. 이 자료는 *International Human Rights Instruments of the United Nations*, 1948-1982(Pleasantville, N.Y.:UNIFO Publishers, 1983), 57, 117에서 발견된다. 이것은 또한 Ashmore, *Building a Moral System*, 163-66의 부록 부분에도 실려 있다.

3. C. S. Lewis, *The Abolition of Man* (New York: Macmillan, 1955), 95-121.

4. C. Stephan은 이러한 반론에 대한 간략한 답변을 *Philosophy of Religion* (Downers Grove, Ill.: InterVarsity Press, 1985), 69-71에서 제시하고 있다.

5. James Rachels는 이것의 예를 *The Elements of Moral Philosophy* (New York: McGraw-Hill, 1986), 15-26에서 다른 예들과 함께 제시했는데 여기에서의 그의 분석은 상당히 괄목할 만하다.

6. Rachels는 *The Elements of Moral Philosophy*, 18-20에서 신중한 분석과 함께 이 논의에 대해 설명하고 있다.

7. 이 문제에 관한 자세한 논의는 A. C. Ewing, *The Definition of Good* (New York: Mcmillan, 1947), 4-35를 참조할 것.

7. 하나님 없는 도덕성

1. "인과 관계"의 원칙에 대해 주요 반론을 제기한 David Hume조차도 실제로는 그에 대한 반론을 펼친 것이 아니라 단지 이것이 입증 가능한 개념이 아니라는 사실을 제시한 것뿐이다. 그는 또한 매일의 일상에서 이러한 원칙이 기능하는 것처럼 우리가 살아가고 있다는 사실을 인정하기도 했다. 그의 이의 제기는 *A Treatise of Himan Nature*, ed. L. A. Selby-Bigge (Oxford: Clarendon, 1967), 73-84(bk. 1, pt, sec. 2-4)에서 찾아볼 수 있다.

2. 이것은 Kai Neilson의 다음 책에 실린 도덕 가치의 근거에 관한 논의이다.

Ethics Without God(Buffalo: Prometheus, 1990), 113-27.

3. Peter Singer가 *Practical Ethics*(Cambridge: Cambridge University Press, 1981), 48-71에서 다룬 이 내용은 상당히 영향력 있으면서 동시에 논란의 여지가 많은 논리로 입증되었다. 그 논란 자체가 내가 지적하는 요점—어떤 특질이나 특성이 동등하고 존엄한 대우에 대한 권리를 부여하는지에 대해서는 일반적 동의가 이루어진 바 없다는—을 암시하고 있다. 인간과 동물의 권리에 대해서는 어떤 특질에 특별한 권리가 부여되는가에 따라 일관되면서도 상충하는 도덕적 입장이 생길 수 있다.

4. 이것은 동물이 소유하지 못한 인간만의 일정한 능력을 강조할 때 서구 사회에서 차용하는 전통적인 입장이며 따라서 이러한 능력들은 인간에게 보다 월등한 권리를 부여하는 근거로 작용한다.

5. 이 논의는 Paul W. Taylor, *Respect for Nature: A Theory of Environmental Ethics*(Princeton, N. J. : Princeton University Press, 1986), 99-168에 실려 있다. 그는 자신의 관점을 "자연에 관한 생명 중심적 조망"이라고 이름 붙였다. 특별히 그가 강조한 점은, 인간이 식물이나 여타 동물들에게 없는 일정한 능력을 가지고 있다는 사실로 인해 그 우월성이 입증될 수는 없다는 것이었다. 많은 비인간 종(種)들이 인간에게는 없는 특질을 가지고 있다는 점에서 그는 그러한 견해를 아무런 근거도 없는 것이라 보았으며, 치타의 속도 능력과 새들의 비행 능력, 나뭇잎의 광합성 능력 등을 그 같은 특질의 예로 들었다.

8. 인간이 도덕성의 근본이 될 수 있는가

1. 기독교 인본주의에 대한 상세한 설명은 J. I. Packer and Thomas Howard, *Christianity: The True Humanism*(Waco, Tex.: Word, 1985)을 참조하기를 권한다. 이 책의 1장은 비종교적 인본주의를, 그리고 나머지 부분은 그와 대조된 기독교 인본주의를 설명하고 있으며 부록 부분에는 기독교 인본주의자 성명서가 포함되어 있다.

2. Herbert Feigel은 도덕성에 대한 근거를 "A Dialogue on Validation and Vindication," in *Readings in Ethical Theory*, ed. Wilfred Sellars and John Hospers(Englewood Cliffs, N. J.: Appleton-Century-Crofts, 1952)에서 피력했다. 이러한 입장은 David P. Gauthier, "Morality and Advantage," *Philosophical Review 76*(1967): 460-75에서도 찾아볼 수 있는데 Gauthier가 제시한 견해는 다음 장에 소개될 인간 필요성 관점이라는 개념으로 보다 정확히 묘사될 수 있겠다. 그러나 그의 진술의 몇몇 부분이 단순한 인간 필요성이 아닌 인간 본성에 관련된 것이라는 점에서 중복되는 내용도 나타나는 것으로 보인다.

3. Peter Singer, *Animal Liberation*(New York: New York Review, 1975), 1-22를 참조.

4. David Hume, *A Treatise of Human Nature*, ed. L.A. Selby-Bigge, 3rd rev. Ed, by P. H. Nidditch(Oxford: Oxford University Press, 1978), 458, 468-70을 참조. 사실-가치 문제에 대한 보다 심도 높은 논의로는 Tom L. Beauchamp, *Philosophical Ethics*(New York: McGraw-Hill, 1982), 345-52; William Frankena, *Perspectives on Morality*, ed. K. E. Goodpaster(Notre-

Dame, Ind.: University of Notre Dame Press, 1976), 1-11, 133-47의 참조를 권한다.

9. 인간의 필요가 도덕성의 근본이 될 수 있는가

1. 이 관점에 대한 지지 입장으로는 John Hartland-Swan, *An Analysis of Morals*(London: George Allen & Unwin, 1960), 57-61을 참조. Swan은 도덕적 혹은 비도덕적이라는 것은, 한 사회가 어떤 행동을 그 생존과 복지를 위해 행해져야 하는 것으로 보는가 금해야 하는 것으로 보는가에 엄격하게 좌우된다고 주장했다. 그는 도덕성을 "사회적으로 중요하게—인간 상호간, 인간과 집단 간이라는 관계에서 중요하게—간주하는 풍습의 유지나 위반을 일컫는 개념"이라고 정의했다.

David P. Gauthier 또한 이러한 견해를 "Morality and Advantage," *Philosophical Review* 76(1967): 460-75에서 다루었다. Gauthier를 포함하여 사회적 계약설에 관한 자세한 내용은 Peter Vallentyne, ed., *Contractarianism and Rational Choice: Essays on David Gauthier's Morals by Agreement*(New York: Cambridege University Press, 1991), 15-95를 참조할 것.

2. 객관적 도덕성 대 주관적 도덕성에 대한 보다 정확한 정의는 1장의 후반부와 해당 주 부분을 참조할 것.

3. 이것은 정확히 *An Analysis of Morals*, 61에 나타나 있는 Hartland-Swan의 견해이다.

4. 무신론자의 일관성 설명 방식의 문제는 4장의 마지막 부분에 제시되어 있다.

5. 실재-당위, 혹은 자연주의적 오류라고도 불리는 사실-가치 문제는 8장의 후반부에 설명되어 있다.

10. 도덕—생존의 관건

1. 진화론에 대한 이해를 위해서는 Charles Darwin, *The Origin of Species*(다양한 출간본이 있음)를 추천한다. Michael Ruse는 진화론에 대한 자신의 옹호를 *Darwinism Defended: A Guide to the Evolution Controversies*(London: Addison-Wesley, 1982)에서 제시하고 있다. 비판적인 입장으로는 James F. Coppedge, *Evolution: Possible or Impossible?*(Grand Rapids, Mich.: Eerdmans, 1973)을 참조할 것.

2. 이 논의는 Michael Ruse에 의해 "Is Rape Wrong on Andromeda?" *Extraterrestrials*, ed. E. Regis Jr.(Cambridge: Cambridge University Press, 1985), 60-67에서 논의된 내용이다. 진화론과 윤리학의 관계에 대한 일반적 토론 내용은 Arthur L. Caplan and Bruce Jennings, eds., *Darwin, Marx and Freud: Their Influence on Moral Theory*(New York: Plenum, 1984), 3-69를 참조할 것.

3. James Q. Wilson은 자신의 책 *The Moral Sense*(New York: Free Press, 1993)에서 이 논의를 발전시켰다. 이 책에서 개작된 논문인 "What Is Moral, and How Do We Know It?" *Commentary 95*(June 1993): 37-43도 참조 가능.

4. 이것은 Ruse가 "Is Rape Wrong on Andromeda?" 67에서 제시한 진술이다.

11. 하나님 소개하기

1. 이 단락에 포함된 주장은 여러 대학 내에서의 강의와 토론을 통해 William Lane Craig, Michael Horner 등 많은 이들에 의해 제시되었던 것이다. 이들은 객관적 도덕 가치가 명백히 세상에 존재한다는 점에서 이러한 가치들에 대해 설명할 수 있는, 단순한 물질적 우주 이상의 무언가가 존재해야 한다는 주장을 펼쳤다.

2. J. L. Mackie, *Miracles of Theism* (Oxford: Clarendon, 1982), 115.

3. Russell은 *Religion and Science* (New York: Henry Holt, 1935), 229-43에서 이에 대해 논의했다.

4. Fyodor Dostoyevsky, *The Brothers Karamazov*, trans. C. Garnett (New York: Singnet Classics, 1957), bk. 2, chap. 6; bk. 5, chap. 5; bk. 11, chap 8.

12. 하나님에 대한 거부

1. 이 논의에 관해서는 Plato의 *Euthyphro* (6d-10a)를 참조할 것. 여기에서 Euthyphro와 Socrates는 무언가를 궁극적으로 옳은 걸로 만드는 것이 과연 무엇인지에 대해 토론하고 있다. Euthyphro는 그러한 일을 하는 것은 사실상 하나님의 명령이라고 주장한 반면, Socrates는 그 말에 대해 그 옳음은 하나님이 명령했기 때문에 옳은 것이 되는지 아니면 그것이 옳기 때문에 하나님이 명령하는 것인지를 묻는다. Euthyphro 딜레마에 대한 자세한 설명과 그에 대한 반응, 반대 입장에서

의 반응 등을 요약한 내용은 William K. Frankena, *Ethics*, 2nd ed. (Englewood Cliffs, N. J.: Prentice-Hall, 1973), 28-30를 참조할 것. 같은 문제와 관련하여 요약된 진술과 반응은 J. P. Moreland, *Scaling the Secular City* (Grand Rapids, Mich.: Baker Book House, 1987), 129에서도 찾아볼 수 있다.